KB119897

나의 빈틈을 채워주는
교양콘서트

나의 빈틈을 채워주는
교양콘서트

도비 **김도균** · 양말 **이용주** 지음

24개의 키워드로 정리하는 이 시대 최소한의 교양!

얕은 지식이지만 한번 이어 붙여보겠습니다

이 책을 어떻게 소개하면 좋을까 고민을 하다가 먼저 자기소개를 하기로 했습니다. 저희가 누구인지, 그리고 이 책이 어떤 경위로 쓰였는지를 말이에요. 엄청난 지식이나 삶에 대한 깨달음을 기대하셨다면 먼저 죄송하단 말씀을 드리고 싶습니다. 저희의 지식은 그런 높은 수준에 달할 정도로 뛰어나거나, 재치 있는 통찰을 뽑아낼 정도로 깊지 않습니다.

그저 매일 삶에서 우리가 "아무것도 알고 있지 못하다."라는 슬픈 사실을 깊게 깨닫고 있는 사회 초년생일 뿐이죠. 이 책은 그런 아무것도 모르는 우리가 '알아가기 위해' 나눈 약 3년간의 기록입니다.

이 책은 '몰라도 아는 척'이라는 저희 채널의 이름처럼, 저희가 잘 몰랐지만 알기 위해 노력했던 처절한 몸부림의 흔적입니다. 우리가 앎을 추구하는 이유는 몰라서 쉽게 외면하거나 자각 없이 돌을 던져 누군가에게 큰 상처를 줄 수도 있기 때문입니다. 반면에 지식이 그런 돌을 던지는 경우도 있습니다. 지식은 오히려 화살에 더 가깝습니다. 지식은 가치관과 주장을 낳고, 주장은 앎이라는 확신에 찬 활시위로 당겨져 빠르고 강하게 나아갑니다. 그만큼 사람들에게 큰 충격을 줍니다. 따라서 우리는 무지한 자신을 인정하고, 얕은 지식을 주워 담아 앎이란 형태로 정리합니다.

정리하자면 이 책은 '앎'에 대한 물음을 전반적으로 다루고 있습니다. 물론 앎에 대해 여러분이 기대하는 깊이의 수준과 분야는 저마다 다를 것입니다. 저희 나름대로 '좋은 앎'에 대한 몇 가지 기준은 다음과 같습니다.

첫째, 저희는 앎으로 인한 판단을 최대한 유보합니다. 앎을 통해 도출되는 결과보단 그 과정에서 얻을 시야를 중시합니다. 보통 앎은 생산성을 위한 도구로 인식됩니다. 그래서 앎으로 인해 어떤 유용성을 얻을 수 있는지 생각하거나 급한 결론을 내리게 됩니다. 그러나 저희가 생각하는 '좋은 앎'은 물고기를 잡을 날카로운 작살이 아닙니다. 오히려 맹인이 바다를 두드려볼 수 있는 뭉툭한 지팡이와 같은 '앎'을 추구합니다. 때로는 앞이 보이지 않기에 지나가는 작은 동물을 실수로 칠 수도 있을 것입니다. 그래도 동물이 크게 다치지 않게 보이지 않는 미지의 세계를 짚어가며 확인할 수단으로써 지팡이의 앎을 추구합니다.

둘째, 저희의 앎은 우리가 무지하다는 것을 인정하는 것에서부터 출발합니다. 무지하기에 밤눈이 어두운 사람처럼 앎에 대한 촉각을 곤두세우고, 때로는 범 무서운 줄 모르는 하룻강아지처럼 감히 지식의 산을 오르고자 했다가 좌절하기도 합니다. 하지만 결코 그것이 앎에 대한 포기나 방종으로 이어지지는 않습니다. 우리가 포기하지 않는 만큼 세상은 더 나은 곳으로 변하리라 믿기 때문입니다.

셋째, 앎을 골방에서 배운 지식으로 남겨둘 생각은 없습니다. 사람들과 부딪히고 때로는 부정당하면서 우리의 앎이 지닌 오류를 고찰하고 선한 영향력을 퍼트리고자 합니다. 따라서 저희는 저희의 대화를 '오디오 콘텐츠'라는 형태로 남기기 시작했고, 그간의 기록을 모아 이 책으로 엮을 수 있었습니다.

다시 강조하면 이 책은 3년간 저희가 나눈 사회 여러 영역에 대한 학습의 결과물입니다. 탐구라고 굳이 명칭하지 않는 이유는 저희의 작업이 새로운 지식을 창출하는 과정이 아니라 그것을 학습하고 정리하는 과정에 가까웠기 때문입니다.

PART 1에서는 민주주의를 중심으로 공기처럼 자연스러워 보이는 이 정치체제가 가지고 있는 의미는 무엇인지, 우리 사회에 어떤 영향력을 미치고 있는지를 이야기합니다. 민주주의를 지키기 위해 고군분투하거나 반대로 이를 악용하는 사람들의 이야기를 다룸으로써 역설적으로 민주주의가 가지고 있는 의의와 소중함을 전달하고자 합니다.

PART 2는 2020년부터 격렬한 백래시(Backlash, 사회·정치적인 변화에 대해 나타나는 반발 심리 및 행동을 이르는 말)를 겪고 있는 페미니즘에 대해 다룹니다. 페미니즘의 태동부터 이론의 변천을 다룸으로써 현대 사회에서 페미니즘이 수행했던 역할과 의의, 그리고 남성과 여성의 연대 가능성에 대해 가늠해봅니다. 특히 책이 쓰인 2021년은 그 어느 때보다 한국에서 젠더 갈등이 첨예했기에 때문에 남성성과 정치적인 올바름에 대한 이야기도 함께 담았습니다.

PART 3는 다가오는 기후위기에 대해 정리했습니다. 우리가 직면한 상황, 기후위기를 해결하고자 다양한 담론과 행동으로 앞장서는 사람들의 이야기, 그리고 우리의 정치체제인 민주주의 속에서 실질적인 행동으로 나아가기 위해 어떤 행동을 취해야 하는지 논의한 학자들의 이야기를 담았습니다.

PART 4에서는 방송에서 다뤘던 미래사회의 다양한 난제(難題)들을 다룹니다. 100세 시대로 연장된 수명으로 인해 등장하게 된 존엄사라는 선택지와 죽음이라는 개념에 대한 사회의 시선 변화, 서양철학의 이분법적 면모 때문에 개척과 이용의 대상으로 지목되었던 동물과 공존에 관련된 이야기, 너무나도 빠르게 변하는 메타버스 등 최신 미디어 현상, 수도권 집중현상 및 저출산으로 인해 빠르게 고령화 사회로 진입하고 소멸되어 가는 지방 등 '몰라도 아는 척'에서 다뤘던 다양한 주제를 정리했습니다.

책에 담긴 내용은 평소 저희가 관심을 가지고 이야기를 나눴던 분야로 구성했습니다. 다만 책이라는 매체의 특성상 저희가 나눴던 각자의 의견은 되도록 담지 않았습니다. 저희의 직접적인 목소리와 의견이 궁금하신 분은 오디오클립과 팟캐스트를 통해 저희를 만나러 와주시길 바랍니다.

마지막으로 저희에게 관심을 가지고 글을 쓰는 것을 권유해주신 원앤원북스와 처음 방송을 같이 시작했던 3명의 친구에게 감사의 인사를 전합니다. 그들 덕분에 의견이 대립하더라도 서로 교류하고 이야기하며 시야를 넓힐 수 있다는 믿음을 가질 수 있었습니다. 그리고 용기를 내어 이 이야기를 시작할 수 있었습니다. 저희가 믿는 지팡이의 지식이 당신에게도 전염되기를 바라며 오늘도 외쳐봅니다.

"몰라도? 아는 척!"

도비 김도균

차례

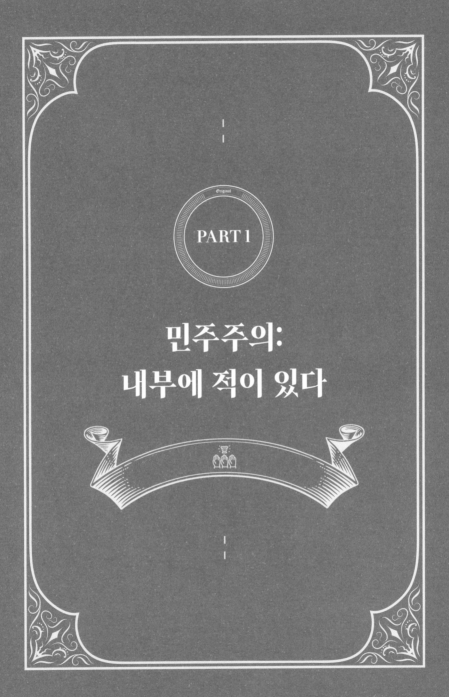

Original

PART 1

민주주의:
내부에 적이 있다

민주주의란
무엇인가?

우리는 현재 민주주의 시대에 살고 있습니다. 저를 비롯해 많은 분들이 일생을 살면서 한 번도 민주주의가 아닌 다른 정치체제를 경험해본 적이 없으며, 앞으로도 비(非)민주주의 국가에서 살고 싶지는 않을 것입니다. 이건 과장된 표현이 아닙니다. 대한민국은 민주주의 국가이기 때문에 대한민국의 국민인 저는 이 책을 쓸 수 있는 것이고(이른바 '표현의 자유'입니다), 국민의 대표라고 불리는 대통령이나 국회의원들을 내 손으로 직접 뽑을 수 있는 것입니다.

심지어 내가 뽑은 정치인이 마음에 들지 않거나 국민을 대표하지 않는다고 판단할 경우에 우리가 직접 정치인을 끌어내릴 수도 있습니다(이른바 '탄핵'입니다). 민주주의는 다수결의 원칙을 기본 원칙으로 삼고 있기 때문에 한두 명이나 소수의 인원으로는 불가능하지만 국민 대다수의 합의를 바탕으로 국민을 기만한 정치인의 자격을 박탈할 수 있습니다.

2016년 10월부터 그다음 해인 2017년 4월까지 약 6개월간 진행되었던 박근혜 전 대통령의 퇴진운동이 바로 대표적인 사례입니다. 이른바 '최순실 게이트' '국정농단 사건'으로 불린 이 사건은 민간인에 불과한 최순실(현재는 개명해서 '최서원') 씨가 민주주의 체제하에서 대통령직을 수행하고 있던 박근혜 전 대통령의 국정에 여러 번 간섭한 정황이 드러나면서 만천하에 알려졌습니다.

그 밖에도 미르재단과 K스포츠재단으로 대표되는 재벌 비리부터 문화예술계 블랙리스트와 같은 시대착오적인 문화 검열을 시도한 흔적까지 수면 위로 떠올랐습니다. 일련의 사건을 통해 "국민을 대표할 수 없다."라는 것이 증명된 박근혜 전 대통령은 대한민국 헌정 사상 최초로 탄핵되어 자리에서 물러났습니다.

여기서 우리는 민주주의의 최대 의의를 찾아볼 수 있습니다. 왜냐하면 만약 우리가 민주주의 사회를 살고 있지 않았다면 박근혜 전 대통령이 그 자리에서 물러나는 일은 없었을 것이기 때문입니다. 무엇보다 그가 대통령직에서 물러날 수 있는 제도적 기반도 없었을 것이며, 국민들 스스로 "박근혜 대통령은 자리에서 물러나야 한다."라는 합의에 이르지도 못했을 것입니다.

역사 속에는 다양한 정치체제가 있었습니다. 하지만 그중에서도 역사적으로 가장 성공했다고 평가받으며 아직도 번영을 이루고 있는 것은 민주주의뿐입니다. 민주주의에서 정치권력은 '국민'에게 있습니다. 이것은 민주주의와 다른 정치체제를 가르는 가장 결정적인 차이점이자 현재까지 민주주의가 전 세계적으로 번영을 이룰 수 있게 된 원인이기도 합니다. 언뜻 보기에 사회를 구성하는 개개인에게 정치권력을 부여했다는 것이 비현실적으로 들릴 수도 있습니다. 그러나 살면서 여러 번 마주치게 되는 우리의 권리와 의무를 생각해보면 피부로 와닿으실 것입니다.

과거 민주주의가 미비했던 시절에는 군주제나 봉건제와 같은 정치체제가 대다수의 국가에서 시행되고 있었습니다. 이때의 권력구조는 철저히 피라미드의 형태를 하고 있었고 그 정점에는 군주와 영주로 대표되는 지배자가 있었습니다. 이들은 복잡한 절차 없이 세습을 통해 권력을 승계받았고, 국민들의 눈치를 볼 필요 없이 자기 마음대로 행동했습니다. 이들은 자신이 왕이나 지도자가 되어 국민을 지배하는 것을 특권으로 여겼습니다. 이러한 현상은 16~18세기 유럽에서 심화됩니다. 지도자

 여기서 잠깐! 왕권신수설이란?

왕(군주)이 국가 통치의 모든 권력을 장악하고 중앙집권적 관료 기구를 운영했던 전제군주제를 정당화했던 정치이론이다. 왕권은 신으로부터 주어진 것으로 왕은 신에 대해서만 책임을 지며, 신민은 저항권 없이 왕에게 절대 복종해야 함을 강조한다. 근세 유럽 국가에서 왕의 절대적인 권력을 보강하는 이데올로기로 활용되었다.

왕뿐만이 아니라 귀족들 역시 정치적 특권을 독점했고 자신들 외에 다른 세력들이 정치적, 사회적으로 성장하는 것을 막기 위해 신분 간 이동을 엄격하게 통제했다. 이 시대를 대표하는 유명한 문장이 하나 있다. 바로 프랑스 부르봉 왕조의 왕이자 절대왕정 시기 막대한 권력을 지니고 있어 '절대군주'라는 별명을 가지고 있던 루이 14세가 남긴 "짐이 곧 국가다."라는 문장이다. 이 루이 14세의 말처럼 그 시대 국가들의 정책은 왕을 중심으로 제정되었고, 왕이 권력을 유지하기 위해 제도와 정책들을 시행했다. 그리고 심지어 왕을 위해 전쟁까지 벌였다.

(왕)는 자신의 권력을 탄탄히 하기 위해 관료제와 국왕의 직속 부대인 상비군을 갖췄고 왕권신수설을 신봉했습니다.

민주주의 시대를 살아가는 우리가 만약 대통령으로부터 "대통령이 곧 국가다!"라는 말을 듣게 된다면 기분이 어떨까요? 아마 "대통령이 미쳤구나."라고 생각할 것입니다. 그리고 "이 자가 독재를 생각하고 계엄령을 선언하는 것이 아닐까?"라며 걱정을 할지도 모릅니다. 왜냐하면 민주주의 정치체제 안에서 대통령이라는 직위는 국민의 목소리를 대변하는 대표의 역할을 수행할 뿐 국민 위에서 군림하는 존재가 아니기 때문입니다. 게다가 민주주의는 권력이 한 사람에게 집중되는 현상을 막기 위해 다양한 제도적 장치를 마련해두고 있습니다. 이러한 제도적 장치들은 민주주의를 구성하는 기본적인 요소라고도 할 수 있습니다.

민주주의를 구성하는 요소들

....

미국의 정치과학자 래리 다이아몬드가 이야기했던 민주주의의 네 가지 기본요소는 다음과 같습니다.

- 자유롭고 공정한 선거를 통해 정부를 선택하고 교체하는 권력 경쟁
- 정치와 시민활동에 대한 시민의 적극적인 참여
- 법과 절차가 모든 시민에게 동등하게 적용되는 법치
- 모든 시민의 기본적인 인권 보호

이 네 가지 요소는 우리가 중·고등학교 사회나 정치 교과서에서 수없

여기서 잠깐! 래리 다이아몬드(Larry Diamond)

래리 다이아몬드는 미국 스탠퍼드대학교 교수 겸 후버연구소 선임연구원으로 활동하며 글로벌 민주주의 문제를 연구하고 있다. 민주주의 이론을 연구하고 강의하는 학자인 동시에 민주주의화가 진행 중인 각 나라를 방문해서 민주주의 전략을 코칭하기도 한다. 권위주의로 변해가는 민주주의 국가를 향해 막힘없이 비판하는 것으로도 유명한데, 2011년에 내한한 강연에서는 대한민국의 민주주의를 두고 "독재는 한국 근대화의 필수 조건이 아니었다."라고 말하며 박정희, 전두환으로 이어졌던 군사 정권에 대해 날선 비판을 한 바 있다.

이 배웠던 국민주권, 국민자치, 입헌주의, 권력분립이라는 단어와 일맥상통하는 부분입니다. 우리가 직접 투표해서 지도자를 뽑고, 정치인에 대한 우리의 생각을 자유롭게 이야기할 수 있습니다. 게다가 개인이나 단체, 심지어 정당 활동을 통해서 정치의 의사결정 과정에 직접 참여할 수도 있죠. 그리고 이 요소의 기반에는 국민이 민주주의의 주인이라는 기본 전제가 깔려있습니다.

앞서 언급한 민주주의 네 가지 기본 요소는 이 책을 읽는 독자 여러분이 꼭 기억해두고 있어야 하는 내용입니다. 앞으로 계속해서 하게 될 민주주의 이야기에서는 이 네 가지의 기본 요소가 불안정하거나 완전히 지켜지지 않아서 유발되는 여러 가지 사건을 언급하게 될 것입니다. 이것은 '민주주의의 위기와 중요성'이라는 주제를 자연스럽게 이야기하는 데 큰 도움이 될 것입니다.

다시 민주주의에 대한 이야기로 돌아가봅시다. 민주주의는 복잡합니다. 과거에는 한 사람에게 모든 권력이 집중되어 있었습니다. 군주제나 봉건제는 왕이나 귀족만을 위한 제도가 마련되어 있었습니다. 그러나 민주주의는 다수의 국민에게 권력이 분산되어 있습니다. 그리고 이들의 의견을 적극적으로 수용하고 사회의 정책이나 제도를 실현하기 위해 다양하게 노력을 합니다. 그래서 그만큼 복잡한 시스템을 작동하게 됩니다. 이 때문에 민주주의에서는 다른 정치체제에서는 볼 수 없는 독특한 구성물들이 몇 가지 있습니다.

첫째, 선거입니다. 국민은 직접 투표를 통해 자신이 지지하는 정치인을 선출할 수 있습니다. 선거의 결과는 다수결의 원칙에 따라 가장 많은 표를 얻은 사람이 대표자로 선출되고, 선출된 사람은 행정부나 입법부에서 국민의 목소리를 대변하는 역할을 합니다. 이를 '대의민주주의'라고 하는데 국민이 자기 의사를 반영할 대표자를 선출해 그 대표자에게 정치의 운영을 맡기는 민주정치 제도를 말합니다. 정치결정 하나하나에 모든 구성원이 참여해 의견을 모으는 '직접민주주의'와 비교되기도 합니다. 하지만 국민의 참정권(국민이 직접·간접적으로 국정에 참여할 수 있는 권리)이 확대되는 과정 속에서 수천수만의 의견을 하나하나 다 확인하고 모으는 것은 시간과 비용 면에서 불가능에 가깝기에 간접민주주의(혹은 대의민주주의)라는 정치제도를 통해 타협한 것이라고 볼 수 있습니다.

둘째, 헌법입니다. 헌법이란 사전적인 의미로 국가의 통치 조직과 통치 작용의 기본 원리 및 국민의 기본권을 보장하는 근본 규범을 말합니다. 헌법은 법으로서 민주주의의 기본 원리와 국민의 기본권을 최우선적으로 보장하고 있습니다. 물론 다른 정치체제에서 법이 없는 것은 아닙니다.

그러나 이때의 법은 지도자가 자신의 권력을 강화하기 위한 수단으로 사용되었고, 혹시 법이 자신의 권력에 위협이 된다고 판단되었을 땐 마음대로 그 내용을 바꿀 수 있었죠. 그 기준을 명확하게 하기 위해서 민주주의에서의 헌법은 국가 통치의 기본 원리를 법으로 규정하고 있습니다.

그리고 '국민의 기본권'을 보장한다는 대목도 중요합니다. 국민의 기본권이란 '인권'이란 단어로도 대체할 수 있습니다. '세계인권선언'에서 인권은 "인간이 누려야 할 자연적이고 천부적이며 보편적인 권리"를 말하며 동시에 "인권이 법의 지배에 의해 보호되어야 함이 필수적"이라고 명시하고 있습니다. 민주주의가 중요한 것은 단지 우리가 직접 정치결정에 참여할 수 있고, 내 의견이 의사결정에 적극 반영된다는 것을 넘어 우리의 생명과 안전이 법으로 보장받기 때문입니다.

셋째, 언론의 자유입니다. 우리는 다양한 매체를 통해 세상에 대한 정보를 얻어갑니다. 그중에서 신뢰할 수 있는 대부분의 정보는 뉴스나 신문에서 나옵니다. 물론 독자나 언론사의 성향에 따라 정보가 가리키는 방향성은 달라질 수 있겠지만 '사실'을 그대로 전달하려고 노력한다는

 여기서 잠깐! 세계인권선언이란?

1948년 12월 10일, 제3회 국제연합(UN) 총회에서 채택된 '인권에 관한 세계선언'을 말한다. 제2차 세계대전 이전에 세계에 만연했던 인권침해 사태에 대한 인류의 반성을 촉구하고 모든 인간의 기본적 권리를 존중해야 한다는 것을 주요 골자로 하고 있다. 이를 바탕으로 오늘날의 진보적인 국가의 헌법에선 개인의 기본적인 자유와 함께 생존권적, 노동권적, 경제·사회·문화권적 권리와 같이 자세히 규정하고 있다. 세계인권선언을 채택한 날을 토대로 매년 12월 10일은 '세계인권선언일'로 기념하고 있다.

점에서는 같습니다. 비민주주의 국가나 민주주의가 크게 위협받고 있는 국가에서는 사실이 왜곡되지 않은 정보를 얻기가 굉장히 어렵습니다.

대한민국의 이웃 나라인 중국을 예로 들어보겠습니다. 중국은 대표적인 비민주주의 국가입니다. 공산당이라고 하는 거대 정당이 일당 독재를 하는 공산주의 체제의 국가죠. 그리고 공산당은 자신들의 기관지인 〈인민일보〉를 발행하고 있습니다. 이 신문에는 대체적으로 공산당 지도자들의 연설, 정치적 해설, 그리고 공산당에 대한 주요 소식들이 실립니다. 당연히 공산당에 대한 비판적인 기사나 사설은 실을 수 없습니다. 이렇게 언론이 통제된다면 우리는 정치인들이 잘하고 있는지, 못하고 있는지조차 판단할 수 없습니다. 당연히 선거에서 나의 의견을 대변해 줄 대표자를 뽑는 과정에서도 큰 어려움이 생길 수밖에 없겠죠.

민주주의를 표방하고 있다고 해도 언론이 통제된 국가에서는 정치적 지도자들이 국민의 눈치를 보지 않고 마음대로 권력을 휘두를 수 있을 것입니다. '국경 없는 기자회(RSF)'[1]가 매년 발표하는 '세계 언론 자유지수 순위'에서 민주주의 국가들이 항상 상위에 랭크되어 있는 것도 민주주의 국가가 언론의 자유를 보장한다는 말을 뒷받침하는 좋은 근거가 될 것입니다.

물론 그 밖에도 민주주의를 구성하는 요소들은 다양합니다. 정부를 비판하기 위해 공적인 곳에서 토론을 할 수 있고, 사회단체를 만들어 후

---

1 '국경 없는 기자회'에서 발표한 '2021년 세계 언론 자유지수 순위'에 따르면 노르웨이가 1위에 올랐습니다. 그 밖에도 핀란드, 덴마크 등의 북유럽 국가들이 최상위에 랭크되었으며 독일 13위, 영국 33위, 프랑스 34위, 미국 44위를 기록했습니다. 대한민국은 42위를 기록하며 아시아에서 가장 높은 순위를 기록했습니다. 반면 중국은 177위, 투르크메니스탄 178위, 북한 179위, 에리트레아 180위로 최하위를 기록했습니다.

원을 받고, 탄원서에 대한 서명을 다른 이들에게 요구할 수도 있습니다. 그리고 민주주의 국가에서는 언제든지 시위에 대한 자유가 보장되어야 합니다. 시위는 자신의 의견을 가장 직접적으로, 표면적으로 표출하는 수단입니다. 대한민국의 현대사를 공부해보면 민주화 시위와 이를 무자비하게 탄압하는 군사 정권의 모습을 보게 되죠. 이는 그때 당시 우리나라 국민들이 독재정권에게 빼앗겼던 민주주의의 구성요소를 되찾기 위한 투쟁의 과정이었습니다. 우리는 그 투쟁에서 승리해 기본권, 선거와 표현에 대한 자유, 정부에 의해 간섭받지 않는 언론, 그리고 시위에 대한 자유를 얻을 수 있었던 것입니다. 그리고 이것이 바로 민주주의가 소중한 이유입니다.

이번 장을 통해 민주주의에 대한 대략적인 개념과 왜 민주주의라는 정치체제가 중요한 것인지 충분히 이해하게 되었으리라 생각합니다. 하지만 다음 장부터 제가 계속해서 하게 될 이야기들은 유감스럽게도 민주주의가 처해 있는 위협에 대한 것입니다. 많은 정치학자가 민주주의에 위협이 찾아오고 있다고 경고합니다. 그리고 거기에는 다양한 이유가 있습니다. 경제성장 저하, 포퓰리즘, 코로나19, 인종차별, 기후위기 등이 이에 속하죠.

우선 다음 장에서는 민주주의가 역사적으로 어떤 위협을 받아왔는지 이야기해보려고 합니다. 과거부터 민주주의는 위기에 직면해왔고 다른 정치체제의 도전을 받아왔습니다. 그러나 민주주의는 이를 이겨냈고 현재까지 이르게 되었습니다. 그래서 저는 먼저 과거의 사례를 둘러보며 21세기에 새롭게 직면한 이 위기를 어떻게 헤쳐나갈지 차근차근 이야기해보겠습니다.

민주주의의 위기,
포퓰리즘

앞의 내용을 통해 우리가 마치 공기처럼 너무나도 당연하게 여기고 있던 민주주의의 소중함에 대해 알아보았습니다. 하지만 이 소중한 것을 얻기 위해서 우리가 했던 노력은 쉽지 않았습니다. 민주주의는 인류사에서 대다수의 국가에게 익숙한 정치체제는 아니었습니다. 앞서 소개해드렸던 것처럼 그동안 인류는 군주제나 봉건제처럼 개개인에게 정치적인 의견을 묻지 않았습니다. 지도자 혹은 소수 계층의 독단에 의해서 모든 것이 운영되곤 했죠.

이런 점에서 민주주의는 일종의 '돌연변이'였습니다. 많은 사람이 자유와 독립을 원했고, 자신들의 권리가 소중하다는 것을 깨닫게 되면서 하나의 사상적인 이론과 정치적 행동의 근거가 되었습니다.

영국의 시민혁명, 미국의 독립전쟁, 프랑스 대혁명과 같은 일련의 사건 모두 민주주의가 꽃피울 수 있는 계기가 되었으며, 약 3~4세기에 걸쳐 대다수의 국가가 민주주의를 받아들이게 되면서 돌연변이에 불과했던 민주주의는 어느새 인류의 보편적 가치가 되었습니다. 지금은 대다수의 국가가 민주주의라는 시스템 아래 지도자를 선출하고 있으며, 각국의 정부는 막대한 경제적 손실이 따르고 국민이 반대하는 전쟁을 애써 일으키지 않기 위해 노력하고 있습니다. 국가와 국가 간의 '전쟁 없는 세계'가 된 것이나 마찬가지입니다.

하지만 이 '전쟁 없는 세계'로 인해 진정 평화가 실현되었다고 표현할 수 있을까요? 저는 그렇지 않다고 생각합니다. '끓는 물 속 개구리(Boiling frog)'라는 말이 있습니다. 개구리는 변온(變溫)동물이기 때문에 주변 온도에 따라 자기 몸의 온도를 맞출 수 있는데, 이런 원리를 적용해 냄비 속에 개구리를 넣어 놓고 서서히 물을 끓이면 개구리는 물이 자신을 죽일 만큼 끓는지도 모르고 몸의 온도를 맞추다가 서서히 익어 죽고 만다는 이야기입니다. 이는 서서히 일어나는 중요한 변화에 반응하지 않는 무능하고 무관심한 사람들을 은유할 때 사용하는 말이기도 하죠(물론 실제로는 어느 정도의 뜨거운 온도가 되면 개구리는 스스로 탈출한다고 하니 관용적인 표현이라고 할 수 있습니다).

이를 그대로 우리 상황에 맞춰서 생각해보면 민주주의라는 아주 거대한 냄비가 있고, 이 냄비 속에는 개구리처럼 우리가 들어가 있습니다. 그리고 민주주의 지도자(혹은 정치인)가 물을 붓고 서서히 불의 온도를 높이고 있는 중입니다. 개구리가 주변의 온도에 따라 자기 몸의 온도를 맞추고 있다면, 우리는 민주주의에 대한 믿음과 신뢰 때문에 민주주의가 우리를 옥죄고 있다는 것을 모르고 있는 것입니다.

민주주의 내부의 배신자

....

그렇다면 냄비의 온도를 높이고 있는 사람들은 어떤 존재들일까요? 저는 여기서 '포퓰리즘(Populism)'에 대해 이야기를 하려고 합니다. 포퓰리즘은 현재 민주주의를 위협하는 최대의 난(難)적입니다. 포퓰리즘의 사전적 의미는 인민이나 대중을 뜻하는 라틴어 '포퓰러스(Populus)'에서 유래하고 있습니다. 사전적 의미로만 봤을 때 포퓰리즘은 민주주의에서 가장 적합한 형태라고 생각할 수 있습니다. 민주주의를 구성하는 가장 중요한 요소는 대중(시민)이고, 그들을 중심으로 정치를 운영한다는 것은 이상적입니다. 그러나 지금 전 세계적으로 약진하고 있는 포퓰리즘의 형태는 사전적 의미와는 조금 다릅니다. 저는 그 의미를 사용하기에 앞서 포퓰리즘을 표현하는 대표적인 단어 두 가지를 먼저 짚고 넘어가려 합니다. 바로 '카리스마'와 '혐오'입니다.

민주주의와 거리가 멀다고 느껴지는 이 두 단어는 포퓰리즘이 함께하는 순간 부활하게 됩니다. 카리스마를 가진 권위주의적 지도자는 사회적, 문화적 약자를 혐오하기 위해 자신을 지지하는 유권자를 동원하죠. 21세기 민주주의에 이런 이야기가 가능할까 싶기도 하지만 아마 제가 들고 올 몇 가지 예시를 보게 된다면 독자 여러분도 충분히 이해하실 것이라고 생각합니다.

2017년에 저는 한국도 아닌 미국의 대통령 선거 개표 뉴스를 손에 땀을 쥐고 본 기억이 납니다. 2017년 미국 대선은 중요했습니다. 2016년에 브렉시트(Brexit, 영국의 유럽연합 탈퇴를 뜻하는 말)로 인한 영국의 예상치 못한 유럽연합(EU) 탈퇴는 물론이고 러시아와 중국의 패권 욕심, 북한의 지속적인 도발로 인해 '세계경찰'(물론 좋은 의미로 사용하는 것은 아닙니다)을 자처하는 미국의 차기 지도자가 이 상황을 악화시키는 인물이 되어서는 안 된다고 생각했기 때문입니다. 그래서 저뿐만이 아니라 많은 사람이 민주당의 힐러리 클린턴(Hillary Clinton) 후보가 대통령으로 당선될 것이라 생각했습니다.

하지만 예상을 뒤엎고 미국의 대통령이 된 사람은 바로 공화당의 도널드 트럼프(Donald Trump)였습니다. 이는 신선함을 넘어 경악할 만한 충격이었습니다. 대부분의 언론과 전문가조차 도널드 트럼프가 대통령으로 당선될 것이라고는 예상하지 못했는데, 그도 그럴 것이 그는 우리가 생각하는 정치인의 이미지와는 너무나 달랐기 때문입니다. 부동산 재벌, 즉 사업가로서의 커리어와 비교해 그는 공직 경험이 전무(全無)했습니다. 미국에서 선출직이나 장관직조차 경험하지 않은 대통령은 트럼프가 유일했죠.

그래서 미국의 주요 언론으로 손꼽히는 MSNBC, CNN, CBS, NBC 등은 "트럼프를 절대 지지하지 않겠다."는 논조를 보였고 그의 소속 정당이었던 공화당으로부터도 완전한 신임을 받지 못했습니다. 하지만 어째서인지 트럼프는 예비 후보자 선출 과정부터 프라이머리 투표, 그리고 공화당 단독 후보 선출과 본 선거까지 말 그대로 승승장구하게 됩니다.

누구도 좋아하지 않는 것처럼 보였지만, 결국 트럼프는 강력한 대통령 후보였던 민주당의 힐러리 클린턴을 꺾고 제45대 미합중국 대통령으로 당선됩니다. 언론과 정치계에서 트럼프 대통령을 싫어하고 반대했던 이유는 당연합니다. 왜냐하면 그는 폭력과 선동을 당연하게 여겼으며, 무슬림(Muslim)에 대한 극단적인 적대 입장을 가졌고, 시민사회에

여기서 잠깐! 미국의 프라이머리 투표란?

'프라이머리(Primary)'란 본 선거 투표와 마찬가지로 주(州)별로 규정한 자격을 갖춘 유권자들이 투표소에 가서 지지하는 후보에게 직접 투표하는 방식을 말한다. 각 당 대통령 후보를 뽑는 경선 과정, 그러니까 대통령 선거 예선이라고 할 수 있는 '예비 선거' 과정을 통틀어서 말하는 것이다.

대한 경멸적인 태도를 보였기 때문입니다. 그리고 러시아 대통령 블라디미르 푸틴(Vladimir Putin)을 비롯한 여러 독재자를 옹호했습니다. 따라서 사람들은 이미 그가 미국 대통령으로서 자격이 없다고 판단했던 것입니다.

민주주의가 소중한 이유는 모든 시민의 기본적인 인권을 보호할 수 있기 때문입니다. 그래서 대통령으로 당선된 자는 마땅히 민주주의의 기본 원칙을 잘 지켜나가야 합니다. 그러나 트럼프는 그렇지 않았습니다. 트럼프의 주위에는 그가 어떤 혐오스러운 언행을 하더라도 투표해줄 수 있는 열렬한 지지자가 있었습니다. 그들은 거침없이 인종차별, 이슬람 이민자들에 대한 혐오, 멕시코 국경장벽 설치 등을 실행해나가는 트럼프의 모습에서 '카리스마'를 느꼈습니다.

그는 전형적인 포퓰리스트(Populist, 포퓰리즘 정치인)입니다. 민주주의의 위기를 짚고 넘어갈 때 포퓰리즘을 반드시 언급하고 넘어가야 하는 이유가 바로 여기에 있습니다. 지난 20세기 민주주의가 외부의 적(극우 파시즘, 군국주의, 공산주의 등)들과 싸웠다면 앞으로의 21세기는 외부의 적보다 무섭다고 하는 내부의 배신자(포퓰리즘)들과 싸워나가야 합니다.

포퓰리즘을 이야기할 때 도널드 트럼프 전 대통령을 언급하는 이유는 그가 어떻게 보면 포퓰리즘을 상징하는 인물이기 때문입니다. 자, 그럼 이제 도널드 트럼프 전 대통령이 저질렀던 여러 만행(?)을 떠올리면서 포퓰리즘에 대한 이야기를 본격적으로 해보겠습니다.

정치인은 포퓰리즘을
어떻게 이용할까?

포퓰리즘은 분명 민주주의 체제 안에서만 볼 수 있는 현상입니다. 그래서 지극히 민주주의적인 특성을 가지고 있습니다. 포퓰리즘의 사전적인 의미를 이야기할 때 '대중'이란 단어를 운운한 이유도 바로 민주주의적인 명분을 얻기 위함입니다. 그러나 포퓰리스트가 대중의 의견을 강조하는 또 다른 이유는 자신들이 속하지 못한 '기성세대 엘리트(Elite)' 정치인들을 향한 비판에서 반사 효과를 얻기 위함도 있습니다.

도널드 트럼프는 과거 2016년 대선운동을 벌일 때 상당히 폭력적인 발언을 하는 것으로 논란이 되었습니다. 자신을 지지하는 유권자들에게 우리들의 의견이 맞다고 말하며, 반대로 자신을 지지하지 않는 상대 유권자들의 존재는 용납하지 않았습니다. 상대 유권자에는 트럼프가 혐오하는 유색인종, 성소수자, 무슬림 등이 포함되어 있었죠.

트럼프는 일반적인 형태의 정치인이 아니었습니다. 부동산 재벌이었고 공직 경험이 없는 사람이었기에 공화당 내에서도 지지 기반이 상당히 약했습니다. 그런데 그와 상반되는 모습을 지닌 사람들이 바로 기성세대 엘리트 정치인입니다. 정치적인 수완이 뛰어나고, 공직 경험도 많으며, 당 내에서 탄탄한 기반을 가지고 있는 사람들이죠. 물론 엘리트 정치인이라고 해서 그들이 모두 인간적인 면에서 뛰어난 것은 아닙니다(우리나라의 정치판을 한번 보세요). 아무리 경험이 많고 우수한 정치인도 비리의 온상(溫床)이 되고 도덕적으로 치명적인 결함을 가지고 있기도 합니다.

그러나 이들은 사람을 선동하거나, 유권자들을 철저히 계층별로 분리하거나, 민주주의를 위협하거나 부정하려 들지는 않습니다. 즉 엘리트 정치인들은 최소한 민주주의 시스템을 존중하고 이를 지키려는 최소한의 노력을 하는 사람들입니다. 하지만 포퓰리스트는 그렇지 않습니다.

정치이론 및 정치사상사를 연구하는 독일 출신 정치학자 얀 베르너 뮐러(Jan Werner Müller)는 자신의 저서 『누가 포퓰리스트인가』를 통해 포퓰리스트를 다음과 같이 정의합니다.

현실 정치를 단일한 국민이 부패한 엘리트에 대항하는 것으로 인식하고, 오로지 도덕적으로 순수하고 완벽한 자신들만이 국민을 대표한다고 주장하는 세력. 이를 통해 민주주의 시스템을 따르는 기존 정치인들을 무조건적인 반대 세력으로 규정하고 자신을 지지하는 유권자는 '진짜' 유권자, 자신을 지지하지 않는 유권자는 '가짜' 유권자로 규정한다.

이렇게 정의를 내리는 것이 와닿지 않거나 과장된 의미라고 생각해서 거부감을 느끼실 수도 있습니다. 그래서 포퓰리스트 정치인들이 민주주의라는 시스템을 어떻게 부정하고 있는지 실제 사례들을 통해 알아보겠습니다.

영국의 EU 탈퇴, 영국 독립당의 약진

....

많은 사람이 포퓰리즘의 약진을 직접적으로 인식한 사건은 바로 2016년에 벌어진 브렉시트였습니다. 영국의 유럽연합(EU) 탈퇴는 2018년 미국의 트럼프 대통령 당선만큼이나 누구도 예상치 못한 사건이었죠.

이 사건을 주도한 정당은 바로 영국 독립당(UKIP; UK Independence Party)이었습니다. 영국 독립당은 영국의 2대 거대 정당인 보수당, 노동당과 비교도 할 수 없을 만큼 짧은 역사와 작은 규모를 지닌, 말 그대로 '아웃사이더(Outsider)'에 가까운 군소 정당이었습니다. 다만 EU의 창설을 결정한 '마스트리히트 조약(Maastricht Treaty)'에 반대하는 반(反)연방주의자 동맹이라는 형태로 만들어졌으며 창당 4년 만인 1997년부터 서서히 다른 군소 정당의 구성원을 흡수하면서 성장했습니다.

2015년에는 영국 하원의원 선거에서 비로소 1석을 얻는 데 성공해 의회에 진출할 수 있게 됩니다. 물론 단 1석에 불과하다고 생각할 수 있을 것입니다. 그러나 이 1석을 차지하는 과정에서 독립당의 모든 후보자가 획득한 표가 약 388만 표였습니다. 그리고 영국은 비례대표가 없는 승자독식 구조라는 점을 생각해보면 독립당의 성장 추세는 상당히 가파른 것이었습니다.

그런데 영국 독립당이 이렇게 단기간에 약진하는 과정에서 중심이 되었던 인물이 한 명 있습니다. 2006년부터 2016년까지 총 3번이나 당 대표를 역임한 나이절 패라지(Nigel Farage)입니다. 그가 두 번째로 당 대표를 역임하던 시절(2010년 11월 5일~2016년 9월 16일)은 영국의 EU 탈퇴 사건과 맞물려 있기도 하죠. 나이절 패라지가 독립당을 성장시키기 위해 사용했던 수단은 바로 '포퓰리즘'이었습니다.

그는 독립당을 지지하는 유권자 수를 늘리고, 기성정치를 비판하기 위한 수단으로 이민 문제를 적극적으로 다루기 시작합니다. 이른바 '반(反)이민 정서'를 자극해 영국인들에게 EU 이민에 대한 혐오감을 늘리는 수법을 택한 것입니다. 나이절 패라지는 EU 난민을 저격하며 동구권 국가에서 몰려온 이민자들이 영국인들의 일자리를 빼앗고 임금 수준을 후퇴시킨다고 주장했습니다. 이민자들을 적극적으로 받아들이는 영국

 여기서 잠깐! EU 난민이란?

EU 난민이란 2004년 EU에 가입한 구(舊)동유럽 국가 등지에서 온 사람들을 뜻한다. EU 회원국끼리는 사람과 물건, 서비스의 자유로운 왕래를 원칙으로 하는데 폴란드와 체코, 헝가리, 슬로바키아와 같은 구동유럽 국가의 사람들이 서구권으로 넘어오려고 할 때는 대부분의 EU 국가가 유예 기간을 두었다. 즉 곧바로 이들을 받아들이지 않았다는 것이다. 그러나 영국은 이런 유예 기간을 두지 않고 곧바로 입국이 가능하도록 했으며 유럽 내에서 가장 많은 이민자를 받아들이는 국가가 되었다. 게다가 영국에서는 3개월 이상만 일하면 영국인과 똑같은 사회보장제도를 적용받아 교육, 의료, 주택, 관공서 등 공공서비스 영역에서 혜택을 받을 수 있게 되었다.

의 기성 정치인과 EU를 신랄하게 비판하고 평균적으로 경제소득이 낮으면서 보수적인 성향을 보이는 저학력 노동자 백인 계층을 끌어들이기 시작한 것이죠.

문제는 영국의 취업률이 낮아지고 노동자 계층의 임금 수준이 낮아진 이유를 EU 난민의 유입으로 보기엔 현실적으로 어려움이 있다는 것입니다. 백인 저학력 농민, 노동자 계층이 거주하는 잉글랜드 북부, 중부 공업 지대는 산업구조의 변화로 이미 쇠퇴하고 있는 지역이었습니다. 즉 EU 난민들이 유입되기 전부터 이 지역의 쇠퇴는 이미 진행 중이었고, 나이절 패라지는 그들의 정치적인 불만과 비난의 화살을 영국의 기성 정당인 노동당과 EU, 그리고 난민에게 돌린 것입니다.

나이절 패라지는 "이민자가 늘고 생활은 점점 어려워지는데 정치인들은 아무것도 해주지 않는다."라는 구호를 앞세우고 난민을 향한 혐오 조장, 노동당과 보수당으로 대표되는 기성 정당에 대한 불신 표출, 기성 정치인들을 향해 언제든 '쓴소리'를 할 수 있는 카리스마 있는 지도자의 모습을 선보이며 지지자들을 늘려나갑니다.

이 과정에서 나온 영국의 EU 탈퇴를 둘러싼 국민 투표는 기성 정당(보수당)이 아웃사이더 군소 정당(독립당)의 도전을 받아들인 정치적인 싸움이었고, 그 결과 아웃사이더의 승리로 끝난 것입니다. 잉글랜드 지방에 살고 있는 중장년층, 저학력층, 농민 및 노동자층을 규합해 엘리트층을 압승하는 결과를 만들어내고야 만 것이죠. 그 승리의 중심에는 혐오를 조장하는 카리스마 있는 지도자 나이절 패라지가 있었습니다.

하지만 이런 포퓰리즘의 영향은 비단 미국과 영국에서만 일어나는 것은 아닙니다. 이미 전 세계에서 포퓰리즘이 유행처럼 번져나가고 있습니다. 그리고 포퓰리즘은 극우 정당들과 만나 날개를 뻗쳐 만개하고 있습니다. 2016년 영국의 EU 탈퇴와 2018년 미국 도널드 트럼프 대통령 당선으로 인해 아웃사이더에 불과했던 전 세계 국가의 극우 정당은 그들의 목소리를 드높이고 있습니다.

포퓰리즘 정당의 공통점

．．．．

포퓰리즘 극우 정당이 내놓는 공약들은 각국의 사정에 따라 세세하게 달라질 수 있겠지만 이들은 국가에 상관없이 세 가지의 공통점을 보입니다.

첫째, 극우 포퓰리즘 정당은 오로지 1명의 지도자를 중심으로 모든 정책 방향이 결정됩니다. 정당은 다양한 정치 이데올로기와 관점을 개개인에게 다 물어보는 것이 현실적으로 힘들기 때문에 비슷한 사람들이 모여 집단을 형성한 것입니다. 정당이 올바른 방향으로 나아가기 위해서는 구성원들의 다양한 의견이 반영되어야 하고 권력이 한곳으로 쏠리는 현상을 반드시 방지해야 합니다.

하지만 영국 독립당의 나이절 패라지, 프랑스 국민전선의 마린 르펜(Marine Le Pen), 네덜란드 자유당의 헤이르트 빌더스(Geert Wilders) 등 이들 지도자가 아무리 거칠고 혐오적인 발언을 쏟아내고 민주주의를 부정하더라도 정당 내에서 제동을 걸 수 있는 정치인은 없습니다. 우리는 이를 두고 민주주의의 정당이라고 표현하는 것이 옳을까요?

둘째, 약자에 대한 비난 혹은 혐오를 주요 이데올로기로 형성합니다. 이러한 현상에 대한 주요 예시는 유럽에서 일어났던 무슬림에 대한 혐오를 들 수 있겠습니다. 물론 이러한 혐오의 원인이 되었던 것은 극단적 이슬람주의자들의 테러 행위 때문이었습니다. 그들의 테러 행위가 심각한 범죄 행위인 것은 누구나 인정하는 사실입니다. 하지만 유럽에 사는 모든 무슬림을 극단적 이슬람주의자로 바라보는 것은 명백한 인종차별이자 혐오입니다. 유럽의 포퓰리즘 정당들은 무슬림 전체를 테러 집단으로 보는 것과 동시에 정교 분리와 남녀평등이야말로 진정한 유럽적 가치라고 주장합니다. 그리고 외부인을 철저히 배척하고 '순수' 유럽인만을 유럽의 구성원으로 인정하고 있습니다.

셋째, 이 모든 원인에는 기존 정치에 대한 반감이 있습니다. 이른바 정치 엘리트를 향한 비판인데요. 앞서 말했듯이 포퓰리즘 정당들은 기성 정당에게 '무능하고 무책임한 자'라는 프레임을 씌웁니다. 유럽의 경우 포퓰리즘 정당들은 기성 정치인들이 이민 문제나 테러, 경제 불황에 대해 아무것도 하지 않았다며 이 문제들을 해결하기 위해 자신들을 뽑아달라고 유권자들에게 호소합니다. 브라질의 자이르 보우소나루(Jair Bolsonaro) 대통령은 기성 정치인들을 비판하면서 자신은 코로나19를 해결할 수 있다고 유권자들에게 지지를 호소했습니다.[2]

하지만 포퓰리즘이 정말로 무서운 이유는 그들 역시 위의 문제를 해결할 대안을 가지고 있지 않다는 점 때문입니다. 예를 들어 포퓰리즘 정

---

2 그러나 브라질은 코로나19 초기 방역에 실패한 대표적인 국가입니다. 보우소나루 대통령 역시 코로나19를 가벼운 독감이라고 하며 위험성을 무시해왔고, 대통령 본인이 양성 판정을 받고 난 후에도 마스크를 벗는 등 위험한 행동을 일삼았습니다. 게다가 코로나19 희생자를 향해서도 "코로나19로 죽는 건 각자의 운명"이라는 발언을 해 논란에 휩싸이기도 했습니다. 하지만 보이소나루 대통령에 대한 브라질 내 '일부' 국민들의 지지는 여전히 뜨거운 편입니다.

치인들이 득세하기 시작했던 2019년과는 다르게 2020년에는 코로나19 사태가 장기화되면서 수많은 사망자가 나왔고 이는 정치적인 혼란으로도 이어졌습니다. 급기야 포퓰리즘 정치인과 정당이 힘을 잃기 시작했죠. 왜냐하면 이들은 코로나19에 대한 적절한 대처나 방안을 가지고 있지 않았기 때문입니다. 결국 이는 포퓰리즘 정당의 인기 하락으로 이어지기도 했습니다. 하지만 2021년에 다시 포퓰리즘 정당이 인기를 끌고 약진을 하기 시작합니다. 이들이 포스트 코로나 시대에 어떤 방안을 가지고 있는지는 그들을 지지하는 유권자는 물론이고 포퓰리스트 본인들조차도 잘 모를 것입니다. 왜냐하면 선거에서 이기기 위해 그런 구체적인 방안들은 필요가 없기 때문입니다.

도널드 트럼프가 미국에 남긴 흔적

. . . .

트럼프는 선거운동 당시 여러 연설에서 '우리'라는 단어를 강조했습니다. 물론 이 우리라는 단어는 같은 미국 국적의 국민임에도 불구하고 민주당 지지자, 저소득층, 비(非)백인, 더 나아가 장애인이나 여성은 포함되어 있지 않았습니다. 그에게 우리란 자신처럼 소득이 높으며, 백인에, 미국 국적을 가진 사람이었습니다.

이런 그의 논리는 어느새 미국 내에서 보편화되어 트럼프를 지지하지 않는 유권자에게 시시각각으로 위협이 되고 있습니다. 이 글을 쓰기 얼마 전, 트럼프 전 대통령은 코카콜라, 델타항공, JP모건, 그리고 미국의 인기 스포츠 중 하나인 메이저리그 야구(MLB)를 상대로 보이콧(Boycott)을 선언했습니다. 그들이 자신과 정치적인 부분에서 맞지 않다는 이유에서였습니다.

발단은 조지아주(州)의 선거법 개정이었습니다. 공화당이 주도한 이 법은 부재자 투표 신청기간 단축과 신분증명 절차 강화, 투표를 위해 줄을 선 유권자들에게 음식 제공을 금지하는 것을 주요 내용으로 했습니다. 단순하게 보면 이게 뭐가 문제가 되는지 의문일 수 있으나 미국은 땅이 넓어 주거지에서 선거 장소까지 상당한 거리가 됩니다. 상대적으로 생계비를 벌기 위해 많은 시간을 투자해야 하는 저소득층에게는 투표를 하는 시간마저 부담이 될 수 있습니다.

그래서 이번 2020년 미국 대선에서 큰 효과를 발휘했던 우편투표 역시 선거 당일에 투표하는 것이 큰 부담이 될 수 있는 계층에게 선거를 할 수 있는 기회가 제공되었던 것입니다. 조 바이든(Joe Biden) 미국 대통령은 이 우편투표 시스템을 통해 도널드 트럼프 전 대통령으로부터 승리할 수 있었던 것일지도 모릅니다. 그러자 트럼프를 필두로 한 공화당은 이제 그 제도를 없애려고 합니다. 이유는 단순합니다. 자신들에게 불리하기 때문입니다.

현재의 선거법은 더 많은 유권자가 투표를 할 수 있는 기회를 제공합니다. 민주주의는 다수를 위한 정치이고 최대한 많은 사람이 투표할 수 있어야 민주주의의 가치는 빛을 발합니다. 하지만 트럼프와 공화당은 '우리'에게 유리한 정치를 하기 위해서 민주주의의 관습을 무시하고 제도를 개정하고 있는 것입니다. 저는 이것을 '포퓰리스트' 도널드 트럼프가 미국에 남기고 간 흔적이라고 말하고 싶습니다.

중국의 공산당 독재,
그리고 홍콩의 봄

　겨울이 지나고 봄이 찾아오면 잔뜩 움츠리고 있던 몸을 펴고 기분 좋게 밖에 나가 사람들을 만납니다. 가고 싶었던 곳을 소중한 사람과 함께 가기도 하고, 버킷리스트에 적었던 일들을 하나씩 해나갑니다. 그만큼 봄은 새로운 일을 할 수 있는 아름다운 계절이라는 뜻이기도 하지요. 그래서 모든 문제가 해결되고 힘들었던 일이 지나 행복한 시기가 찾아오는 때를 비유적으로 '봄'이 찾아왔다고 말하기도 합니다.

　그런데 독재, 폭력과 탄압의 시기가 지나가고 민주주의, 자유와 평화의 시기가 찾아올 때 역시 '봄'이 찾아왔다고 표현합니다. 사람들의 자유를 빼앗고 투표를 가장해 자신의 권력을 공고히 하는 독재자를 보며 시민들은 자유에 대한 희망과 연대를 통해 극복해나갑니다. 2010년에 있었던 '아랍의 봄'은 중동과 북아프리카에서 동시다발적으로 발생한 민주주의 운동을 뜻하는 단어입니다. 이를 통해 독재자들이 통치하고 있던 국가들(리비아, 예멘, 이집트, 튀니지 등)에선 정권이 교체되는 혁명으로 이어지기도 했죠.

이런 봄은 우리나라에도 있었습니다. 바로 '서울의 봄(1979~1980년)'입니다. 우리나라는 당시만 하더라도 군인들이 행정권, 입법권, 사법권에 개입해서 정치를 주도하는 군사 정권이었습니다. 이러한 형태의 정권을 세운 것은 다름 아닌 박정희 전 대통령이었습니다.

박정희 전 대통령은 자신의 독재 권력을 더욱 공고히 하기 위해 유신 헌법을 통과시켰고, 이는 종신 집권을 가능하게 만드는 정치 시스템으로 이어졌습니다. 민주주의 국가에서 이는 도저히 용납할 수 없는 일이었기에 시민들은 분노했고 전국 각지에서 정권에 저항하는 시위가 발생합니다. 이때 일어난 대표적인 시위가 바로 '부마 민주항쟁'입니다.

결국 민주화를 향한 열망과 유신정권 내부에서 일어나고 있던 권력 다툼 등 복합적인 요인들이 뒷받침되어 박정희 전 대통령은 최측근이었던 김재규 중앙정보부장에게 암살(10·26사태)을 당합니다. 이후 영원할 것만 같았던 유신독재가 무너지고 제4공화국의 두 번째 정부인 최규하 정부가 출범합니다. 그는 박정희 정권에 저항하다 처벌받았던 재야인사

 여기서 잠깐! 부마 민주항쟁이란?

1979년 10월, 부산 및 마산 지역을 중심으로 벌어진 박정희 정권의 유신독재에 반대한 민주화운동이다. 4·19혁명, 5·18민주화운동, 6·10민주항쟁과 함께 한국 현대사에서 민주이념을 계승한 민주항쟁의 하나로 평가받고 있다.

들을 복권하고, 유신독재를 없애기 위한 여러 가지 개헌 조치들을 해나갑니다. 이에 국민들은 유신독재가 끝나고 민주화가 될 것이라고 기대하며 민주적인 선거를 요구했습니다. 하지만 서울의 봄은 1년도 채 되지 않아 12·12사태를 통해 권력을 잡은 신군부 세력으로 인해 막을 내리게 됩니다. 전두환 정권은 유신정권 때보다 더욱 집요하고 잔인하게 민주주의 세력들을 탄압했습니다. 이 과정에서 일어난 대표적인 사건이 바로 1980년에 발생한 5·18민주화운동입니다.

정권을 잡은 신군부 세력은 독재에 반대하고 민주주의를 바라는 시민들을 향해 최루탄을 던지고 곤봉을 휘두르며 급기야 총을 겨누기까지 했습니다. 이들의 무차별적인 발포는 일주일 넘게 이어지며 당시 집계된 사망자 수는 민간인 168명을 포함해 195명, 부상자는 4,782명에 달했습니다. 이런 역사를 겪었다 보니 우리나라 국민의 민주주의에 대한 인식은 높아질 수밖에 없었습니다. 투표율이 높기도 하고 특정 정당이 계속해서 정권을 유지하면서 발생하는 정치 부패, 권력욕에 대한 경계심도 상당히 높아 주기적으로 정권 교체가 일어납니다.

그리고 과거에 대한 청산도 갈 길이 멀지만 차곡차곡 진행되고 있습니다. 예를 들어 1980년 5·18민주화운동에 대한 진상 규명을 해야 한다는 목소리가 높습니다. 저는 과거에 대한 반성과 청산이 이어져야 언젠가 우리가 떳떳하게 후손들에게 민주주의 역사를 물려줄 수 있다고 생각합니다. 그러나 반대로 과거에 대한 제대로 된 반성과 청산이 되지 못한다면 이는 부끄러운 역사가 되고 말 것입니다. 우리나라에서 신군부 독재 세력이 드디어 주춤하기 시작하고 다시 한번 민주화에 대한 열망이 고조되기 시작하던 1989년(6월 민주항쟁), 중국에서도 비슷하게 시민들이 광장에 모여 자유와 민주주의에 대한 목소리를 높여 갔습니다. 지금 생각해보면 중국에서 민주화 시위가 일어난다는 것 자체가 놀라운 사실 같지만 30여 년 전의 중국은 조금 달랐습니다.

당시 중국은 덩샤오핑(鄧小平)의 집권 아래 경제 개혁과 시장 경제의 도입으로 엄청난 속도로 경제성장을 이룩해나갔습니다. 경제가 발전하다 보니 사람들은 정치적인 부분에서도 어떤 변화가 일어나게 될 것이란 희망을 품게 되었습니다.

이미 많은 중국인은 대약진운동과 문화대혁명을 통해 중국 공산당 정부를 신뢰하지 않았고, 다시는 그런 잘못을 되풀이하지 않기 위해 중국 공산당 지도부가 모든 상황을 통제해선 안 된다고 생각했습니다. 1989년 봄부터 베이징에서 시작된 대규모 반정부 시위는 '천안문 사태'가 벌어졌던 6월까지 계속해서 이어졌습니다. 당시 베이징 천안문 광장에 모인 시위대의 규모는 대략 100만 명 정도였다고 하니 그때 중국 국민이 바랐던 민주주의에 대한 열망이 어느 정도였는지 예상이 가는 대목입니다.

하지만 중국 공산당 간부들은 이러한 현상을 달가워하지 않았던 것은 물론이고, 시위의 규모가 어떻든 간에 중국 국민에게 자신들의 권력을 넘겨줄 생각은 추호도 없었습니다. 그들에게 중국의 민주화는 공산당의 권력이 소멸하는 일이었고, 이는 중국이라는 국가의 바탕 자체가 흔들리는 일이라고 믿었던 것입니다.

공산당은 시위대를 진압하기 위해 군대를 통해 광장을 포위했고 해산 요구를 반대하는 시위대를 향해 총을 발포합니다. 심지어 이들은 시위대를 진압하기 위해 전차까지 출동시킵니다. 우리에게도 너무 유명한

'탱크맨(Tank man)'도 천안문 사태에서 나온 것입니다. 무명의 이 남성은 시위대를 향해 돌격하려는 전차의 앞길을 가로막았고 천안문 사태, 민주주의, 거대한 권력에 맞서는 자유를 상징하는 존재가 되었습니다.

물론 이후에 탱크맨이 어떻게 되었는지는 아무도 모릅니다. 우리가 지금까지 탱크맨의 이후의 삶을, 심지어 그의 생존 여부를 알지 못하는 이유는 중국 공산당이 천안문 시위대를 철저히 탄압했고 중국의 민주화 운동을 완전히 무너뜨렸기 때문입니다. 그 이후 중국 국민의 머릿속엔 '공포'가 각인됩니다. 우리가 아무리 목소리를 높이고 민주화운동을 하더라도, 공산당은 군대를 동원하고 진압과 사살을 자행할 수 있다는 것을 말이죠. 그렇게 천안문에서 시작됐던 베이징의 '봄'은 실패로 돌아갑니다.

홍콩에서 시작된 봄을 향한 움직임

····

제가 지금까지 민주화의 봄을 이야기한 것은 다름 아닌 홍콩에서 시작되었던 민주화운동을 이야기하기 위해서입니다. 앞서 언급한 서울의 봄, 아랍의 봄, 베이징의 봄은 셋 다 끝이 좋지 못했습니다. 서울의 봄은 신군부 세력에 의해 철저히 탄압되었습니다. 전두환을 중심으로 한 신군부 세력은 1989년 6월 민주항쟁 이전까지 독재를 통해 대한민국 국민을 철저히 탄압했습니다. 2010년의 아랍의 봄은 성공적으로 끝날 줄 알았지만 중동과 북아프리카 등지에선 끊임없이 불안정한 정권 교체와 외국의 개입으로 내전까지 일어나는 사태까지 발생합니다. 아랍의 봄 주체 중 하나였던 시리아는 여전히 내전으로 홍역을 치르는 중입니다.

게다가 베이징의 봄은 시작도 하지 못하고 막을 내리고 맙니다. 그런데도 민주주의는 봄을 갈망합니다. 겨울에서 봄으로 넘어왔다고 생각할 때 꽃샘추위가 찾아오면서 많은 사람이 감기 몸살을 겪는 것처럼, 당장 독재의 탄압은 무섭고 민주주의에 대한 시민들의 열망을 꺾게 만들어 버리지만 이를 조금만 버티고 넘어서면 자유와 평등의 물결이 찾아옵니다. 홍콩의 한 청년은 이러한 봄의 특성을 누구보다 잘 알기에 겨울을 온몸으로 버티고 참아내고 있습니다. 언젠가 찾아올 홍콩의 봄을 기다리며 말이죠.

홍콩 반환의 역사

· · · ·

이 글을 쓰는 현재 조슈아 웡은 불법집회 조직 및 선동 혐의로 교도소에 수감되어 있는 상황입니다. 그는 범죄인인도 조례(송환법)에 반대하기 위해 2020년 6월부터 송환법 즉각 철회와 경찰의 과잉 진압에 대한 사과, 시위대를 '폭도'로 규정하는 것에 대한 철회 등을 요구하며 시위를 이어나갔습니다.

하지만 그에게 돌아온 것은 1년 1개월이라는 징역형이었습니다. 게다가 그와 함께 홍콩 시위를 이끌었던 '이반 람'과 '아그네스 차우' 역시 징역형을 받고 교도소에 수감되어야 했습니다. 놀라운 것은 이들의 나이가 겨우 20대 중반(조슈아 웡의 경우 96년생)에 불과하다는 것입니다.

홍콩은 아시아의 금융 허브 역할을 담당했고 우리나라에선 〈중경산림〉 〈영웅본색〉 등 영화 산업의 중심지로도 유명한 곳입니다. 높이 치솟은 마천루와 화려한 야경은 홍콩 특유의 경제력과 번영을 엿볼 수 있는 상징적인 표식이기도 하죠. 하지만 이러한 홍콩의 풍경이 조금씩 무너져 내리고 있습니다. 향후 10년 안에는 우리가 알고 있던 홍콩 특유의 자유로운 분위기와 경제적인 번영을 더는 보기 힘들지도 모릅니다.

그런데 홍콩의 민주화 시위는 갑작스레 생겨난 일이 아닙니다. 이 일의 원인을 알아보기 위해선 시계 초침을 1997년으로 되돌려야 합니다. 1997년은 홍콩이 영국에서 중국으로 반환된 해입니다. 홍콩은 그전만 하더라도 영국령 식민지였습니다. 홍콩이 영국의 식민지였던 이유는 바로 그 유명한 아편전쟁 때문입니다.

이 전쟁은 아시아의 지배자로 불리던 청나라와 유럽 제국주의의 상징과도 같았던 영국이 서로 맞붙은 전쟁이었죠. 전쟁에서 승리한 국가는 영국이었습니다. 영국과 청나라는 전쟁 이후 난징조약을 체결하게 되는데 이는 당연히 패전국인 청나라에게 불리한 불평등 조약이었습니다. 그런데 난징조약의 주요 내용 중 하나가 바로 청나라의 홍콩 땅을 영국에게 양도하는 것이었습니다.

그 이후로 홍콩은 오랫동안 영국의 소유였습니다(1841~1997년). 비록 홍콩은 제국주의 국가에 의해 탄생한 식민지였습니다만, 자유와 번영의 상징이 되는 국가였습니다. 청나라가 멸망하고 드넓은 중국 대륙을 차지하는 최종 승자가 중국 공산당이 되면서 대약진운동이나 문화대혁명과 같은 억압을 피하고자 많은 중국인들이 홍콩으로 도망쳐왔습니다. 이로 인해 홍콩은 서비스와 금융의 허브 역할을 수행함으로써 막대한 경제적 부를 축적할 수 있었습니다.

하지만 중국의 군사적, 경제적 영향력이 점점 커지면서 끊임없이 영국에게 홍콩 땅을 반환할 것을 요구합니다. 특히 경제적 성장에 성공했

여기서 잠깐! 일국양제와 항인치항이란?

1997년 7월 1일, 홍콩의 주권이 영국에서 중국으로 반환되었다. 이때 중국 정부는 영국으로부터 홍콩 땅을 다시 돌려받는 조건으로 두 가지의 주요 원칙을 약속하는데, 바로 이 원칙이 '일국양제'와 '항인치항'이다.

• 일국양제(一國兩制): 하나의 국가에서 서로 다른 두 체제를 공존시키는 것을 의미한다. 즉 홍콩에 중국의 공산주의, 사회주의 제도를 그대로 도입하는 것이 아니라 그 이전의 민주주의와 자본주의 제도를 그대로 유지하겠다는 것을 주요 골자로 하고 있다. 이는 홍콩뿐만이 아니라 중국의 또 다른 특별행정구 중 하나인 마카오에도 적용되는 원칙이며, 동시에 중화민국(대만)과의 통일 원칙에서도 기본 전제가 되고 있다.

• 항인치항(港人治港): 일국양제와 마찬가지로 반환 협의의 핵심 중 하나였던 항인치항은 "홍콩인이 홍콩을 다스린다."라는 뜻으로 홍콩에 자치권을 부여한다는 뜻이다. 공산당 독재인 중국과는 다르게 홍콩의 민주주의 제도를 유지하면서 홍콩인들이 투표를 통해 선출한 정치인들이 홍콩의 법을 만들고, 집행할 수 있다는 의미이기도 하다.

던 덩샤오핑 시절에는 중국의 압박이 정점에 달했습니다. 그래서 당시 영국의 총리였던 마거릿 대처(Margaret Thatcher)는 직접 베이징에 찾아가 덩샤오핑과 홍콩 반환에 대해 논의했다고 합니다.

1997년 7월 1일, 영국과 중국의 홍콩 반환 협정에 따라 156년의 '영국령 홍콩'은 막을 내리고 홍콩은 중화인민공화국 특별행정구가 되었습니다. 이때 많은 사람이 홍콩은 끝이 났다고 생각했습니다. 더 이상의 자유는 없을 것이고 공산당의 간섭 아래에서 홍콩의 경제적 번영은 없을 거라고 말이죠. 하지만 영국이 홍콩을 중국에 반환하면서 영국과 중국이 가장 중요하게 여긴 사항이 하나 있었습니다. 그건 바로 '일국양제'와 '항인치항'입니다. 이 조항으로 인해 중국은 홍콩인들의 불안함을 일부 덜어낼 수 있었고 중국 시장과 연결되어 있으면서도 자본주의 체제를 누리고 있다는 점 때문에 전 세계 자본이 홍콩으로 향했습니다.

조슈아 웡, 홍콩 민주화의 상징이 되다

. . . .

2014년은 중국에 대한 홍콩인들의 분노가 폭발한 해였습니다. 중국은 그동안 일국양제라고 하는 허울뿐인 단어로 홍콩인들을 구슬렸습니다. 그러나 홍콩 사회 전반적으로 나타나는 사회 문제들(빈부 격차, 부동산 가격 폭등, 인구 밀도 등)은 해결될 기미를 보이지 않았고 중국의 압도적인 경제성장으로 인해 홍콩만이 가질 수 있었던 경제적 이점도 사라지고 있었죠. 그리고 홍콩인들은 점차 경제를 넘어 정치적인 부분에서도 자유를 빼앗기고 있었습니다.

홍콩은 중국으로부터 자치권을 보장받은 곳이기 때문에 중국의 공산당 대표인 주석이 다스리는 것이 아니라 홍콩의 선거 시스템으로 인해 뽑힌 '행정장관'이 통치합니다. 그리고 항인치항의 원칙대로라면 이 행정장관은 홍콩인들이 선택해야 합니다. 하지만 당시 중국 공산당 정부는 행정장관직 후보자의 수를 2~3명으로 제한하고, 이마저도 각 후보자는 1,200명으로 구성된 추천위원회에서 선정해야 한다는 안건을 통보합니다.

이는 민주주의 선거의 가장 기본적인 원칙 중 하나인 보통선거를 위배하는 내용이며 1,200명의 추천인은 당연히 중국 정부에 충성하는 친

중(親中)파로 구성될 확률이 높았습니다. 이에 따라 수많은 홍콩인이 행정장관 선거에 완전한 직선제를 보장할 것을 외치며 79일간의 민주화 시위를 이어나갑니다. 이것이 바로 그 유명한 '우산혁명(雨傘革命, 2014년 홍콩 민주화운동)'입니다. 그리고 이 민주화 시위에서 중국 공산당의 독재로부터 저항하며 홍콩의 민주주의 수호에 구심점 역할을 하는 인물이 등장합니다. 바로 조슈아 웡입니다.

조슈아 웡이 처음으로 활동을 시작한 때는 2012년이었습니다. 당시 홍콩 정부는 중국식 국민교육 계획을 발표하는데 학생들의 애국심을 고취하기 위한 목적으로 공산당을 지지하는 내용이 담겨 있었습니다. 이에 당시 14세였던 조슈아 웡은 "사상의 자유와 언론의 자유를 요구하며 세뇌 교육이나 다름없는 중국식 국민교육을 반대한다."라며 학생운동 조직인 학민사조(學民思潮)를 설립하고 홍콩 정부 청사를 점거합니다. 이 시위의 시작은 너무나 미미했습니다. 국민교육 실행 당일에는 시위를 이어나가는 학생의 수가 20여 명에 불과했고, 국민교육 제도의 도입은 불 보듯 뻔해 보였습니다.

하지만 언론을 통해 학생들의 모습이 전 세계로 퍼져나갔고 많은 사람이 학민사조와 조슈아 웡을 지지하기 위해 정부 청사로 모이기 시작했습니다. 이 시위에 참여한 최대 인원은 12만 명이었다고 합니다. 결국 당시 홍콩의 행정장관이었던 렁춘잉(梁振英)은 국민교육이 홍콩 교육과정에서 의무가 되지 않을 것이라고 발표했고, 이것은 조슈아 웡이 중국 정부로부터 거둔 최초의 승리였습니다.

이 시위는 홍콩 역사에서 최초로 목적을 달성한 사회운동이자 학생들이 주도한 유일한 사회운동이 되었고, 많은 홍콩인에게 중국 정부로부터 자유를 지켜낼 수 있다는 용기를 부여해줬습니다.

조슈아 웡과 학민사조는 여기서 멈추지 않고 2년 후인 2014년에도 홍콩 행정장관 직선제를 요구하며 민주화 시위를 이어나갑니다. 9월 28일에 시작한 이 시위는 12월 15일까지 79일 동안 이어나갔으며 시위대가 사용한 우산은 "아무리 강력한 햇볕(제재, 자유에 대한 억압)이 내리쬐더라도 우산을 펴서 막겠다."라는 비유적인 의미를 품고 있습니다. 이를 통해 자유를 위해 끊임없이 저항하겠다는 홍콩인들의 의지와 열망을 비춰볼 수 있습니다.

실제로 시위대는 홍콩 경찰이 쏘아대는 최루탄을 직접 우산으로 막아냈는데, 이를 두고 '우산혁명'이라는 이름이 붙여진 것입니다. 이 일이 언론을 통해 전 세계에 공개되자 전 세계 사람들이 홍콩의 민주주의가 침해받고 있다는 사실을 알게 되었습니다(우산혁명과 조슈아 웡에 대한 보다 자세한 이야기를 알고 싶으시다면 넷플릭스 다큐멘터리 〈우산혁명: 소년 vs 제국〉을 보시는 걸 추천드립니다).

그런데 아쉽게도 우산혁명은 실패로 돌아갔습니다. 중국의 입장은 변하지 않았고 홍콩 내부에서도 경제 악화와 경찰의 강경 진압에 따른 두려움 확산 등으로 종료되고 말았습니다. 하지만 우산혁명이 아무것도 바꾸지 못한 것은 아니었습니다. 이를 계기로 많은 홍콩인이 자신은 '중국인'이 아닌 '홍콩인'이라는 정체성이 생겼다고 합니다. 일국양제라는 시스템은 허울에 불과하고 홍콩의 자유가 중국 공산당의 억압에 짓밟힐 수 있다고 인식하게 된 것이죠.

게다가 정치에 무관심했던 젊은 세대가 민주주의라는 정치 시스템에 관심을 가지게 되었습니다. 우산혁명은 홍콩에서 일어난 첫 대중 봉기였고 홍콩의 현 상황을 전 세계에 알릴 수 있는 결정적인 계기가 되었습니다.

홍콩의 봄은 아직 끝나지 않았다

. . . .

하지만 아직 갈 길은 멉니다. 2019년 홍콩에선 다시 한번 대규모 시위가 벌어집니다. 이 시위의 중심에도 조슈아 웡이 있었고, 그는 홍콩의 민주주의를 수호하기 위한 정당 '데모시스토(Demosistō)'를 설립하면서 본격적인 정치 활동을 시작했습니다. 2019년 민주화 시위의 주요 골자는 범죄인인도법 개정에 대한 반대였습니다.

이 법안에는 홍콩에서 체포된 범죄인을 중국으로 송환할 수 있다는 내용이 있는데, 이는 중국 정부가 반체제 인사나 인권운동가들을 중국 본토로 송환할 때 법을 악용할 수 있는 위험성이 높습니다. 본래 이를 위해선 홍콩 의회의 심의를 거쳐야 하지만, 법안이 개정된다면 이러한 심의과정 없이 행정 수반과 법원의 결정만으로 절차를 간소화해서 범죄인을 인도할 수 있도록 하는 장치를 마련한 것이었죠.

홍콩 시민들은 포기하지 않고 거리로 나서 시위에 참여했습니다. 시위의 최대 규모는 200만 명까지 불어나며 범죄인인도법 개정을 반대하는 것은 물론이고 중국 정부의 꼭두각시에 불과한 행정장관에 대한 사퇴도 요구했습니다. 홍콩 인구가 대략 740만 명임을 고려하면 4명 중 1명꼴로 시위에 참여한 셈인데, 이때 홍콩은 일시적으로 시위대의 손을 들어주는 것처럼 보였습니다.

캐리 람(Carrie Lam) 행정장관은 눈물을 보이며 범죄인인도법을 개정하지 않음을 약속하고 기자들 앞에 서서 시위대에게 용서를 구했습니다. 자유와 민주주의가 거대한 공산당 정부로부터 승리를 거두는 듯 보였습니다. 우산혁명 때 이뤄내지 못했던 승리의 분위기가 일순간이나마

여기서 잠깐! 홍콩보안법이란?

현재 중국 및 홍콩 정부가 홍콩 민주화운동가들을 억압하는 수단으로 홍콩 보안법을 이용하고 있다. 이는 2020년 6월에 시행된 법으로 국가 분열, 국가 정권 전복, 테러 활동, 외부와의 결탁 등 네 가지 행위를 할 경우 최고 종신형까지 받을 수 있다. 조슈아 웡의 경우 2020년 12월 반정부 시위와 집회를 주도했다는 죄목으로 총 징역 13.5월 형(刑)을 선고받았다.

홍콩을 비췄습니다. 하지만 이는 오래가지 않았습니다. 상하이에서 중국의 시진핑 주석과 홍콩 캐리 람 행정장관이 만났다는 소식이 전해졌고, 이후 홍콩 행정부는 시위대를 향해 더욱더 강력한 탄압을 시작합니다. 친중파의 백색테러[3]나 경찰의 폭력 등 무고한 시민들이 목숨을 잃는 일까지 벌어집니다.

심지어 홍콩 경찰이 시위대를 대상으로 살인 행위까지 저지르는데 이것이 자살로 조작되기도 합니다. 18년 동안 매년 7월 1일 주권 반환일에 반중 집회를 주도하며 2019년에는 송환법 반대 대규모 집회를 기획해왔던 '민간인권전선'도 중국 공산당의 탄압의 여파로 해산 결정을 내렸다고 합니다. 민간인권전선은 홍콩 민주화 세력의 구심점 역할을 해왔으며 범민주 진영의 대표 단체 중 하나였습니다. 하지만 이 단체마저도 홍콩보안법의 압박으로 해산되었고, 범민주 진영이 급격히 위축되는 결과

---

3 정치적 목적을 달성하기 위해 폭행, 암살, 파괴 등을 수단으로 하는 좌익세력을 대상으로 한 우익세력의 테러 (적색테러의 반대말)

가 초래되었습니다. 더 나아가 우산혁명과 2019년 민주화 시위를 이끌었던 조슈아 웡과 여러 홍콩 민주화운동가는 반정부 시위와 집회를 불법적으로 주도한다는 죄목으로 징역을 선고받았습니다.

중국은 이에 그치지 않고 홍콩에 대한 압박을 계속해서 이어나가고 있습니다. 그들의 궁극적인 목표는 일국양제의 기한을 앞당기고 홍콩의 체제를 완전히 공산당에 복속시키는 것입니다. 나아가 (자신들의 기준에서) 유일한 합법 정부인 중화인민공화국에 저항하는 대만이 두려움을 이겨내지 못하고 스스로 복속해오는 것이겠죠. 홍콩은 아마 대만의 무릎을 꿇게 만들기 위한 계단에 불과하다고 여길지도 모를 일입니다.

중국은 어느새 세계에서 두 번째로 큰 경제 규모를 지닌 G2 국가가 되어 미국과 어깨를 나란히 하게 되었습니다. 그래서 더더욱 안하무인(眼下無人)격 태도로 자신에게 반발하는 개인, 기업, 국가에게 말도 안 되는 요구를 하며 압박을 이어나가는 것이죠. 대표적으로 2021년에 일어났던 미얀마 군부 쿠데타의 뒤에는 중국 정부의 경제적인 원조가 있었습니다. 미얀마는 중국의 '일대일로(一帶一路) 프로젝트'[4]에 참여하는 대표적인 국가인데 이 과정에서 미얀마의 경제가 중국에 크게 귀속되는 결과를 초래했습니다.

미얀마의 민주 정권은 이러한 경제적 불평등, 사회적 불안을 해결하지 못했고 군부 세력은 미얀마의 현재 상황에 대한 책임을 민주 정권에게 돌리며 쿠데타를 일으켰습니다. 그들이 이렇게 과감하게 정권을 전

---

4 중국이 주도하는 경제벨트 구축 프로젝트. 중국과 주변 국가의 경제, 무역 합작을 확대하는 방안을 두고 있다. 현재 100여 개 국가 및 국제기구가 참여하고 있으며 내륙 3개, 해상 2개 등 총 5개의 노선으로 추진되고 있다.

복시키려고 시도한 것도 중국 정부의 지지와 경제적 원조가 없었다면 불가능했을 것입니다.

호주의 경우에는 지역 정부 단위로 중국의 일대일로 프로젝트에 협력하고 있었으나 중앙정부가 이를 파기함으로써 중국과의 관계가 최악으로 치달았습니다. 호주는 경제적으로 대(對)중국 의존도가 높았고(호주의 대중국 수출 비율은 2020년 기준 35.3%나 됩니다), 일대일로 프로젝트는 호주의 경제가 중국에 더욱 귀속되는 결과를 초래했기에 호주 정부가 합리적으로 내릴 수 있는 판단이었습니다. 중국은 호주의 주요 수출품에 최대 200% 이상의 관세를 부과하는 등의 보복을 시행했고, 호주도 이에 지지 않고 미국 중심의 중국 포위 동맹인 쿼드에 적극적으로 동참하는 움직임을 보입니다.

전 세계에서 관측되는 중국의 압박은 두렵습니다. 개인에 불과한 제게 만약 국가 단위로 다가오는 자유를 억압하려는 압박을 이겨낼 자신

 여기서 잠깐! 쿼드(Quad)란?

미국, 인도, 일본, 호주 4개국이 참여하는 비공식 안보회의체로 본래 미국과 인도가 주도해서 합동 해상 훈련을 하기 위해 1992년에 창설되었다. 그 이후 2007년에 규모가 확대되어 4자 안보 대화로 구축되었다. 큰 역할을 하지 않던 쿼드가 2017년에 부활한 것은 사실상 중국을 견제하기 위함이며 북대서양조약기구(NATO)와 같은 다자 안보기구로 발전할 가능성을 가지고 있다. 한국 역시 베트남, 뉴질랜드 등과 함께 기구를 확대 및 강화하기 위한 방침으로 '쿼드 플러스'에 참여할 가능성이 있다.

이 있냐고 묻는다면 "그렇다."라고 대답은 할 수 있을 것입니다. 그러나 막상 그 상황에 처하게 된다면 어떤 행동을 하게 될지는 알 수 없습니다. 하지만 조슈아 웡은 중국의 처지 역시 그렇게 편하지 않다고 말합니다. 미국과의 무역전쟁에서 경제성장에 문제가 생겼고, 이로 인해 실업률이 증가하고 인플레이션이 발생하고 있습니다. 자국 기업들을 정치적인 이유로 제재하고 압박하면서 전 세계 자본이 유출되었고 코로나19로 인해 경제적 위축은 더욱 심화되었습니다.

신장 위구르 자치구, 티베트, 홍콩 등에선 중국의 지배에 반발하는 지역적 소요가 끊이지 않고 있어 시진핑의 정치적 능력을 의심하는 목소리도 더욱 커지고 있습니다. 즉 사방에서 체제를 불안정하게 만드는 어려움으로 인해 중국은 더욱 국수주의를 부르짖고 반체제 인사에 대한 탄압 수위를 높여 자신의 입지를 강화하는 방식을 택하고 있는 것입니다. 저는 조슈아 웡의 이러한 분석에 전적으로 동의하며, 현재 중국이 벌이는 만행은 자신의 체제에 대한 당위성을 회복하려는 최후의 발악이라고 생각합니다.

그렇기 때문에 오히려 용기가 생깁니다. 포기하지 말고 투쟁을 지속하라는 조슈아 웡의 말처럼 우리는 끊임없이 중국의 만행에 관심을 가지고 자유를 수호하려는 자들을 응원해야 할 것입니다. 제가 민주주의를 주제로 이 글을 쓰는 이유도 언젠가 찾아올 '홍콩의 봄'을 지지하고 응원하기 위함입니다.

대한민국은
정말 평등한가?

저는 21세기 한국 사회를 하나의 키워드로 정리하라고 한다면 '갈등'이란 단어를 선택할 것입니다. 인종 갈등, 노사 갈등(계급 갈등), 종교 갈등, 정치 갈등, 젠더 갈등 등 사회가 복잡해지면서 사람들은 자신의 권리를 정당하게 보장받기 위해 목소리를 냅니다. 앞선 글들에서 여러 번 말씀드렸다시피 이는 민주주의 사회에선 정당한 권리입니다.

민주주의는 다른 정치제도와 다르게 사회 구성원 모두의 말에 귀 기울일 수 있고, 구성원 모두가 평등해질 수 있도록 노력하는 여러 제도적 장치가 마련되어 있습니다. 갈등의 목소리가 끊임없이 터져 나오는 것은 현재 21세기 사회가 여전히 불평등하다는 뜻입니다. 하지만 이 말을 듣고 많은 사람이 의문을 제기합니다.

"사회가 불평등하다고? 아냐, 그건 너의 착각이야. 우리 모두 선거에서 투표를 할 수 있고, 자신이 원하는 직업을 선택할 수 있어. 노예제는 철폐되었고 종교에 대한 제한도 없어. 법은 만인에게 평등한데 뭐가 문제야?"

실제로 우리 사회는 위의 문장과 다른 부분이 없습니다. 대한민국은 다른 나라와 비교해서 뒤처지지 않을 만큼 성숙한 민주주의 사회로서 4대 투표 원칙(평등, 보통, 직접, 비밀)을 잘 지키고 있습니다. 대한민국의 대학 진학률은 2020년 기준 79.4%로 최고치를 경신했다고 하는데 이는 경제협력개발기구(OECD) 국가 기준 청년 대학 진학률 세계 2위를 기록한 수치입니다.

신분을 통해 사람을 구분했던 계급 사회는 우리나라에서 이미 1895년 갑오개혁을 통해 완전히 사라졌고, 종교의 자유도 있는 국가입니다. 마지막으로 대한민국 헌법 제11조에는 "모든 국민은 법 앞에서 평등하다."라는 내용이 분명히 명시되어 있습니다. 게다가 우리나라보다 정치, 경제, 종교 등 모든 면에서 불평등한 국가도 굉장히 많습니다.

하지만 대한민국 사회는 불평등합니다. 이는 제 개인적인 의견이 아니라 모든 통계 지수가 평등이 아닌 불평등에 가깝다고 알려주고 있기에 내릴 수 있는 판단입니다. OECD는 2020년 8월 〈OECD 한국 경제 보고서(OECD Economic Review of Korea 2020)〉를 통해 "한국이 달성한 경제 성장의 과실이 균등하게 분배되지 않았다."라는 총평을 내렸습니다. 이어 한국 사회는 1997년 IMF 외환위기 이후로 경제성장의 포용성이 약화되었습니다. 지니계수(Gini's coefficient, 소득분배의 불평등 정도를 나타내는

여기서 잠깐! 지니계수란?

지니계수는 소득의 불평등 정도를 나타내는 가장 대표적인 소득분배 지표로 0에서 1 사이의 수치로 표시된다. 소득분배가 완전 평등한 경우가 0, 완전 불평등한 경우가 1이다. 우리나라의 세후 소득불평등 기준 지니계수는 0.339(2019년 기준)로 OECD 36개 회원국 중에서는 26위를 기록하고 있어 일곱 번째로 소득불평등 정도가 높은 상황이다.

수치)에 따르면 한국은 OECD 국가 중 일곱 번째로 소득불평등 정도가 높은 상황입니다. 즉 대한민국은 다른 OECD 국가보다 임금 격차가 크고, 소득재분배는 제한적이고, 불평등과 양극화가 심각하다는 것입니다. 이런 불평등 수치는 코로나19로 인해 더욱 가속화되고 있습니다. 통계청에서 발표한 2020년 4/4분기 가계 동향에 따르면 상위 20%와 하위 20%의 소득 격차는 크게 벌어졌고 상·하위 각 10%의 시간당 평균임금의 격차는 6.25배에 달합니다.

마지막으로 현재 우리나라 사회에서 결코 빼놓을 수 없는 젠더 갈등의 관점에서 바라보면 남녀 고용 형태에 따른 차별은 심각한 수준입니다. 남성 정규직 임금을 100으로 놓았을 때 여성 정규직의 경우 75.2, 여성 비정규직은 51.8로 대한민국을 남녀가 평등한 사회라고 단언할 수 없는 상황입니다. 결국 대한민국을 평등한 사회라고 한다면 이는 저소득층과 여성 등 사회적 약자를 모두 제외했을 때에야 가능하다는 것입니다.

형식적 평등과 실질적 평등

....

민주주의 사회에서 목소리를 낼 수 있는 구성원의 주체는 계급이나 권력의 정도로 결정되지 않습니다. 과거에는 그 사회에서 선택된 아주 소수(예를 들어 왕족이나 귀족, 종교 지도자들)만이 정치적인 결정을 할 수 있었습니다. 대다수의 사람은 권력의 최하층에서 기득권층이 만든 제도에 순응하며 살아야 했죠.

하지만 권력을 쥐고 있는 소수의 사람이 다수를 100% 만족하게 할 순 없었습니다. 게다가 본인의 권력을 더 강화하기 위해서 민생을 신경 쓰지 않고 욕심을 부려 비(非)기득권층이 피해를 받을 수밖에 없었습니다. 이렇게 백성들의 삶은 더욱 피폐해지고 권력층에 대한 불만은 쌓여갔습니다.

오늘날 정착된 민주주의 사회는 대다수의 민중이 소수의 권력층과 맞서 싸워 얻어낸 결과물입니다. 소수만이 가지고 있던 권력의 파이를 다수에게 분배할 수 있게 된 것이죠. 따라서 민주주의 사회는 최대한 다수의 목소리를 담아내려고 노력하고 있습니다. 투표를 하는 이유도 사회에서 "다수가 원하는 것이 무엇인가?"를 알기 위해서, 다수의 목소리를 대표하는 사람을 뽑아 이를 정치와 사회에 반영하기 위해서입니다.

하지만 민주주의는 시간이 흐르면서 새로운 국면을 맞이하게 됩니다. 민주주의가 과거 소수의 기득권으로부터 다수의 비기득권을 보호하는 정치제도였다면, 이제는 다수의 기득권으로 인해 소수 비기득권층의 목소리가 지워질지도 모르는 위험한 상황을 초래하게 된 것입니다. 많은 사람이 오해하고 있는 점 중의 하나는 다수의 권리를 위해서라면 소수의 권리는 희생되어도 된다는 것입니다. 앞서 언급했듯 한국 사회는 충분히 불평등한 사회인데 평등하다고 느끼고 있다면 그것은 우리가 소수가 아닌 다수의 위치에 서 있기 때문입니다. 여성이 아닌 남성이라서, 장애인이 아닌 비(非)장애인이어서, 비(非)정규직이 아닌 정규직이어서 우리는 현 사회에 충분히 만족할 수 있는 것입니다. 그리고 이들은 사회 구성원 모두가 똑같은 기회를 부여받는다면 문제가 없다고 생각합니다. 이른바 '형식적 평등(Formal equality)'이라고 표현을 하죠.

예를 들면 이렇습니다. A회사의 입사 시험이 있습니다. 해당 회사 건물 내에는 장애인을 위한 시설이 하나도 없습니다. 장애인용 화장실이나 엘리베이터는 물론이고 모든 건물 층은 계단을 통해서만 통행할 수 있다고 합시다. 하지만 A회사는 입사 지원자를 뽑을 때 반드시 블라인드(Blind) 채용을 시행한다고 자신 있게 이야기합니다. 즉 장애인을 배려한 그 어떤 실질적 장치도 없으면서 장애인과 비장애인 모두에게 평등하게 입사 기회를 줬다고 말하고 있는 것이죠. 모두에게 기회를 줬다고 말은 하지만 실질적으로 결과를 보면 합격자의 대다수는 아마 비장애인일 것입니다.

반대로 '실질적 평등(substantive equality)'은 말만 번지르르한 평등을 제도적으로 보완한 형태를 말합니다. 앞선 예시의 A회사에서 입사 시험을 앞두고 건물 내에 장애인을 위한 보조 시설을 설치합니다. 또한 장애인 입사 지원자들을 위한 시험장은 1층에 배치해 이들이 이동하는 데 불편함이 없도록 할 수도 있겠죠.

실질적 평등을 표방하는 제도적 장치는 민주주의 사회에서 자주 볼 수 있습니다. 부자에게 높은 비율의 세금을 걷고 기초생활보장 수급자에게 보조금을 주는 경우, 기업에서 출산이나 결혼 때문에 불리한 대우를 받을 수 있는 여성에게 휴가 제도를 보장해주고 복직했을 때도 불이익을 주지 않는 것 등이 이에 해당합니다.

하지만 우리나라는 앞선 불평등 수치를 봐도 알 수 있듯 실질적 평등이 제대로 실천되고 있지 않습니다. 그리고 그 중심에는 소수자를 향한 다수자의 차별이 있습니다.

능력주의에 대한 불신과 차별금지법

. . . .

실질적 평등이 법적으로 보장받기 위해선 여러 제도적 장치가 필요한데 여전히 불완전한 부분을 완벽히 보완해줄 수 있는 것이 바로 '차별금지법'입니다. 차별금지법은 이름 그대로 차별을 하면 안 된다는 원칙을 정한 것입니다. 차별에 관한 국가정책 계획을 수립하고, 영역별로 차별의 유형을 구체화하고, 차별로 인한 피해자가 소송을 제기해 차별을 시정하거나 손해배상을 받을 수 있도록 하는 내용을 담고 있습니다.[5]

차별의 범위는 다양합니다. 남성이 여성에게 가하는 차별, 비장애인이 장애인에게 가하는 차별, 내국인이 외국인에게 가하는 차별 등 우리 사회에서 흔하게 벌어지고 있는 사회 문제들은 대개 차별을 전제로 하고 있기 때문입니다. 하지만 차별금지법이 제정되기 위해선 아직 갈 길이 멉니다. 이 법은 2006년 처음으로 제출되었으나 현재까지도 국회의 문턱을 넘지 못한 상태로 폐지, 철회 절차를 밟아야 했습니다. 참 이상한

---

5 김지혜, 『선량한 차별주의자』, 창비, 2019년, 201p

점은 우리는 그 누구보다 차별을 반대하고 공정, 평등이라는 키워드를 중요시한다는 것입니다. 즉 누구도 차별하고 싶어 하지 않고 본인 스스로 공정한 사람이기를 희망한다는 것이죠.

실제로 이 글을 쓰고 있는 현재 하버드대학교의 정치학과 교수인 마이클 샌델(Michael Sandel)의 『공정하다는 착각』이라는 책이 서점의 베스트셀러 칸을 점령하고 있습니다. 철저히 능력주의만으로 모든 것이 평가되는 사회에서 그 능력이라고 하는 것이 정말로 공평한 것인가에 대한 마이클 샌델의 의문은 많은 사람으로부터 공감을 얻었습니다. 왜냐하면 사회에서 말하는 능력이 더는 자신의 천성적인 부분만으로 이뤄진다고 생각하지 않기 때문입니다. 사회는 계급으로 철저히 구분되어 있고 피라미드 속에서 가장 최상위에 있는 사람은 자본을 통해 자신의 능력을 키우는 것이 가능합니다. 하지만 최하위에 있는 사람은 먹고 살기 바빠서 능력에 투자할 시간이 턱없이 부족한 게 현실이죠.

2019년, 한국은 물론이고 전 세계를 달군 영화 〈기생충〉도 바로 이런 '계급'과 '능력주의'를 이야기하는 작품입니다. 영화에선 아무런 직업도, 학벌도 없는 소위 '기생충' 가족이 한 재벌의 집에 들어가 그들이 주는 자본을 받아먹으며 살아가는 이야기를 보여줍니다. 특히 기우(최우식 분)와 기정(박소담 분)이라는 인물은 자신의 학벌을 위조해 재벌 집에서 영어 과외 선생님과 미술 치료 선생님으로 취직하는 데 성공합니다. 그들은 불법적 행위를 통해 능력을 인정받는 데 성공한 것입니다. 이는 봉준호 감독이 능력주의 신화에 대한 허상을 보여주는 장면이었다고 생각합니다.

물론 누군가는 뼈 빠지는 노력을 통해 자신의 순수한 능력을 인정받고 좋은 직장을 다니며 한 사회에서 중간 관리자 계급에 안착하는 데 성공할 수도 있을 것입니다. 하지만 이조차도 더는 위로 올라가는 것이 힘든 예도 있습니다. 최상위에 있는 사람과 비교해서 학벌이 달라서, 지역이 달라서, 성별이 달라서 중간 관리자 이상이 될 수 없지요. 능력보다는 출신과 계급이 더 중요해지는 이른바 '수저론'은 허상이 아닌 현실입니다.

능력주의에 대한 불신도, 수저론에 대한 대세도 결국 "나는 차별을 당하기 싫다."라는 마음에서 비롯되는 셈인데 실제로 우리나라 사람들은 "차별당하고 싶지 않다."라는 마음을 넘어, 차별이라는 것 자체를 반대합니다. 차별금지법이 국회의 문턱도 넘지 못하는 현실이지만 정치인과 국민의 입장은 극단적으로 다릅니다.

국가인권위원회에서 2020년에 시행한 〈국민인식 조사 보고서〉 따르면 국민 10명 중 9명은 차별에 반대합니다. 항목을 자세히 들여다보면 "누구도 차별로부터 자유롭지 못하다. 나, 그리고 내 가족도 언젠가 차별하거나 당할 수 있다."라는 생각에 10명 중 9명(90.8%)이 동의한다고 응답했습니다. '모든 사람은 그 존엄과 권리에 있어 동등한 존재'(93.3%), '성소수자도 다른 사람들과 마찬가지로 그 존엄과 권리에 있어 동등한 존재'(73.6%), '여성, 장애인, 아동, 노인 등과 같은 사회적 약자에 대해서는 사회적 배려가 필요'(92.1%)라는 인식에도 상당수 동의한다고 응답하는 등 다른 사람의 차별받지 않을 권리도 나의 권리만큼 존중되어야 한다는 생각에 공감한 것으로 나타났습니다.[6]

---

6 우리 사회의 가장 심각한 차별로는 성별(40.1%), 고용 형태(36.0%), 학력/학벌(32.5%), 장애(30.6%), 빈부 격차(26.2%)에 의한 차별 순으로 조사되었다(2020년 차별에 대한 〈국민인식 조사 보고서〉, 국가인권위원회).

항목을 자세히 들여다보면 노사 갈등, 계급 갈등, 장애인 차별, 남녀 차별, 성소수자 차별이란 말이 무색하리만큼 우리나라 사람들은 사회적 약자가 받는 차별과 멸시를 반대하고 이들의 권리를 존중하려고 하는 의지가 강해 보이기만 합니다. 그런데 현재 대한민국은 여전히 수많은 차별로 얼룩져 있고 차별에 대한 법 제정은 갈 길이 멉니다. 어째서 우리는 차별에 반대하면서도 차별에 익숙한 이중적 상황에 처해 있는 것일까요?

우리는 왜
차별을 하는가?

우리는 지난 목차에서 포퓰리즘을 이야기하면서 포퓰리즘 정권은 자신들의 정치적 입지를 단단히 하고 지지자들의 결속을 끌어내기 위해 반대 세력을 향해 '혐오적인 표현(hate speech)'을 쏟아낸다는 것을 알게 되었습니다. 그리고 이 혐오적인 표현의 핵심은 계층 간의 갈등을 자극함으로써 그중 한쪽으로부터 확고한 지지를 받는 것입니다. 이것은 정치적인 성향을 구분하지 않고 나타나기 때문에 더욱 위험합니다. 대표적인 포퓰리즘 정치인으로 미국의 트럼프 전 대통령을 빼놓을 수 없을 텐데 그가 정치생활 동안 적극적으로 사용한 이데올로기가 바로 '우파 포퓰리즘'입니다.

우파 포퓰리즘은 기득권 엘리트 집단의 지지를 받는 것을 목표로 하며 기득권 엘리트들이 하층 계급을 혐오하게 되었을 때 더 큰 효과를 발

휘합니다. 우파 포퓰리즘 지지자들이 하층 계급을 혐오하는 가장 큰 이
유는 이들이 자신들의 권력을 빼앗는 것이 두렵기 때문입니다. 즉 사회
양극화 현상이 심화되면서 사회적인 갈등이 빈번히 발생하고 혹시나 자
신이 가지고 있는 기득권의 입지가 불안정해지지 않을까라는 불안감이
생기는 것입니다. 이들의 혐오는 인종차별, 젠더 갈등, 종교적 근본주의,
민족주의 등으로 발산됩니다.

그런데 기득권 계층을 대상으로 지지를 호소하는 우파 포퓰리즘의 경
향은 시간이 지남에 따라 점점 그 방향성이 바뀌고 있습니다. 우파 포퓰
리즘의 지지자 중에선 비단 기득권 계층뿐만 아니라 중산층의 비율도
지속적으로 증가하고 있는데 이러한 현상은 계층 간의 오해에서 발생합
니다. 사회가 양극화됨에 따라 계급적 불평등이 발생하고, 중산층은 이

러한 불평등 현상에 대한 책임이 기득권이 아닌 하층 계급에 있다고 오해하고 있습니다. 사회적 약자를 포함한 하층 계급을 대상으로 하는 복지정책은 중산층들에게 큰 부담으로 다가오고, 이로 인해 손해를 보고 있다는 피해 의식으로 이어지는 것입니다.

사실 사회의 양극화 현상은 하층 계급이 중산층의 재산을 빼앗아 가는 것에서 오는 것이 아니라, 기득권층이 탈세하고 재산을 은닉하면서 발생하는 불필요한 사회적 비용으로 발생하는 것인데 말이죠. 중산층에 대한 피해 의식은 곧 혐오적인 표현으로 나타납니다. "이주 노동자들이 일자리를 빼앗는다." "페미니즘은 남녀가 평등한 사회에 쓸데없이 갈등을 조장한다." "장애인의 고용 비율을 늘리면 비장애인의 고용 비율이 줄어드는 것 아니냐?"라는 역차별 논리가 성행하는 이유도 결국 양극화 현상과 우파 포퓰리즘이 맞물리며 나타난 하나의 현상인 것입니다.

표현의 자유와 차별금지법

. . . .

그들은 이것을 '표현의 자유'라고 포장합니다. 이른바 차별금지법을 반대하는 주요 논리 중 하나인 '표현의 자유 담론'입니다. 차별금지법은 표현의 자유를 침해한다는 것이고 더 나아가 민주주의의 기본 이념을 거스른다는 주장인데, 그렇다면 차별금지법이 과연 표현의 자유를 침해하는 법안일까요?

표현의 자유는 대한민국 헌법 제21조 제1항에 명시되어 있습니다.[7]

---

7 대한민국 헌법 제21조 제1항, "모든 국민은 언론·출판의 자유와 집회·결사의 자유를 가진다."

대한민국에선 표현의 자유를 보장하고 있기에 자신의 의견을 책이나 신문, 방송을 통해 자유롭게 공개할 수 있어야 하고 국가가 함부로 속단해 이것이 가치가 없고 유해하다고 판단을 내릴 수 없습니다. 하지만 이 표현의 자유조차도 분명한 제한의 영역을 두고 있습니다. 언론·출판의 자유는 제한 없이 보장되는 기본권이 아니며 타인의 명예나 권리 또는 공중도덕이나 사회윤리를 침해해선 안 됩니다.

즉 표현의 자유가 모든 영역에서 보장받는 것은 아닙니다. 언론·출판, 집회·결사의 영역을 넘어 단순히 상대방을 혐오하기 위해 사용되면 안 된다는 것이죠. 그런데 차별금지법을 반대하는 사람들은 차별금지법을 우리가 하고 싶은 표현을 자유롭게 하지 못하게 하려고 만드는 것이며 표현의 자유를 침해하는 법이라고 주장합니다. 그리고 어떤 발언을 하더라도 표현의 자유이기 때문에 차별적인 발언이 아니라고 말합니다. 이는 민주주의의 기본 원리를 오해하고 있기에 발생하는 것입니다. 오히려 혐오 표현이야말로 민주주의의 틀을 변형하고 왜곡시킬 수 있습니다.

민주주의는 누구나 공론의 장(Agora)에 설 수 있도록 해야 합니다. 차별 없이 누구나 자신의 의견을 꺼낼 수 있어야 하지만, 동시에 자신의 의견이 상대방을 철저히 탄압하거나 무시해선 안 됩니다. 그러나 혐오 표현은 자신이 속한 다수자의 위치에 편승함으로써 과다대표(Over-representation)되며 혐오 표현의 피해자를 침묵시켜 공적인 토론장에 참여할 수 있는 실질적인 기회를 박탈하게 만듭니다.[8] 구체적인 예시를 들어 봅시다. 지난 2017년 대선 후보 TV 토론회 때였습니다. 당시 자유한국

---

8   한상희, '헌법의 눈으로 본 차별금지법-혐오표현의 문제와 함께', 민주법학(KCI), 민주주의법학연구회, 2020년, 3p

당 홍준표 후보는 더불어민주당 문재인 후보에게 "동성애를 반대하느냐?"라고 물었고, 문재인 후보는 "동성애를 좋아하지 않는다. 싫어한다. 반대한다."라는 대답을 했습니다. 대한민국의 가장 큰 규모의 공론의 장에서, 그것도 대통령 후보인 만큼 상당한 파급력을 지닌 두 사람(다수자)이 '동성애'를 두고 이를 부정함으로써 성소수자가 공론의 장에 설 수 있는 위치를 박탈해버린 것입니다.

이 토론회 이후 성소수자들이 국회 본청 앞에서 시위하며 내걸었던 구호는 "사람이 먼저라는 문재인 후보님, 저희는 사람이 아닙니까?"였습니다. 성소수자라는 이유로 공론의 장에서 쫓겨난 이들은 앞으로도 계속해서 차별과 배제가 구조화된 사회에서 탄압받을 확률이 높습니다. 이걸 악순환의 반복이라고 하죠.

다수자와 소수자를 철저히 구분하는 사회는 양극화를 심화하고 생활 공동체를 넘어 국가 공동체에 총체적인 위기를 부여합니다. 구조적 차별과 배제가 정당화되면 다수자였던 내가 얼마든지 소수자가 될 수 있습니다. 만약 여러분이라면 그때 겪게 될 위기도 정당하다고 받아들이시겠습니까?

민주주의, 불평등과 차별에 맞서 싸워라

• • • •

대한민국 정부가 공식적으로 계승한 임시정부의 헌장에는 "대한민국의 인민은 남녀, 귀천 및 빈부의 계급이 없고 일체 평등하다."라는 내용이 명시되어 있습니다.[9] 그리고 차별금지법은 대한민국의 모든 국민이 평등하고 어떠한 이유로도 차별받아선 안 된다는 가치를 실현시킬 수 있는 법안입니다. 특정 종교인들이 차별금지법을 반대하는 이유는 종교적 교리에 따라 차별을 정당화하기 위함이지만, 반대로 성소수자들 역시 자신의 정체성을 드러낼 수 있는 자유와 권리가 있습니다.

이 사회는 민주주의 사회이기 때문에 모든 사람이 사회의 유효한 구성원으로 인정받아야 하고, 인간으로서 자유를 다 함께 누릴 수 있는 자격을 가져야 합니다. 다수만이 자신들의 논리를 펼칠 수 있고, 소수의 의견은 부정당하는 사회라면 이것이 어떻게 진정으로 자유로운 사회라고 말할 수 있을까요?

한국 민주주의 사회는 얼른 현실을 깨닫고 움직여야 합니다. 우리는 이미 촛불을 통해 주권은 모든 국민에게 있다는 걸 몸소 증명하지 않았습니까? 그런데 일상의 편견과 고정관념으로 주권을 가지고 있는 자를 몰아내려고 한다면 이는 민주주의의 가장 기본적인 가치를 훼손하는 것이나 마찬가지입니다. 한국 정치가 우선적으로 움직여 차별금지법을 제정하고 혐오 표현에 대한 법적·제도적 장치를 마련함으로써 평등의 토대를 만들고 동등한 위치에서 정치적인 행동과 발언을 할 수 있는 사회가 되었으면 합니다.

이처럼 최대한 다양한 사람의 목소리를 담아낼 수 있는 사회가 되어야 뿌리 깊게 박혀 있는 차별과 혐오, 양극화 현상들도 정면으로 맞서고 해결책을 구상할 수 있을 것입니다. 누구에게나 공론의 장이 열려 있는 사회야말로 진정으로 건강한 사회일 것입니다.

---

9 대한민국 임시헌장(1919년), 제3조

한국 여성과
민주주의

미디어 매체에서 볼 수 있는 민주주의 운동에서의 여성의 역할

. . . .

저는 5·18민주화운동을 주제로 한 영화 중에서 송강호 배우 주연의 〈택시운전사〉와 임창정, 엄지원 배우 주연의 〈스카우트〉를 가장 좋아합니다. 왜냐하면 두 작품 모두 5월 광주에서 있었던 일련의 사건을 잘 표현했다고 생각하기 때문입니다. 다만 〈택시운전사〉와 〈스카우트〉 중에서 어느 작품을 더 좋아하냐고 묻는다면 저는 고민 없이 〈스카우트〉를 선택할 것입니다. 이 작품의 소재나 장르, 배우들의 연기와는 상관없이 〈스카우트〉가 〈택시운전사〉보다 5·18민주화운동의 과정 속에 있던 다양한 사람의 이야기를 담아내려고 노력했기 때문입니다. 그리고 그것은 아마 엄지원 배우가 연기한 '세영'이라는 캐릭터 때문일 것입니다.

영화 〈스카우트〉는 1980년대 광주를 배경으로 하고 있습니다. 실업 야구 스카우터(Scouter)인 호창(임창정 분)은 광주에 괴물급 투수가 있다는 소식을 전해 듣고 상사의 명령에 따라 그를 스카우트하기 위해 광주에 내려가게 됩니다. 그런데 그곳에서 대학 시절 연인이었던 세영(엄지원 분)과 우연히 마주치게 됩니다. 과거 호창과 세영은 열렬한 사랑을 나눴지만, 어느 날 갑자기 세영이 호창에게 이별을 통보합니다. 호창의 입장에서 보면 너무나 갑작스러운 이별이었지만 사실 세영으로서는 이유 있는 이별이었습니다.

당시 호창과 세영이 다니던 대학교에선 한창 교내 민주화에 대한 열망이 끓어오르던 상황이었습니다. 1970년대 박정희 정권은 정보와 역사 기록의 암흑기였습니다. 긴급조치 9호를 통해 유신정권은 자신들의 권력에 반기를 드는 자들이 있다고 판단되면 언제든 그들의 자유를 제한했습니다. 하지만 독재에 대한 저항은 그치지 않았고 그 중심에는 대학교가 있었습니다. 대학교 역시 군부 정권에 의해 많은 시스템이 제재를 받았습니다. 유신정권을 비판하는 교수들은 교직에서 해고되는 일이 종종 있었고 대학 총장 역시 유신정권에 충성하는 인사들로 채워졌습니다. 많은 학생이 "유신헌법 철폐하라, 긴급조치 해체하라."라는 구호를 외치며 정권에 맞섰습니다. 더불어 대학교 내에서라도 민주주의 시스템이 정상적으로 작동하길 바란다는 열망도 있었겠지요.

여기서 학생운동을 주도했던 사람이 바로 세영이었습니다. 여느 때와 다름없이 시위를 준비하던 세영은 놀라운 장면을 목격하게 됩니다. 세영의 시위대 동료들이 대학교 야구부에게 폭행을 당하고 있었던 것입니다. 당시에는 사복형사를 비롯해 대학교 내에 몰래 잠입해 교내 민주화를 요구하며 농성을 벌이던 시위대를 탄압하는 이들이 많았는데, 교내 민주화에 관심 없는 학생들을 선동해서 학생운동을 방해하는 데 앞장서게 하는 사례도 많았습니다. 그리고 그 중심에는 세영의 연인이었던 호창이 있었던 것입니다. 그가 시위대를 탄압하는 세력에 있었던 이유가 어떻든 간에 호창의 폭력적인 모습에 크게 실망한 세영은 그렇게 호창에게 이별을 통보하게 됩니다.

영화 〈스카우트〉에서 가장 주체적이면서 다각적인 모습을 보여주는 캐릭터는 세영입니다. 호창의 연인 역할로 소비되는 것에서 그치지 않고, 대학생 시절에는 교내 민주화운동을 이끌었고 대학을 졸업하고 나서는 평범한 교사로 지내는 듯했으나 광주에서 일어난 민주화의 열기에 힘입어 다시 한번 시위대를 조직하고 그곳에서 리더 역할을 자처합니다. 남자 주인공 호창이 누군가의 명령을 받아 임무를 수행하는 것에 비해 여자 주인공 세영은 처음부터 끝까지 주체적으로 역할을 수행하는 모습을 보여줍니다.

하지만 우리가 접할 수 있는 민주화운동의 역사에서는 이렇게 여성이 주목을 받고 주체의 역할로 기록된 경우를 쉽게 접할 수 없습니다. 기왕 언급된 김에 영화 〈택시운전사〉에서 여성 캐릭터가 맡은 역할을 잠깐만 짚고 넘어가 보도록 할까요? 〈택시운전사〉의 주연에 여성은 없습니다. 그나마 조연으로 광주의 열혈 택시기사 캐릭터 황태술(유해진 분)의 부인 역할을 맡은 이정은 배우가 생각납니다. 그러나 그마저도 5·18민주화운동의 참여 주체의 역할이 아닌 미디어 매체에서 보여주는 여성의 평면적인 스테레오 타입(누군가의 부인, 엄마)을 담당했죠.

다행인지 불행인지, 여성이라는 정체성을 가지고 민주화운동에 참여하는 배우는 단역에 있었습니다. 바로 '주먹밥 아줌마' 역의 차미경 배우와 '주먹밥 여대생' 역의 이새별 배우입니다. 택시운전사 김만섭(송강호 분)이 독일 신문 기자 위르겐 히츠펜터(토마스 크레취만 분)를 태우고 민주화 시위대가 모여 있는 광장에 도착합니다. 자신들의 소식을 전 세계로 널리 알려줄 외국인 기자의 등장에 시위대들은 이들을 반갑게 맞이해 주는데 고마움을 표시하기 위해 한 여성이 김만섭과 히츠펜터 기자에게 주먹밥을 나눠줍니다. 그녀는 독재 권력에 맞서 민주주의는 물론 자신이 나고 자란 광주라는 지역을 지키기 위해 시위대에 참여했을 것입니다. 하지만 〈택시운전사〉에서 그녀의 역할은 여기서 끝이었습니다. 그 이후로 여성 캐릭터가 작품 전면에 나서는 일은 없었습니다.

제가 〈스카우트〉와 〈택시운전사〉를 이렇게 길게 이야기한 이유는 한국 민주화운동에서 여성을 기억하는 태도를 극단적으로 비교하기 위함이었습니다. 물론 〈택시운전사〉가 여성들이 민주화운동 내에서 수행한 역할을 제대로 표현하지 않았기 때문에 나쁜 작품이라고 생각하진 않습니다. 하지만 이런 부분은 분명 비판받아야 하고, 앞으로 여성이 주체적으로 표현된 민주화운동을 주제로 한 작품들이 많아지길 바라는 마음으로 적어봤습니다.

PART 1에선 일관적으로 민주주의에 관한 이야기를 다뤘습니다. 그리고 그 대미를 장식할 마지막 주제는 한국 민주화운동과 여성에 관한 이야기입니다. 한국은 참으로 독특한 나라입니다. 다른 나라와 비교할 수 없을 만큼 엄청난 속도의 산업화로 경제성장을 이뤄냈고, 동시에 권력에 맞서 싸워 독재자를 물러나게 함으로써 민주화를 달성했습니다. 그중에서 4·19혁명, 5·18민주화운동, 1987년 6월 민주항쟁 등은 경제성장과 국가안보를 빌미로 국민을 탄압하면서 권력을 이어나가려 했던 독재정권에 맞서 싸운 대한민국 민주주의의 찬란한 역사이기도 하죠.

하지만 이 찬란한 역사의 면면들을 여러분은 어떻게 기억하고 계시는지 묻고 싶습니다. 교과서에서, 미디어 매체에서, 연구 자료에서 보았던 이들의 모습 대부분은 '남성'이 아니었나요? 그래서 저는 남성의 시선이 아닌 여성의 시선으로 한국에서 이뤄진 민주주의 운동의 흐름을 짚고 싶습니다. 그 기반을 쌓아나갔던 1960~1970년대의 여성의 노동운동을 시작으로 결국 민주화에 대한 열정이 폭발했던 1980년 5·18민주화운동, 그리고 변화를 이뤄낼 수 있었던 1987년의 6월 민주항쟁까지 여성의 시선으로 따라가 보도록 하겠습니다.

1960~1970년대 여성의 노동운동

. . . .

앞서 말했듯 대한민국은 엄청난 속도로 산업화를 일궈냈습니다. 전통 농업사회였던 이 나라는 1970년대를 거치면서 근대 산업국가로의 면모를 갖추게 되고 노동력의 주류 역시 농업에서 노동집약의 경공업 분야로 바뀌게 됩니다. 이때 노동력을 형성하는 데 있어 큰 역할을 한 것이 바로 여성 청년층이었습니다. 노동집약의 경공업 중심이었던 당시 우리나라 산업계에서 여성 노동자는 자본의 수요가 값싼 미숙련 노동력에 과도하게 집중되어 있었습니다.

이는 당시 국가의 지도자였던 박정희 전 대통령(이하 박정희)의 근대화 전략이었습니다. 1961년 쿠데타를 통해 정권을 차지한 박정희는 자신의 정치적 정당성을 보완하고 권력을 강화하기 위해 '경제 발전'을 최우선 목표로 잡았습니다. 1960년대에는 경공업, 1970년대에는 중화학 공업을 기반으로 수출을 통해 외화를 획득하고, 향후 투자 자본 부족과 기술 수준의 낙후로 외국의 차관을 상환하기 위해 외국 자본을 적극적으로 유치한 것입니다.

이러한 수출 지향적인 산업화 전략은 친(親)자본·반(反)노동 정책, 반(半)프롤레타리아 가구의 성장을 촉진하는 정책, 마지막으로 경제 발전에 동원하기 위해 민족주의, 가족주의, 가부장주의를 이용하는 이데올로기 정책을 전제로 하게 됩니다.

박정희 정권의 수출 지향 산업화 전략은 마산과 구미 일대에 수출 자유 지대를 조성하고 외국 자본을 우대 조치하면서 한국의 저임금 노동력을 외국인 투자자들에게 선전했습니다. 값싼 인건비는 외국인 투자자들이 한국에 투자하게 만드는 매력적인 조건이었고, 정부가 나서서 차관 형태로 외국 자본을 도입하는 제도적인 지원까지 어우러지면서 박정희 정권의 산업화 전략은 절묘하게 맞아떨어져 갑니다.

하지만 앞서 언급했듯 이러한 수출 지향적인 산업화는 반드시 노동자들의 저임금이 기본 전제 조건이었습니다. 왜냐하면 인건비가 높으면 외국 기업이 한국에 투자할 가치를 느끼지 못할 것이기 때문입니다. 이에 국가는 노동자 계급이 자신들의 목소리(임금 인상, 노동 복지 개선 등)를 낼 수 없도록 폭압적인 노동 통제를 가합니다. 여기엔 공권력으로 위장한 폭력적인 진압과 더불어 '가족·가부장'을 유지하기 위한 이데올로기 조장이 중요했습니다. 그리고 독재정권이 조장한 이데올로기의 가장 큰 피해자는 바로 미혼 여성 노동자였습니다.

1960년대까지만 하더라도 대다수 노동 인구는 농업에 종사하고 있었

여기서 잠깐! 1960~1970년대 노동자들의 노동 시간과 임금

1960년대 초 한국 제조업 노동자의 주당 노동 시간은 1963년에 50.3시간, 1960년대 이후에는 선진국보다 15시간 더 긴 55시간으로 세계 최장 노동 시간이 되었다.[10] 임금의 경우 한국의 1970년의 월 평균임금은 미국 노동자들의 약 13시간 임금과 비슷했고, 일본의 경우는 한국의 4.5배 정도였으나 노동 시간이 한국보다 주당 10시간 짧았다고 한다. 하지만 이마저도 남성과 여성의 임금 격차가 존재했는데 이 시기 여성 제조업 상용 근로자는 남성 대비 임금이 39~45.9%였다.[11]

습니다. 박정희 정권이 목표로 한 수출 공업화 정책과는 거리가 멀었죠. 농촌 인구를 줄이고 이들을 산업화 과정에 흡수시킬 수 있는 명분이 필요했습니다. 동시에 산업 노동에 참여하고 있는 이들이 적은 임금으로도 식비를 해결할 수 있는 수단이 필요했습니다. 그래서 그가 선택한 방법이 바로 '저곡가(低穀價) 정책'입니다. 이 정책은 노동자의 저임금 정책을 뒷받침하기 위해 국가 권력에 의해 일방적으로 채택된 농산물 가격 정책입니다. 저임금으로도 노동력을 안정적으로 재생산할 수 있는 아주 교묘한 수였던 것입니다.

이 정책과 함께 한국 산업의 대다수를 이루던 농업(농촌)은 몰락하게 됩니다. 농민 소득이 심하게 감소하고 농사를 짓는 것으로는 더 이상 생

---

10 한국정신문화연구원, 『한국민족문화대백과사전』 1991년, '한국의 노동 시간' 참고
11 1963년 제조업 상용근로자 성별 임금 비율(보건복지부, 1946년)

계를 유지할 수 없게 되자 농민들은 자의 반, 타의 반으로 이촌향도(離村向都)를 하면서 자연스럽게 도시 빈민 노동자 계층을 형성하게 됩니다. 이때 미혼 여성들 역시 저임금을 받으며 장시간 안전 부재의 위험한 작업장에 그대로 노출되었습니다.

1960~1970년대의 산업화는 노동집약적인 산업에 의존하고 있었기 때문에 한두 사람의 전문 인력보다는 최대한 많은 인원의 단순 노동 인력이 필요했습니다. 그래서 과거 전통 농업사회의 노동 인력에 속하지 않았던 미혼 여성들 역시 산업화의 현장에 참여해야 했습니다. 여기서 박정희 정권은 미혼 여성들을 도시 노동자로 만들기 위해 민족주의와 가족주의를 결합한 이데올로기를 만들어냅니다. 항간에서 대한민국의 근대화를 이뤄낸 개혁이라고 평가받는 새마을운동은 사실 유교적 가족주의와 가부장주의를 통해 국민 동원과 노동 통제를 효율적으로 수행하기 위한 수단이었습니다.

박정희 정권은 초기부터 충효 사상, 가족주의를 근대적으로 재구성해서 이데올로기적 국가 장치인 학교 교육과 대중 매체, 새마을운동과 새마음운동 등을 통해 국민에게 내면화시킵니다.[12] 예를 들어 여성은 현모양처여야 하고, 가정을 위해서라면 어떤 희생도 감내해야 한다는 유교적 가치관이 국가와 사회로 확장된 것입니다. 저임금과 부실한 복지 환경이라는 이중고(二重苦)에 짓눌렸지만, 가족과 사회, 국가를 위해 봉사해야 했기에 과중한 노동과 종속적 지위를 감내해야 했습니다. 자신이 일하지 않으면 가정이 붕괴하는 것은 물론 '조국의 근대화'를 이룰 수가

---

12 김수영, 『한국현대여성사』, 한올아카데미, 2004년, 151p

여기서 잠깐! 왜 '미혼' 여성 노동력이 중요했는가?

박정희 정권의 저곡가 정책은 농촌을 가난하게 만들고 이윽고 농업사회가 붕괴하는 결과를 초래한다. 농업에 종사하고 있던 대다수가 이촌향도를 통해 도시 노동 계층을 형성했는데 이러한 이농(離農) 인구 대다수가 사회의 하층 부문에 취업해서 자신의 생계를 도모했다.[13] 도시 빈민 노동자 가족은 가족 구성원 모두를 소득 활동에 참여시키는 한편, 구성원들에게 나가는 지출을 최소화하는 전략을 구상하는데 이 전략의 피해를 고스란히 받은 계층이 바로 미혼 여성이었다.

기혼 여성은 애초에 출가외인이니 가정의 구성원에 해당하지 않았고, 남성들은 가부장제에 따른 불가침의 영역에 서 있었다. 미혼 여성들만이 가정을 위해 희생을 감내해야 한다는 근대적 가족주의에 따라 가족이 생계 위협을 받게 되었을 때 나타났던 전략이 딸의 취학 중단, 빠른 노동시장 방출, 결혼의 지연 등 가족의 생계 책임을 딸에게 의존하는 것이었다.[14]

없다는 부담이 작용했던 것이지요.

1960년대 산업화 초기에 여성의 노동운동은 상대적으로 활발하지 않 았습니다. 가정을 부양해야 한다는 책임감과 조국의 근대화가 자신의 손에 달려 있다는 부담감이 복합적으로 작용했었습니다. 게다가 노동자 들 대다수가 계급의식이 상대적으로 낮아 위험한 환경에 노출되면서 장 시간 노동을 했으니 그에 상응하는 임금과 복지를 받는 것이 정당한 권 리임을 제대로 인식하지 못하던 시기였습니다.

---

13   김수영, 『한국현대여성사』, 한울아카데미, 2004년, 175p
14   김수영, 『한국현대여성사』, 한울아카데미, 2004년, 164p

물론 여성 노동자들의 투쟁이 전혀 없었던 것은 아닙니다. 임금이 체납되는 경우가 흔했고, 제대로 된 통보도 없이 직원을 해고하거나 몸수색이나 성희롱 같은 인권유린에 저항하고자 하는 노동자들의 노력도 있었습니다. 그러나 이마저도 '반(反)자본주의자'들의 빨갱이 운동으로 간주되어 조직적이며 장기적인 노동운동으로 이어지지 못했습니다.

하지만 1970년대에는 여성 노동운동의 양상이 달라집니다. 1970년대는 1960년대와 마찬가지로 많은 노동자가 장시간의 노동과 열악한 복지환경에 시달려야 했지만 평균임금만큼은 상승하는 추세였습니다. 하지만 이마저도 성별 이데올로기로 인해 여성 노동자는 남성보다도 더 적은 임금을 받았습니다. 게다가 여성 노동자들 사이에서도 자본주의적인 '합리적 고용'이라는 명목 아래 이들을 나이, 학력, 외모 등 업무와는 전혀 상관없는 기준에 따라 채용했습니다. 그래서 중·대기업, 소기업·영세기업으로 분리 채용되는 양극화 현상을 보여줍니다.[15] 1970년대 중반에서 1980년대 초반까지 5인 이상 사업체 중 제조업 분야에서 여성 노동자의 비율은 50%였으나, 월 3만 원 이하의 임금을 받는 사람의 비율은 60% 이상, 월 2만 3천 원 이하의 임금을 받는 저임금 노동자는 26%를 차지했습니다.

이뿐만이 아니었습니다. 여성 노동자는 저임금뿐만 아니라 화장실 통제, 남성 위주의 군대식 계급 통제, 언어 및 신체 폭력, 남성 관리자에 의한 성희롱 등 인권 유린의 피해자였죠. 그런데도 1970년대가 1960년대

---

15 장미경, '근대화와 1960-70년대 여성노동자-여성노동자 형성과정을 중심으로', 경제와 사회, 제61권, 2004년, 100-126p

의 노동운동과 달랐던 결정적인 요인은 바로 계급의식의 성장과 노동운동을 지원하는 단체의 존재였습니다.

노동조합에 대한 활발한 참여와 함께 1977년 정부가 시행한 중·고등학교 과정인 '특별학급 및 산업체 부설학교 건립 정책'은 정부의 의도가 어땠든 간에 여성 노동자들이 계급의식을 가지고 자신들의 직업에 존중의식과 자신감을 갖게 되는 결과를 불러옵니다. 게다가 노동운동의 중심에는 이들을 지원하는 종교 조직이 있었는데 대표적인 곳이 바로 개신교 '도시산업선교회(都市産業宣教會, 이하 산업선교회)'입니다. 산업선교회는 1970년대 도시화와 산업화 과정에서 소외된 도시 빈민과 직장인, 노동자들의 선교와 교양, 교육, 구호 활동에 힘썼습니다. 또한 노조의 조직과 육성, 열악한 노동 조건과 노동자의 참상에 대한 비판과 고발, 어용 노조 지도부의 부패와 불의에 대한 비판, 민주 노조 운동을 지원하는 활동을 했습니다.[16]

종교 조직은 그나마 군사 정권 내에서 국가에 대한 제도적인 자율성을 유지할 수 있는 사회 단체였기에 이들을 지원할 수 있었습니다. 이들의 지원 덕분에 여성 노동자들은 물론 한국의 노동운동은 국가 권력이 사용하는 '불순 세력에 의한 빨갱이, 공산주의 세력'이라는 프레임에서 조금씩 자유로울 수 있었습니다.

이 시기 여성 노동자의 운동은 달라진 계급의식과 함께 다각적으로 이루어져 노동 문제와 여성 문제라는 두 갈래로 진행되었습니다. 노동 문제는 임금 인상, 노동 시간 단축, 체불 임금 요구를 비롯한 노동조건

---

16   한국정신문화연구원, 『한국민족문화대백과사전』 1991년, '도시산업선교회' 항목

개선 투쟁부터 민주노조 사수 투쟁, 노조 결성, 어용노조 민주화 투쟁 등이 있었습니다. 여성 문제에 관련해선 성별 임금차별 철폐와 생리휴가 요구 등으로 이어졌습니다.

그러나 여전히 대부분의 노동운동에선 여성 문제는 부차적인 이야기로 치부되어 투쟁의 중심에는 여성 문제보다는 노동 문제가 우선되었습니다. 그런데도 1970년대 여성 노동자들의 의식 성장과 노동운동의 다각화는 1980년대 이어졌던 여성 노동 및 민주화운동에 커다란 원동력이 되었습니다.

1980년 5·18민주화운동과 여성

....

1980년대는 여러모로 1960~1970년대 억압과 폭력으로 쌓여왔던 자유에 대한 염원이 폭발하던 시기였습니다. 이는 1980년 광주에서 일어났던 5·18민주화운동도 예외는 아니었습니다. 수많은 여성이 민주화운동에 참여해 국가 권력에 저항했습니다.

그러나 미디어 매체를 봐도 알 수 있듯 5·18민주화운동을 떠올려보면 시민군의 모습도, 계엄군의 모습도 모두 '남성'의 모습을 하고 있습니다(앞서 언급했던 영화 〈택시운전사〉를 떠올려보셔도 좋습니다). 하지만 5·18민주화운동의 역사는 여성운동가들의 이야기 없이는 완성할 수 없습니다.

노동시장의 영역과 가정의 영역으로 철저히 구분되어 있던 남녀 성별의 역할은 1960년대가 되면서 변화하기 시작합니다. 국가의 경제적 성장을 위해 산업화가 활발히 이뤄졌고 이 과정에서 여성들은 광범위하게 노동시장(또는 사회적 생산)의 영역 안으로 들어왔습니다. 그러나 저임금과 복지 정책의 부재, 성별 이데올로기로 인한 차별 등과 함께 가족 노동(가사 노동, 양육)까지 가중되었습니다.

하지만 차별은 의식을 바꾸게 하는 동기가 되기도 합니다. 1970년대에 들어서 여성 노동자들은 노조 투쟁에 활발히 참여하고 성별 간 임금 차별 철폐를 주장하는 등 노동 계급 의식이 성장하는데, 이러한 양상은 1980년 5·18민주화운동까지 자연스럽게 이어집니다. 그리고 1980년대는 노동자 여성뿐 아니라 상대적으로 고등 교육을 받았던 인텔리 여성들이 약동하는 시기이기도 했습니다.

1980년대 광주의 모습을 다룬 영화 〈스카우트〉의 주인공 '세영'은 대학교 내에서 조직적인 운동을 통해 국가 권력을 비판하는 시위를 하거나, 대자보를 붙이는 등의 활동을 합니다. 이 시기에는 여러 대학교에서 총여학생회가 생기고, 여성주의 교지 활동, 여성주의 모임과 동아리가 활발히 이뤄졌습니다. 다만 여성들에게 고등 교육을 받을 기회는 과거보다 훨씬 증가했으나, 이들이 그대로 노동시장에 진출할 수 있는 사회는 아니었습니다. 여성의 진출은 극히 제한되어 전문 교육을 받은 다수의 여성은 중간계층 가정주부로 사는 삶에 귀속되는 결과로 이어졌습니다.

결국 여성의 사회진출 확대는 생산직 분야의 저임금 노동에 한정되는 이야기였을 뿐입니다. 남성 중심의 전문적인 영역은 여전히 여성들의 사회진출을 반기지 않았습니다. 그러나 가정생활 속에서의 고립과 상대적인 생활의 여유는 여성 문제에 대한 자각과 함께 정치에 관한 관심을 일깨우는 조건이 되기도 했습니다. 정리하자면 1980년대는 민주화운동과 시민사회의 성장 속에서 전반적인 여성운동 조직이 양적, 질적인 부분에서 크게 발전하는 시기였습니다. 5·18민주화운동은 이러한 맥락 속에서 여성운동가들의 응집된 염원과 분노가 폭발하는 순간이기도 했습니다.

그렇다면 왜 광주였을까요? 1980년대 광주를 단적으로 표현하자면 농촌으로 둘러싸인 교육도시, 소비도시라고 할 수 있습니다. 학생 인구가 다른 지역에 비해 많은 편이었고 여성 노동자 역시 섬유나 의류, 전자산업 등 노동집약적 산업에 종사하는 비율이 높았습니다. 이들은 저임금과 장시간 노동에 시달리는 상황이었습니다. 게다가 광주의 외곽에는 저곡가 정책으로 큰 피해를 입은 농민운동 세력이 있었습니다. 이들은 민주화운동에 자연스럽게 규합되었습니다. 5·18민주화운동에서 피해를 입었던 민중들 대다수가 노동자, 농민, 영세 상인이었다는 것은 광주라는 도시의 특성을 뒷받침해주는 근거가 되기도 합니다.

광주에서 일어난 비극은 상상도 할 수 없을 만큼 잔인하고 폭력적이었습니다. 국가가 일으킨 폭력의 잔상은 지금까지도 많은 사람에게 상처로 남아 있고 우리나라 현대사의 가장 부끄러운 부분을 보여주기도 합니다. 5·18민주화운동이라는 한국 민주주의 역사에 길이 남아야 하는 기록은 "부끄럽기 때문에 감추어야 한다."라는 기득권 세력의 주장 아래 없는 역사인 것처럼 치부되었습니다.

하지만 역사는 함부로 숨길 수 있는 게 아닙니다. 특히 가해자와 피해자가 명확한 상황에서는 반드시 진실을 밝혀야만 합니다. 올바른 진실이 밝혀졌을 때 역사는 발전된 방향으로 나아갈 수 있기 때문이죠. 우리는 전두환 신군부 세력이 광주 민중을 상대로 벌였던 잔인한 폭력과 탄압을 잊어서는 안 되고, 민주주의 사회에서 다시는 이런 비극이 일어나지 않도록 끊임없이 기억하고 진실을 밝혀내야 합니다. 동시에 5·18민주화운동에서 상대적으로 덜 알려졌던 여성들의 운동을 기억해야 합니다.

5·18민주화운동에 참여했던 여성운동가들은 시간이 흘러 주변 가족과 지인으로부터 자신이 시위에 참여했던 사실을 숨겨야 했습니다. 광주라는 지역에 대한 차별, 독재를 옹호하고 자유를 억압하는 사회적인 분위기, 그리고 여성이 전면에 나서는 걸 봐주지 못하는 성별 이데올로기 등이 복합적으로 작용해 5·18민주화운동에서 여성은 잊혀가는 존재가 되었습니다. 여성운동가들 스스로는 물론이고 역사를 기록하는 이들이 여성의 일을 '보잘것없는 일' '보조적인 일'로 인식하는 경향 때문이었습니다.

남성들이 가두행진(街頭行進)에 나서고 총을 들고 계엄군에 맞서 싸우는 일을 했다고 한다면, 여성들은 항쟁을 계속하게 하는 재생산 활동, 즉 취사나 모금, 시체 염하기, 기타 보급 및 지원 활동에 주로 나섰습니다. 이런 일들은 항쟁을 계속 이어나갈 수 있는 원동력으로 필요한 일이었습니다. 그러나 역사는 가시적인 남성의 활동에 초점을 맞췄습니다. 그리고 여성의 활동은 가부장적인 지배담론에 의해 잊혀졌습니다.

게다가 여성은 남성들이 행하는 다양한 방식의 상징적 폭력의 피해자이기도 했습니다. 바로 성고문이나 전시적 성폭력을 말하는 것인데요. 남성과 여성 모두 잔인한 폭행, 구금, 고문 등을 당했지만 이에 더 나아가 계엄군들은 여성들에게 전시적 성폭력을 통해 민중들에게 공포와 두려움을 자극하려고 했습니다. 예를 들어 젖가슴을 잘라내거나 임산부의 배를 구타했다는 기록을 심심찮게 찾아볼 수 있습니다. 또는 물리적 폭력은 아니었으나 항쟁이 끝난 이후에도 정신적·상징적 폭력을 당한 희생자도 있습니다.

대표적인 예가 전춘심 운동가입니다. 그는 항쟁 시기 가두방송을 통해 계엄군의 잔혹성을 시민군에게 알리는 역할을 수행하였는데, 이후 경찰에 연행되어 간첩죄를 뒤집어씌우려는 이들로부터 끔찍한 고문을 당합니다. 문제는 석방된 이후에도 전춘심 운동가를 둘러싼 주위의 오해와 폭력이 이어졌다는 것입니다.

가부장적 이데올로기와 반공 이데올로기로 인한 폭력이 이어지면서 사람들은 전춘심 운동가를 '간첩'이라고 오해하는 동시에 "여성이 함부로 행동하고 나선다."라는 시선을 거두지 않았습니다. 전춘심 운동가뿐만 아니라 대부분의 여성운동가는 자신들이 받았던 '고문' '폭행' '성폭력'의 사실을 '여성이 처신을 잘 못해서' '집안의 수치'로 치부되어 숨겨야만 했습니다.[17]

여성운동가들의 역사는 이렇게 잊혀서는 안 됩니다. 그들의 행동이 있었기에 지금의 민주주의가 있는 것입니다. 그러니 그들의 행동을 기억하고 기리는 것이야말로 민주주의 시민이 가져야 할 책임감이라고 할 수 있습니다. 그래서 5·18민주화운동 내에서 여성운동가들의 활약상을 몇 가지 소개해드리고자 합니다.

가장 대표적으로 송백회(松栢會)가 있습니다. 송백회는 광주의 여성, 특히 교사, 간호사, 가정주부, 여성 노동자, 학생운동 출신 지식인, 민청학련 구속자 부인 등 20명이 주축이 되어 1978년 12월에 창립된 민주운

---

17 마셜 매클루언 지음/김상호 옮김, 『미디어의 이해』, 커뮤니케이션북스, 2011년, 169p. 남은주, '계엄군 성폭력 피해 광주 여성들, 왜 말하지 못했나?', 한겨레, 2018년 5월 10일

동 단체로서 민주운동가 지원과 소모임(한국근현대사, 환경공해, 기생관광 문제 등의 사회현실 인식 공유) 활동을 지원했습니다. 5·18민주화운동 당시에도 송백회는 남성들과 함께 녹두서점과 YMCA라는 건물을 활동 거점으로 삼아 광주항쟁 지도부와 함께 시위를 지원했습니다. 이들은 궐기 대회, 가두방송, 대자보, 취사, 시체 처리 등의 역할을 분담하고 대중을 결집시키는 데 큰 역할을 했습니다.

앞서 언급했던 것처럼 1980년대 광주는 대표적인 소비도시 중 한 곳이었습니다. 많은 노동집약적 구조의 기업이 분포해 있었고, 이에 비례해 여성 노동자의 수도 많았습니다. 이들의 임금 투쟁과 노조 결성을 지원해줬던 조직은 '가톨릭노동청년회(JOC)'였는데 이들로부터 지원을 받

 여기서 잠깐! 녹두서점이란 어떤 곳인가?

녹두서점은 1970년대 후반기 청년 운동권의 논의가 모이고, 광주 민주여성 세력들이 집결하는 장소였다. 초창기 학생운동가들의 모임이었던 전남 구속청년협의회의 모임터였고, 각종 독서그룹을 통해 학생운동가들을 배출하고 다른 지역의 문지기 임무를 수행했다. 녹두서점의 송백회는 현대문화연구소의 산하 부서의 개념이었는데 여기서 현대문화연구소는 사회운동권의 결집을 모색하고 근로 여성들이 주축을 이루는 '들불야학'과 '광대'를 지원하기도 했다. 광주의 여성들은 송백회와 현대문화연구소를 통해 청년 운동권의 학내·학외운동을 열고 민주화운동에 대한 물적 기반을 구축하는 데 힘썼다.[18] 녹두서점의 위치는 광주시 동구 장동 58번지이며 현재는 서점의 기능을 하지 않고 5·18 사적지 표지석만 서 있는 상태다.

---

18 고정희, '광주민중항쟁과 여성의 역할/광주여성들, 이렇게 싸웠다', 월간중앙, 1988년 5월

던 일부 노동자는 5·18민주화운동의 주역이 되어 가두투쟁이나 집단적 차량시위에 참여했습니다. 그리고 이들은 항쟁이 끝난 후에도 황폐해진 거리를 청소하거나 치안을 유지하기 위해 힘썼습니다. 그런데 가두시위나 차량시위에 참여했던 일원은 남성뿐만이 아니었습니다. 우리는 그중에 분명 여성도 있었음을 기억해야 합니다.

마지막으로 여성운동가들의 개별적인 저항도 있었습니다. 항쟁은 조직을 중심으로(송백회, 들불야학, 광대, JOC 등) 사회운동에 관여하고 있었던 사람들이 주축이 되었던 것은 맞습니다. 그러나 자신의 가족을 지키기 위해서, 광주를 지키기 위해서, 계엄군에게 죽임을 당하는 광주의 딸과 아들을 지켜내기 위해서 대다수의 일반 시민 여성도 활동에 나섰습니다.

다친 이들을 위해 다 같이 헌혈에 동참하고, 시위대를 위해 취사를 하고, 계엄군에 맞서 싸우는 시위대의 후방에서 보도블록을 깨서 나르고, 부상자들을 응급처치해 운반하고 간호하고, 시체들을 염했습니다. 계엄군이 무차별적으로 학살을 하는 등의 만행을 저지르는 상황에서도 이들의 행동은 시위대의 연대감을 형성하기에 충분했습니다.

1980년대 이후 여성의 민주화운동, 그리고 여성의 민주주의

. . . .

1980년대 중·후반부터는 한국의 노동 구조가 큰 변화를 겪기 시작합니다. 한국의 경제가 발전함에 따라 3차 산업 노동자의 비율이 급속도로 증가했습니다. 특히 여성의 경우 전체 사무직 취업자 가운데 3차 산업 종사 비율이 1963년 기준 11%에 불과했지만 1970년에는 13%, 1980년에는 33%, 1987년에는 37%까지 증가합니다. 이는 우리나라의 경제 구조가 섬유·식품을 중심으로 하는 경공업 중심의 산업구조에서 기계·자동차·화학 산업 등 중화학 공업과 반도체 중심의 산업구조로 변화하면서 기존의 주요 직종이었던 제조업 분야는 사양(斜陽) 산업이 되었고, 금융·보험·유통 산업 등의 3차 산업이 크게 확대되었기 때문입니다. 따라서 그 자리를 여성 사무직 종사자들이 채워나가기 시작한 것이죠.

여기서 우리가 주목해서 봐야 하는 것은 여성 노동자들이 채워나간 자리는 한국 경제의 주력이었던 중화학 공업과 반도체 분야는 아니었다는 점입니다. '노동력의 여성화(Feminization of labor force)'라는 단어가 있습니다. 이는 노동시장에서 남성 노동력을 여성 노동력이 대체하고, 여성과 관련된 고용 형태가 확장되는 것을 말합니다. 물론 여성이 노동할 수 있는 분야가 양적으로 증가한다는 것을 의미합니다. 그러나 취업 가능한 곳이 질적으로 향상된다는 말은 아닙니다.

1970년대까지만 하더라도 사무직 노동은 여성들이 쉽게 구할 수 없는 직업이었습니다. 그러나 한국의 산업구조가 변화하고 사무 기술이 자동화되면서 사무직 노동의 탈숙련화가 진행되었죠. 그렇게 되면서 단순하고 반복적인 업무의 비중이 커졌고 사무직은 여성의 영역으로 재편됩니다. 이는 서비스 직종에 취업하는 남성과 여성의 주요 업무와 학력을 비교해보면 그 차이가 더 도드라집니다. 사무직 노동자의 나이별 구성을 보면 1987년 사무직 남성 노동자의 74.2%가 25~44세였는데, 사무직 여성 노동자는 70% 정도가 15~24세의 미혼 여성이었습니다.[19] 이것만 봐도 알 수 있듯이 대부분의 여성 노동자는 학업을 졸업(혹은 중단)하고 노동

---

19 정현백 외, 『글로벌시대에 읽는 한국여성사』, 사람의무늬, 2016년, 254p

시장에 참여했다가, 결혼해 가정을 꾸리는 순간 은퇴를 하고 전업 주부로 살게 되었습니다.

하지만 노동력의 여성화가 반드시 나쁘다고 규정할 순 없습니다. 취업상 질적 지위의 상승으로 이어지진 않지만, 여성들이 남성과 마찬가지로 일을 통해 자신의 정체성을 구성해나가는 존재가 되고, 남성에 대한 의존성을 줄인다는 측면에서 여성 지위 변화에 중요한 함의를 갖는 현상[20]이기 때문입니다. 이에 따라 현재의 삶에 문제의식을 느끼고 정치에 참여하는 여성의 계층은 주부, 청년 여성 등 좀 더 광범위한 계층의 여성들을 포괄하게 됩니다.

흔히 1980년대 한국 사회를 '탈권위주의 민주화(post-authoritarian democratization)'라고 말합니다. 1980년대 한국 사회는 1987년 6월 민주항쟁을 통해 근 30년간 이어졌던 군사 정권이 막을 내리고 문민정부가 출범함에 따라 권위와 억압이 아닌 민주적이고 탈권위적인 변화를 추구하려는 시대였습니다. 1987년 6월 민주항쟁에 참여했던 진보적인 여성운동 조직들을 포함해 다양한 여성운동 단체가 민주화 이후 양적·질적인 측면에서 크게 발전했습니다.

외부에서 자신을 페미니스트라고 부르는 여성운동 그룹들과 지역 사회에서 일상생활의 민주화를 외치는 크고 작은 소박한 여성 모임들이 셀 수 없이 만들어졌습니다.[21] 여성 조직의 수가 많아지고 여성들이 일상생활의 민주화를 지향하면서 권위적이고 가부장적이었던 한국 사회

---

20 정진성 외, 『한국현대여성사』, 한울아카데미, 2004년, 203p
21 허성우, 『민주화 항쟁 20년과 여성』, 한국여성정책연구원, 2007년, 3p

의 부조리함을 고발하고, 바꿔가기 위해 노력했습니다. 일상에서의 '민주화'는 여성의 삶에 다양한 부분을 바꿔나가는데, 그중 대표적인 몇 가지를 소개해드리겠습니다.

첫째, 여성들의 정치 참여입니다. 특히 진보 여성 정치인들은 여성 권익 보호를 위한 법과 제도 개선을 적극적으로 추진하고, 여성 관련 제도들을 정비했습니다. 대표적으로 1987년에 제정된 '남녀고용평등법'은 근로기준법에도 명시되어 있지 않던 여성 보호 조항(평등한 노동권, 모성 보호 등)을 법률에 명시하는 상당히 의미가 있는 법안이었습니다. 이에 따라 당연하게 받아들여지던 노동시장에서의 여성 노동자 '비정규직화'는 안전 고용과 인권이라는 중요한 측면에서 공론화되면서 주요한 정치적 의제로 이어지게 되었습니다.

둘째, 일상에서의 민주화는 가정·직장·사회, 그리고 대중문화에서 광범위하게 이뤄지던 가부장적인 문화의 억압성이나 성희롱, 성폭력 문화에 대한 고발로 이어졌습니다. 1960년대부터 1980년대 초반까지 여성 노동자들은 여성 문제와 노동 문제라는 이중고를 겪었고, 남성 관리인의 폭행이나 화장실 통제 등의 권위에 큰 어려움을 겪었습니다. 게다가 가정에서는 가부장적 사회와 현모양처 이데올로기로 가사노동을 도맡아야 했기에 여성은 남성보다 훨씬 고단한 삶을 살았습니다. 이를 고발하고 폭로할 수 있었던 것은 민주화의 흐름 속에서 성적으로 평등한 민주적 개혁을 이뤄내기 위한 여성 조직과 운동가들의 노력과, 여성 개개인의 의식 변화(성폭력은 개인적인 문제가 아닌 사회적인 문제라는 것) 덕분입니다.

셋째, 사회가 여성을 비롯한 사회적 약자에 대한 목소리에 귀를 기울이기 시작했습니다. 성적 소수자, 이주 여성 노동자, 장애 여성의 인권에 대해 담론이 형성되었고, 이런 문제를 다루는 작은 모임들이 만들어지면서 사회적 관심이 생겼습니다. 나아가 운동 단체들이 조직되고 이들의 권리를 보장할 수 있는 정책들을 법제화하기 위한 노력이 진행됩니다.

넷째, 일본군 위안부 문제가 수면 위로 떠오릅니다. 군부 독재정권하에서 일제강점기의 역사는 수치스러운 패배의 역사였습니다. 당연히 위안부 피해자분들의 목소리를 듣는 것을 껄끄럽게 여겼고, 피해자들의 개인적인 문제로 여겼습니다. 하지만 여성의 목소리가 확대되면서 당연히 피해의 역사 중 하나인 위안부 문제는 개인적인 차원이 아닌 사회적인 차원에서 다뤄지게 되었습니다. 여성들은 관련 법을 제정하기 위해 힘썼고, 이는 국내의 차원을 전쟁과 여성 인권침해 문제를 둘러싼 국제 협력과 연대를 만드는 중요한 계기가 되었습니다.

한국 여성과 민주주의, 앞으로 나아가야 할 우리의 길은?

. . . .

1980년대를 넘어 1990년대, 2000년대가 되면서 한국 여성의 권리와 지위는 과거와 비교해서 많이 향상되었습니다. 이는 수많은 여성 민중, 노동자의 노력과 민주주의를 향한 열망이 있었기에 가능했던 것이죠. 민주주의는 확장되고, 확장된 민주주의는 새로운 의식을 만들어냅니다. 여성, 비정규직 노동자, 성소수자, 장애인 등 사회적 약자의 인권 이슈는 군사독재 시절에는 상상도 할 수 없는 일이었습니다.

개인의 자유마저 억압되고 국가의 권력과 경제가 우선시되는 상황에서 그 누구도 '자유'와 '평등', 그리고 '인권'을 위해 당당히 목소리를 낼 수 없었기 때문입니다. 하지만 우리는 목소리를 되찾기 위해 서슬 퍼런 총칼과 지독히도 매운 최루탄에 맞서 싸웠고 이를 당당히 쟁취해냈습니다. 그 중심에는 남성뿐만 아니라 여성도 있었습니다. 여성의 권익을 대변하고 실현하기 위한 움직임은 많은 사람의 권리를 확장해나가는 중요한 수단이 되었습니다.

그러나 저의 이러한 시선은 그저 '최소주의적 민주주의'에 따라 현재 상황을 바라본다는 비판을 받을 수 있습니다. '최소주의적 민주주의'는 미국의 이론경제학자 조지프 슘페터(Joseph Schumpeter)의 정치 이론입니다. 그는 "민주주의는 경쟁적 과정을 통해 인민의 표를 획득한 정치지도자에게 정치적 결정권을 부여하기 위한 제도적 장치"[22]라고 말했습니다. 즉 선거라는 수단으로 정부와 의회가 안정적으로 구성된다면 민주주의를 이룬 것이라고 말하는 개념입니다.

하지만 여성은 여전히 남성과 비교해 정치적 공간에서 소외되어 있고, 지금 당장에도 기득권 남성들은 여성 할당제의 비율을 줄이고 여성가족부를 폐지할 것을 주장하고 있습니다. 남녀의 임금 차이가 여전히 존재해 여성들이 양육을 위해 자신의 직업을 포기하고 가정에 귀속되고 있다는 점은 과거와 큰 차이가 없습니다.

그런데도 대한민국이 민주주의를 달성했고 여성의 권리가 향상되었다고 말하는 것은 '눈 가리고 아웅'하는 셈이나 마찬가지입니다. 그렇다면 우리는 민주주의에 대한 시선을 '최소주의적 민주주의'로 바라봐서는 안 됩니다. 오히려 여성을 비롯한 사회적 약자를 위해 현실의 장애물

---

22 Schumpeter, 『Capitalism, Socialism, and Democracy』, HarperColins, 1943년, 269p

들을 끊임없이 제거하고 극복해나가야 합니다.

여성들은 그들의 노동과 성을 착취하는 행태가 없어질 때까지, 노동 자들은 노동 3권을 무시하는 자본의 행태가 없어질 때까지, 소수자들은 그들을 배제하고 차별하는 행태가 없어질 때까지 관심을 가지고 연대해 나가야 합니다. 이를 '최소주의적 민주주의'와 반대되는 개념인 '최대주 의적 민주주의', 즉 '시민 민주주의'[23]라고 합니다.

모두가 가지고 있는 인간의 권리와 존엄성이 존중받을 때까지 우리는 끊임없이 연대해야 합니다. 과거에 수많은 여성이 자신과 미래세대가 받을 차별과 무시를 극복해나가기 위해 묵묵히 시위 현장에 뛰어들었던 것처럼 말이죠. 제가 쓰는 이 글이 여성을 비롯한 사회적 약자들을 위한 민주주의가 완성될 때까지 조금이나마 도움이 되었으면 좋겠습니다.

---

23 미국의 정치학자이자 저명한 민주주의 이론가인 로버트 달(Robert Dahl)은 민주주의가 갖춰야 할 주요 원 칙 중 하나로 '계몽적 이해(Enlightened understanding)'를 강조했다. 이는 모든 사회 구성원이 스스로 교 육되어야 하고, 정치적 과정과 결과를 잘 이해할 수 있는 기회와 역량을 가지고, 민주주의 의사결정 과정에 적극적으로 참여할 수 있도록 해야 함을 의미한다. 이는 스웨덴의 문화정책인 대중 시민교육(폴크빌드닝, Folkbildnign)에 지대한 영향을 주었다. 스웨덴의 대중 시민교육은 시민들이 주체적 자아와 사회적 각성 속 에서 민주적 토론과 학습이 가능한 사회적 분위기를 만드는 데 결정적인 역할을 했다고 평가받는다.

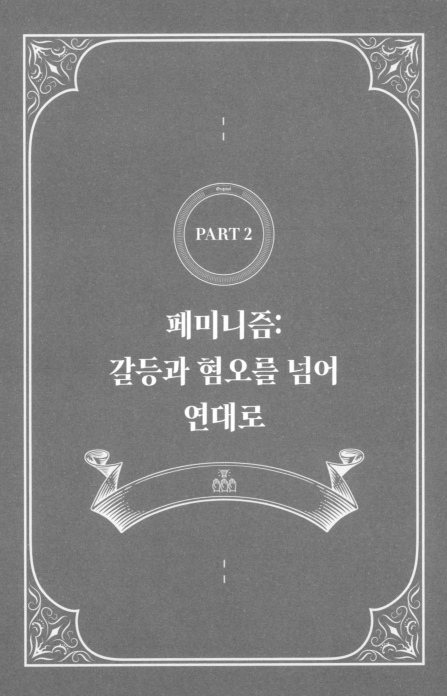

Original

PART 2

페미니즘:
갈등과 혐오를 넘어
연대로

혐오의 시대를
살아가다

"취향이니까 존중해주시죠."

위의 유행어처럼 다양성과 소수성은 오늘날 존중되어야 할 가치로 인정받고 있습니다. 우리는 온라인으로 쉽게 자신과 전혀 다른 취향을 가진 사람을 만날 수 있고, 다른 환경에서 살아온 이들을 만날 수도 있습니다. 그리고 다양한 문화적, 인종적 기반을 가진 사람들과 교류할 수도 있습니다. 따라서 우리는 다양성과 소수성을 기본적인 매너로 인정하고 있습니다. 물론 방금은 취미를 예로 들었지만 이는 인종의 다양성이나 문화의 다양성, 성소수자와 같은 사회적 약자나 성차별 등 사회구조적 약자에 대한 담론까지 포함하는 이야기입니다.

꽤나 가볍게 이야기했지만 이 문제에 대한 현실은 결코 가볍지 않습니다. 온라인의 익명성은 사회적 약자와 소수자들의 활동 기제가 되어 그들의 목소리와 삶을 간접적으로 엿볼 수 있게 했지만, 가상의 공간을 손쉽게 혐오를 쏟아낼 수 있는 공간으로 만들기도 했습니다. 당장 민감한 이슈에 관한 댓글 창만 봐도 혐오를 쏟아내는 움직임을 쉽게 볼 수 있습니다. 그리고 SNS상에서 사회적 약자를 향한 혐오도 쉽게 확인해볼 수 있죠. 이렇듯 다양성과 소수성은 존중받아야 할 덕목으로 인정받음과 동시에 차이로 인해 혐오의 대상이 되기도 합니다.

그렇다면 우리는 왜 다양성과 소수성을 존중하고 혐오의 감정을 물리쳐야 하는 걸까요? 단순히 누군가의 감정이 상하기 때문이라는 대답은 혐오를 쉽게 표출하는 이들에게는 설득력 있는 대답이 되지 않을 것 같습니다. 일단 많은 사람이 공감하는 '정의'와 '공정성'이란 화두에서부터 이야기를 해봅시다. 정의와 공정성은 많은 사람이 중요하게 여기는 화두니까요.

"어떤 사회가 정의로운 사회인가?"를 상상할 때 흔히 언급되는 것은 존 롤스(John Rawls)의 '무지의 베일(Veil of ignorance)'이나 존 스튜어트 밀(John Stuart Mill)의 '공리주의', 좀 더 과거까지 올라가면 아리스토텔레스(Aristoteles)의 '정의론'이 있습니다. 위의 세 가지 철학적 담론은 어떤 분배, 계약 방식이 공정한 사회를 만드는지에 대해 제시합니다.

존 롤스의 '무지의 베일'은 자신의 출신, 나이, 성별, 계급 등 자아와 주체를 구성하는 요소들을 망각한 상태를 가정하며, 자신의 유불리(有不利)를 모를 때 가장 정의로운 분배 혹은 정책을 수립할 것이라고 말합니다. 그 때문에 공정한 분배에 다양한 사람의 기질, 즉 혐오의 원천이 끼어들 자리가 없겠죠. 존 스튜어트 밀은 '공리주의'에서 최대 다수의 질적인 만족감이 보장될 때가 가장 정의로운 사회라고 말합니다. 오늘날로 치면 사람들의 다양성과 소수성이 존중될 때, 최대 다수의 질적 행복이 보장되기 때문에 정의로운 사회가 된다는 것입니다. 아리스토텔레스의 '정의론'은 "플루트를 가장 잘 부는 사람에게 플루트를 주어라."라고 말하며 개인이 가장 좋은 삶을 영위할 수 있는 '수단'을 부여해야 한다고 말합니다. 따라서 이를 위해서 혐오의 감정에 내재된 편견은 배제되어야 합니다. 여기까지 읽고 고개를 끄덕이고 있다면 우리는 한 가지 잘못된 전제를 가지고 있었던 것입니다.

물론 혐오의 감정은 사회적으로 주입된 상대방에 대한 잘못된 편견으로 인해 생겨나기도 합니다. 하지만 이는 잘못된 편견을 믿기 때문이 아니라, 본인의 생각이 "공정하다."라고 굳게 믿기 때문에 생겨나는 것이기도 합니다. 편견을 공정함이라고 굳게 믿는 이들을 설득하는 것은 매우 어려운 일입니다. 이들은 스스로 공정하다고 믿기 때문에 양심의 가책 없이 혐오의 말들을 쏟아낼 때가 많습니다. 저나 이 책을 읽고 있는 여러분도 스스로 공정하다는 착각에 빠져 있을지도 모르죠. 서로 다른 특권과 권력 관계로 복잡하게 얽혀 있는 지금의 세상에서 롤스나 밀과 같은 공정한 분배의 정의로만 다양성과 소수성을 판단하는 것은 오히려 공정함이라는 함정에 빠질 수도 있어 위험합니다.

다양성과 소수성을 존중해야 하는 이유는 다양성과 소수성이 공정한 분배의 정의가 할 수 없는 영역을 보충하기 때문입니다.[1] 분배의 공정함이 문제가 일어나기 전에 미리 예방하는 것이라면, 다양성과 소수성은 부

---

1 아이리스 매리언 영(Iris Marion Young)은 『차이의 정치와 정의』에서 이러한 공정한 분배의 정의가 일으키는 오류를 지적하고, 지배와 억압에 관심을 기울이는 새로운 정의관의 필요성에 대해 이야기한다.

정의가 일어난 이후 이를 바로잡는 과정에서 필요한 덕목입니다. 실제로 자신의 다양성과 소수성으로 인해 사회의 주류에 포함되지 못했던 이들은 처음부터 사회의 '공정한 분배'에 관한 담론에 포함되지 못했습니다.

하지만 이들은 자신들의 소수성과 다양성에 대한 사회적 편견이 근거가 없음을 밝혀오며, 자신들이 경험한 부정의를 고발하면서 사회를 좀 더 정의로운 곳으로 만드는 데 기여했습니다. 예를 들어 여성은 오랫동안 남성보다 신체적·지능적으로 열등한 존재로 여겨졌고, 남성이 주류이던 사회에선 열등한 여성보다 우월한 남성이 사회적 재화를 독식하고 관리하는 것이 정당하다고 여겨졌습니다. 여성에 대한 이런 편견과 부정의에 대한 투쟁은 정의로움을 추구할 수 있는 새로운 기제(機制)가 되었습니다.

혐오를 이해하고 해소하기

....

다양성과 소수성이 어떻게 정의로운 사회에 기여할 수 있는지 이야기했으니 이제는 원점으로 돌아와 그러한 다양성과 소수성에 대한 이해를 막는 '혐오'라는 감정에 대해 이야기해봅시다. 혐오의 감정에 대해 많은 연구를 한 마사 누스바움(Martha Nussbaum)은 그의 저서 『혐오와 수치심』에서 혐오에 대해 다음과 같은 깊은 성찰을 이야기합니다.

누스바움에 따르면 혐오는 이성적으로 판단되는 '믿음'과 '가치평가'에 근거하기 때문에 그만큼 거짓된 믿음, 즉 사실관계가 틀린 거짓 정보나 편견에 의해 영향을 받을 수 있습니다. 그렇기 때문에 특정 인종에게 지나친 분노와 혐오 혹은 공포를 지닌 사람을 사전에 교육을 통해 바로 잡는다면 혐오의 감정을 해소할 수 있다고 이야기합니다. 또한 혐오는 다른 감정과 달리 거짓된 믿음에 기반한 감정이 되기 쉽고, 사회문화적인 편견의 영향을 짙게 받기 때문에 법과 도덕의 판단 기준으로 작용해서는 안 된다고 지적합니다.

예를 들어 과거 한국에서는 문화적인 거부감이 제도적으로 표출되어 장발인 남성과 미니스커트를 입은 여성들을 단속하고 적발했던 적이 있었습니다. 문화적인 편견이 해소된 지금에 와서야 과거의 그런 제도들이 얼마나 혐오감에 근거해 세워졌는지 알게 되었죠. 이처럼 특정한 이익을 얻기 위해서, 혹은 자신의 굳건한 믿음이란 성지(聖地)를 침해받지 않기 위해서 혐오를 조장하는 사람들은 항상 도처에 존재해왔습니다.

오늘날 우리는 크게는 정의롭고 선한 사회에 기여하기 위해서, 적어도 타인에게 근거 없는 상해를 입히지 않고 상호 호혜적인 관계를 구축하기 위해서 스스로의 편견을 점검하는 과정이 필요합니다.

2016년 강남역 화장실 살인사건과 2017년 미투운동 이후 여성 혐오 범죄 및 성차별에 대한 여성들의 인식이 높아지고 한국 내 온라인 페미니즘이 활성화되면서 여성들의 목소리는 온·오프라인상에서 집단적으로 표출되었습니다. 그리고 동시에 페미니즘과 관련된 젠더담론 또한 활성화되어 전국 각 지역에서 퀴어 퍼레이드가 개최되는 등 그동안의 혐오와 편견에 맞서는 움직임이 한국 사회에서 동시다발적으로 일어났습니다. 하지만 동시에 숨죽이고 있던 혐오 세력이 온라인상으로 드러나면서 페미니즘과 퀴어담론에 대한 반대 세력의 움직임도 격해지는 상황입니다. 매주 혐오에 기반한 성차별 이슈가 끊이지 않을 정도죠.

PART 2에선 먼저 페미니즘 역사와 변천에 대해 이야기하려고 합니다. 한국에서 페미니즘이 여성들의 이기적인 권익운동이자 남성 혐오라는 오해와 공격이 잦은 만큼 페미니즘 담론에 기여했던 여러 저자의 이론이 탄생한 시대적 배경과 그 이론을 설명할 것입니다. 여성들이 페미니즘을 통해 해결하고자 했던 문제가 무엇인지, 어떤 담론을 통해 이를 해결하려고 했는지 알게 된다면 오늘날 여성들과 페미니즘이 놓인 위치에 대해서 전반적인 이해가 가능하리라고 생각합니다.

그다음은 사회적 성(性)인 젠더(Gender)에 대해서 이야기할 것입니다. 젠더는 페미니즘 담론에서 권력을 분배하고 차별과 억압을 발생시키는 기제로 설명되었고, 퀴어담론에서는 이를 받아들여 자신들의 정체성을 이해하고 자신들에 대한 편견을 타파하는 데 사용했습니다. 젠더는 스스로의 정체성일 뿐만 아니라 권력을 분배하는 사회적 장치, 타인과 소통할 때 무의식적으로 관여하는 정치적인 개념이자 관습적 인지이기도 합니다. 저는 젠더가 왜 우리의 삶에 중요한 요소를 차지하는지 이야기하고 젠더에 대한 폭 넓은 이야기를 쉽게 전달하고자 했습니다.

그다음은 젠더담론, 대표적으론 트랜스젠더리즘(Transgenderism)과 페미니즘의 역학 관계에 대해 이야기할 것입니다. 페미니즘은 여성차별의 근거를 어떻게 정의하는지에 따라, 여성이란 계급을 어떻게 정의하는지에 따라 내부적으로 이론적 분파가 갈립니다. 그래서 페미니즘은 퀴어담론과 서로 연대하기도 하고, 서로 정치적인 이해관계로 인해 적대하기도 했습니다. 이러한 페미니즘과 젠더담론 간의 정치적 역학 관계를 이해하지 못하는 이에게 페미니즘이 여성만의 이기적인 권익운동이라는 프레임으로 왜곡되어 전달되었고, 페미니즘의 의의와 성과와는 관계없이 혐오의 대상으로 인지되는 일이 발생했습니다. 그래서 앞의 페미니즘의 역사와 젠더 이야기에 보충해서 이런 오해를 해소하기 위해 퀴어담론과 페미니즘 사이의 정치적인 역학 관계를 이해할 필요가 있어 보입니다.

정치적 올바름(Political Correctness), 일명 PC는 용어의 사용에서 인종, 민족, 성차별 등 편견이 포함되지 않도록 하자는 주장이자 운동입니다. 문화상대주의와 다문화주의를 사상적 배경으로 하며, 다양성과 소수성을 존중하자는 취지에서 나왔습니다. 이러한 움직임은 현재 미국 내 많은 성차별적인 용어를 성 중립적으로 교체하는 등의 성과를 얻었습니다. 국내에서도 온라인 페미니즘의 활성화와 함께 성차별적이고 혐오적인 내용을 담고 있는 여러 문화콘텐츠를 점검할 수 있는 기제가 되었지만, 정도가 지나치거나 교조(敎條)적이라는 지적과 함께 반감과 거부감을 불러일으키기도 했습니다.

정치적 올바름은 2021년 5월에 한 웹툰에서 '허버허버' '오조오억' 등의 표현이 남성 혐오적인 표현으로 지목되면서 논란이 되었습니다. 이런 표현을 사용하는 걸 미러링(Mirroring)[2]이라고 합니다. 이렇듯 정치적 올바름은 현재 남녀 커뮤니티가 서로의 도덕적 흠결을 지적하는 도구로 이용되거나 근거 없는 혐오를 키우고 전파하는 도구로 사용되고 있습니다.

만약 우리가 페미니즘과 젠더담론에서 중요하게 이야기되는 몸의 이미지에 대한 담론을 이해했다면, 이제 우리는 몸의 이미지나 포르노그래피(Pornography)에서 시작해서 표현의 자유까지 고민하게 될 것입니다.

---

2   특정 이미지나 용어의 사용을 똑같이 흉내냄으로써 편견·혐오의식 등을 고발하는 행위를 이르는 말이다. 한국에서 페미니스트들이 '된장녀' '김치녀' 등 여성에 대한 혐오 언어의 사용을 고발하기 위해서 '한남'이라는 신조어를 미러링의 일환으로 창조해냈다.

그리고 이런 이미지를 "어디까지 향유할 수 있는가?"라는 고민을 하게 될 것입니다. 그런데 이런 고민을 하기 위해선 정치적 올바름에 대해 이해하는 게 필수적입니다.

마지막으로 남성의 페미니즘 연대 가능성에 대한 저의 고민과 생각을 짤막하게 공유해보려고 합니다. 페미니즘은 여성의 경험에 대해 이야기하지만 제2물결 이후의 페미니즘은 더 이상 여성의 경험뿐만이 아니라 우리의 몸과 젠더, 섹슈얼리티(Sexuality)가 사회에 작용하는 과정을 이야기하며 '포괄적인' 학문이 되었습니다. 하지만 여전히 사회적 특혜와 지위를 누리고 있는 남성이 젠더 주체로서 페미니즘과 젠더담론을 주도할 수 있는 지위에 있는지는 페미니즘 내부에서도 의견 차이가 존재합니다. 이에 대해 그동안 고민한 저의 생각과 최근 높아지고 있는 남성성 자체에 대한 이야기도 함께 공유해보려고 합니다.

페미니즘의
역사와 변천

대학에 다닐 때 근대철학 강의를 들은 적이 있습니다. 저는 "캠퍼스 라이프 하면 철학 강의!"라는 로망을 가지고 있던, '요즘 시대에 흔치 않은 젊은이'였던 셈이죠. 그런 로망을 품은 제가 철학 강의에서 처음으로 받은 질문은 "우리는 왜 철학을 배우고 있죠?"였습니다. 철학의 본질을 묻는 교수님의 질문에 각자 여러 해답을 내놓았습니다.

누군가는 올바르고 논리적인 해답을 얻기 위해서, 또 누군가는 자신이 안고 있는 고민을 해결하기 위해서, 누구는 요새 취업 시장에서 인문학을 결합하는 것이 유행이기 때문이라고 대답했습니다. 정답이 없는 철학의 세계에서 각자 나름의 정답을 이야기한 것이지만 이 모든 대답을 경청한 뒤 내놓은 교수님의 대답은 참 인상 깊었습니다.

"우리가 역사를 공부하는 것처럼, 철학은 사고의 역사를 공부하는 학문입니다. 저는 역사가 시간의 누적이라면 철학은 사고의 누적이라고 생각해요. 우리는 오늘날 하는 생각과 개념을 당연하게 받아들이지만, 그것이 자연스럽지 않은 때가 있었습니다. 여러분도 끊임없이 생각하며 사고의 흐름을 놓지 않기를 바랍니다."

페미니즘의 역사와 변천을 이야기하는데 왜 예전에 들었던 철학 강의에 대한 이야기를 하는지 궁금하실 것입니다. 이때 들었던 철학 교수님의 한마디가 다시 기억 속에서 떠오른 것이 마침 페미니즘에 대해 공부하고 있을 때라 그런 것일지도 모릅니다. 무엇보다 철학에 대한 교수님의 생각이 제가 페미니즘을 공부하며 느낀 것과 같았기 때문입니다.

과거부터 지금까지 여성들은 제도적인 차별뿐만 아니라 참으로 미묘해서 쉽게 느낄 수 없는 인식의 영역까지 많은 차별을 당해왔습니다. 그러던 중 여성들 자신이 겪은 차별과 문제들에 대해 논리적인 사고를 통해 해명하고, 이를 해결하기 위해 나온 철학적 흐름이 바로 '페미니즘'입니다. 그렇기 때문에 페미니즘을 공부하는 것은 여성들이 겪어온 차별의 역사와 이 차별을 해소하기 위한 그들의 역사 자체를 이해하는 것과 같습니다.

이번 장에서는 혐오와 차별을 점차 벗어내고 있는 페미니즘의 이론적 변천과 사상가들의 아이디어를 소개함으로써 하나의 철학으로서 페미니즘이 어떻게 차별과 혐오를 걷어내고 있는지 소개하고자 합니다.

페미니즘의 제1물결(약 1950년 이전)

. . . .

페미니즘의 제1물결은 여성의 재산권, 참정권 등 제도적인 영역에서 남성과 동등한 권리를 여성에게 부여할 것을 주장한 페미니즘 운동의 흐름입니다. 아직 여성이 제도적으로 남성과 같은 권리를 보장받지 못했던 18세기 유럽에서는 인간 개개인의 자유와 평등의 가치에 대해 부르짖는 흐름이 있었습니다. 이들은 과학적이고 논리적인 사고를 통해 과거의 구습에서 벗어나고자 했는데, 우리는 이를 '계몽주의'라고 합니다. 계몽주의는 자연스럽게 그 시대의 정신이 되었습니다. 그러나 인간의 자유와 평등을 부르짖는 계몽주의였지만, 여성은 여전히 '인간'의 범주에 포함되지 않았습니다.

예를 들어 18세기 영국에서는 기혼 여성을 남편의 일부로 취급했으며 여성이 가지고 있는 재산과 권리는 결혼과 동시에 전부 남편에게 귀속되었습니다. 이는 여성을 법의 영역에서 투명 인간으로 취급한 것이나 마찬가지였습니다. 그리고 여성은 참정권과 재산권을 가지지도 못했고 사법적 보호의 대상이 되지도 못했습니다. 따라서 남편의 폭력에 대항할 수단을 갖추지 못했습니다. 이렇듯 여성은 법적으로 투명 인간이었기 때문에 채무의 책임이 없었습니다. 그러나 동시에 계약서에 서명을 할 권리나 소송의 당사자가 될 수도 없었으며 법률적 효력을 지닌 유언을 남길 수도 없었습니다.

이러한 소외는 교육제도에서도 나타났습니다. 1791년 〈프랑스 제헌국민의회 보고서〉에는 "모든 소년에게 국민교육을 시행해야 한다."라는 조항이 있었는데, 이는 모든 국민에게 교육의 기회를 동등하게 부여함으로써 자유와 평등의 가치를 체현(體現)하려는 것이었습니다. 그러나 불행히도 이 '소년'에 여성은 포함되지 않았습니다. 당시 비교적 진보적이라고 평가받던 계몽주의 철학가인 장 자크 루소(Jean Jacques Rousseau)나 존 로크(John Locke)마저도 관습적인 생각에 따라 여성을 자연적으로 남성보다 연약한 존재로 규정할 뿐만 아니라 남성이 여성에 비해 뛰어난 이성을 가지고 있다고 생각하는 등 편견을 가지고 있었습니다.

그러나 이러한 시대에도 계몽주의 사조 아래에서 인간이 지닌 이성과 원칙이 여성에게도 똑같이 적용될 수 있다고 믿은 사람들이 있었습니다. 바로 페미니즘의 제1물결에 이론적 토대를 제공한 메리 울스턴크래프트(Mary Wollstonecraft)와 앞서 공리주의를 소개할 때 언급한 존 스튜어트 밀입니다. 이 두 철학가는 페미니즘의 제1물결을 대표하는 인물로 제도와 법의 개선을 통해 여성이 남성과 동등한 권리와 교육을 누린다면 여성에 대한 관습적이고 차별적인 시선을 타파할 수 있고, 여성의 권리를 증진시킴으로써 더 나은 사회를 만들 수 있다고 믿었습니다.

먼저 울스턴크래프트는 1791년 〈프랑스 제헌국민의회 보고서〉에 여성이 교육의 대상으로 포함되지 않자, 이러한 교육 법안에 반대하기 위해 단 6주 만에 『여권의 옹호』를 쓴 인물입니다. 울스턴크래프트는 인간이 지니고 있는 이성을 크게 신뢰했습니다. 따라서 여성 또한 이성의 원칙에 따라 행동하면 남성과 같은 수준의 지식과 도덕 능력을 쌓을 수 있고, 이는 행복하고 건전한 사회를 건설하는 데 기여할 것이라고 생각했습니다. 계몽주의가 숭상하는 이성의 권위를 통해 남녀의 불평등 해소를 주장한 것이죠. 그리고 무엇보다 여성이 이성을 기르고 남성과 같은 인간으로서 자리매김하기 위해서는 교육제도의 개혁이 필요하다고 보

있습니다. 즉 여성이 교육을 받아야 여성의 불평등이 사라지고, 사회의 불합리와 낡고 해묵은 관습을 타파할 수 있다고 믿었던 것이죠.

또 다른 제1물결의 대표적인 사상가 존 스튜어트 밀이 살았던 시대는 18세기 산업혁명이 시작된 사회였습니다. 이때는 기존의 가족 단위의 농업에서 분리된 새로운 산업 질서가 나타나는 시기였습니다. 산업혁명 이전의 주된 생업인 농업에서는 사람들이 가족 단위로 일했기 때문에 가정과 직장의 구분이 명확하지 않았습니다. 그러나 산업혁명 이후 노동자인 아버지는 집을 떠나 공적 영역인 회사나 공장에 출근하고, 어머니는 사적 영역인 집에서 가사노동을 하는 것이 정착되었습니다.

이는 곧 공사(公私)의 영역에서 성별 분업으로 나타났습니다. 남성은 직장에서 자신의 삶을 적극적으로 개척하는 역할로, 여성은 가정을 비롯한 사적 영역을 수호하는 보조자로 역할이 분업된 것입니다. 밀이『여성의 종속』을 쓰며 도전한 것은 이러한 여성들의 수동적인 역할, 즉 보조자의 역할을 수용해야 한다는 전통적 관점에 대한 것이었습니다.

존 스튜어트 밀은 공리주의 사상가로도 유명합니다. 그의 사상은 스승인 제러미 벤담(Jeremy Bentham)의 공리주의를 보완한 것으로, 그는 단순히 쾌락의 양뿐만이 아니라 질도 중요하다고 주장했습니다. 공리주의의 접근 원칙을 수정한 것이죠. 이는 단순히 쾌락 전체의 양만을 따지는 것이 아니라 그 종류와 질을 따져야 한다는 것이며, '수정주의 공리주의'라고 불립니다. 밀은 이러한 질적 행복을 늘리는 데 육체적이고 즉각적인 쾌락보다는 개인이 스스로 결정하고 판단할 수 있는 '자유의 권리'가 더욱 중요하다고 믿었습니다.

이러한 논리 아래 여성이 주체적이고 자유로운 삶을 살 수 있는 권리를 얻는다면 그만큼 행복의 양이 늘어나 좀 더 이상적인 사회가 완성될 수 있다고 생각했습니다. 그래서 그는 여성의 권리를 증진시켜야 한다고 주장했습니다. 또한 밀이 보기에는 당시 사회가 가진 여성을 억압하는 근거들은 그 논리가 약했습니다.

우선 당시 많은 사람이 가지고 있던 여성이 남성에게 종속되어야 한다는 주장의 근거는 주로 여성이 남성보다 신체적으로 약해서, 즉 "강자가 약자를 지배해야 한다."라는 반(反)문명적인 원칙이거나, "관습적으로 그래왔다."라는 근거 없는 주장, 그리고 객관적으로 판단할 수 없는 남성과 여성의 본성(本性)에 근거했습니다.

밀은 여성이 공적 영역에 진출할 수 있는 논거에 대해서도 이야기했는데, "만약 공직을 자격과 능력이 있는 사람만이 맡아야 한다면, 여성이든 남성이든 공직 경쟁에서 승리하면 자격이 있는 셈이다."라며 자격만 있다면 어떠한 이유로도 여성이 공적 영역에 진출하는 것을 막을 권리가 없다고 강조했습니다.

설령 여성이 그런 공직을 맡을 역량이 부족하더라도 그것은 여성의 본성 때문이 아닌 여성의 사회화와 교육의 부재로 인한 것이므로, 만약 여성이 남성과 동등한 교육을 받는다면 남성과 큰 차이가 없을 것이라고 이야기했습니다.

또한 실제로 여성과 남성이 능력의 차이가 있더라도 그것은 여성의 본성 때문이 아니라 여성이 남성과 달리 계속해서 억압의 상태에 있었기 때문이라고 했습니다. 우리가 여성의 본성을 잘못 이해해서 생긴 결과라고 주장한 것이죠. 밀은 만약 제도가 개선되어 여성이 남성과 동일한 환경에서 자유롭게 성장할 수 있다면, 남녀의 성격과 능력에 실질적인 차이가 없을 것이라고 생각했습니다.

페미니즘은 근거 없고 관습적인 여성상이 만들어낸 편견, 차별과 싸우는 학문입니다. 따라서 밀의 이러한 아이디어는 페미니즘의 핵심을 짚고 있다고 말할 수 있습니다. 물론 지금은 울스턴크래프트와 밀이 주장한 대로 제도적으로 남녀가 동등한 권리를 누리게 되었습니다. 그러나 아직 여성에 대한 모든 불평등이 해소되지는 않았습니다. 남성과 동등한 교육을 받았음에도 불구하고 여전히 많은 여성이 결혼이나 임신으로 인해 경력이 단절되고, 직장 내에서 승진할 때 '유리 천장'을 체감하는 등 관습적이고 암묵적인 차별을 경험하고 있습니다.

그러나 페미니즘의 제1물결은 여성의 경험을 일부만 다뤘다는 점에서 한계가 존재합니다. 울스턴크래프트는 여성의 삶을 자신이 경험했던 '백인 중산층 여성의 삶'에 한정 지었고, 여성과 밀접한 관계를 지닌 성도덕이나 가족제도에 있는 문제에 대해서는 남성 중심의 가치관인 기존 영국 중산층의 통념과 관습을 그대로 따랐습니다. 여성의 활동 영역을 가사와 육아로 한정한 것도 울스턴크래프트의 이러한 면모를 대변합니다.

따라서 울스턴크래프트의 주장은 감성적인 여성이 아니라 교육을 통해 이성적으로 훈련된, 즉 '남성성을 체현한' 여성이었고 가장 이상적인 여성의 모습으로 현모양처를 제시하는 등 한계를 지녔습니다.

한편 밀이 여성차별에 대해 관심을 가지게 된 계기는 자신에게 정서적인 교감과 자극을 줬던 아내 해리엇 테일러(Harriot Taylor) 때문이었습니다. 따라서 그의 이론이 해방하고자 한 주된 대상은 기혼 여성에 한정되어 있었습니다. 이로 인해 밀의 주장에서 공적 영역에 여성들이 진출할 권리는 존재했지만, 당시 여성들의 역할로 여겨지던 가사나 돌봄 노동에 대한 사고는 부재합니다. 이러한 한계가 존재함에도 불구하고 당시 철학가들이 제공한 아이디어와 담론은 페미니즘의 제1물결 시기에 활동했던 많은 여성에게 '투쟁의 뼈대'가 되었습니다. 그리고 이들의 투쟁이 있었기에 오늘날 표면적으로 남성과 여성이 동등한 권리를 쟁취한 사회가 도래할 수 있었습니다.

페미니즘의 제2물결(약 1960~1980년)

. . . .

'페미니즘의 제2물결'이란 명칭은 이때 활동했던 페미니스트들이 스스로의 활동을 이전의 페미니즘 운동과 구분 짓기 위해 붙인 것입니다. 페미니즘의 제1물결 덕분에 남녀의 권리를 불평등하게 명시했던 법과 제도의 다수가 개선되었고, 여성은 보다 많은 자유와 권리를 찾아가는 중이었습니다.

그러나 여성 억압의 근원을 '남성과 차별적으로 규정하는 법과 제도'에 둔 페미니즘의 제1물결은 여성이 남성과 거의 동등한 법적 권리를 획득한 이후에 자신들의 목표와 방향성을 잃고 표류할 수밖에 없었습니다. 하지만 법과 제도를 보완하며 많은 권리를 되찾았음에도 불구하고 여전히 페미니스트들은 여성인 자신들을 불행하게 만드는 차별이 남아있다고 생각한 것이죠. 이렇게 제2물결의 페미니스트들이 등장했으며, 그들은 스스로를 제1물결의 페미니스트들이 추구했던 방향성과 구분을 지었습니다.

페미니즘의 제2물결은 여성 억압의 근원을 주로 '여성성'이라는 허구적 신화를 씌우는 '사회의 구조'에 두었습니다. 이는 다음과 같은 시대적 배경을 바탕으로 합니다. 당시 미국의 여성들은 남성 못지않게 대학에서 전문적인 교육을 받았고 졸업 후 양자의 선택지(가정과 직업)를 가지고 있었지만, 대다수의 여성은 결혼을 택했습니다. 그 이유는 결혼을 택하는 것이 행복이자 사회적 의무라고 여겨지는 사회 분위기 때문이었습니다. 그리고 이때의 미국은 제2차 세계대전이 끝난 직후로, 뉴딜 정책과 전쟁을 통한 경제적 이득을 통해 중산층들이 급속하게 증가하는 등 경제 호황을 누리던 시기였습니다. 또한 관료 조직이 사회를 안정적으로 정비하면서 당시 미국 대다수 청년의 꿈은 안정된 직업과 연봉, 안정적인 퇴직 계획 등 개인의 안정적인 삶과 관련되어 있었습니다.

여기엔 텔레비전과 같은 대중 매체의 발달로 인해 동일하게 조직된 세대의 욕망도 일조했습니다. 당시 여성들은 이렇게 안정적인 삶에 대한 욕구가 커지면서 관습적으로 취직보다는 결혼을 선택한 것입니다. 그리고 1930년대에는 경제공황으로 인한 기혼 여성의 취직을 금지하는 입법도 추진됐습니다.

제2차 세계대전 시기에는 많은 남성의 전쟁 참전으로 인한 부족한 노동력을 보충하기 위해 여성들의 경제 참여가 요구되었습니다. 그러나 전쟁에 참여한 남성들이 복귀하면서 여성이 밖에서 일하는 것이 남성의 일자리를 빼앗는 것이라는 인식이 사회 전반으로 확대되었습니다. 그러면서 여성은 또다시 가정을 내조하는 존재가 되었고, 당시 대중문화에서도 여성에게 가정의 어머니 역할을 강조했습니다.

이런 시대적 배경 때문에 여성은 대학에서 전문 교육을 수료할 수 있었지만, 사실상 결혼이라는 선택지 한 가지만 주어졌던 것입니다. 또한 참정권이 실현된 1960년대 이후에도 결혼 생활에서 여성에게 주어진 역할은 수동적인 조력자, 즉 모성애가 넘치는 헌신적인 모습을 가진 어머니의 역할만을 부여받았습니다. 페미니즘의 제2물결은 이런 여성에 대한 사회의 편견과 여성에게 사회가 기대하고 주입하는 '여성성'이라는 신화에 대한 원인이 '사회구조'라고 봅니다. 그래서 페미니즘 제2물결은 이런 '사회구조'를 분석하고 타파하면 여성 스스로 자신들의 삶을 쟁취할 수 있다고 믿었습니다.

페미니즘의 제2물결의 가장 주요한 아이디어 중 하나는 프랑스의 철학자 시몬 드 보부아르(Simone de Beauvoir)가 제공했는데, 이는 그의 책 『제2의 성』에서 나온 선언인 "여자는 태어나는 것이 아니라 만들어지는 것이다."라는 말로 대표됩니다. 보부아르가 『제2의 성』을 집필할 당시에는 우리가 흔히 이야기하는 사회적 성인 젠더라는 개념이 존재하지 않았습니다.

그런데 보부아르는 사회가 특정 성(性)에게 기대하는 역할과 편견이 태생적으로 타고나는 것이 아니라 사회적·문화적 구성물임을 통찰을 통해 짚어낸 것입니다. 이후 보부아르의 아이디어에 영향을 받은 제2물결의 페미니스트들은 여성이 지니고 있는 내재적인 특징이라고 믿어지는 편견들, 즉 '여성성'이 자연적으로 내재된 것이 아니라 사회적·문화적으로 구성된 산물임을 밝혀내기 위해 투쟁했습니다.

대표적인 인물 중 하나는 『여성성의 신화』를 쓴 베티 프리단(Betty Friedan)입니다. 프리단은 훌륭한 성적으로 스미스대학교를 졸업한 후 대학원에서 특별 연구원 지위를 제안받을 정도로 유능한 학생이었습니다. 그런데 그녀는 뉴욕에서 노동 전문기자로 활동하다가 두 번째 임신을 하고 해고를 당해 경력단절을 겪습니다.

그녀는 이 시기에 동창회 사업의 일환으로 여성 동문들을 조사하게 되는데, 우연히 이들이 자신처럼 높은 수준의 교육을 받았는데도 미국 내 관습에 따라 가정에 머물며 가정과 사회에서 갈등하고 있다는 걸 발견합니다. 이때 프리단은 여성인 자신들이 왜 남편의 아내나 어머니가 아니라 자신 그 자체로 활동하는 것에 죄책감을 가져야 하는지 의문을 품게 되었고, 이러한 의문에 대한 답을 찾기 위해 5년 가까이 도서관을 드나들며 독학으로 여성성을 연구했습니다. 이때 쓴 책이 바로『여성성의 신화』입니다.

프리단은 "남편과 아이로부터 벗어나고자 하는 것은 이기적인 것이 아니다." "행복한 현모양처란 없고, 여성은 남편과 육아에서 벗어나 사회적 활동에 뛰어들어 자신만의 정체성과 성평등을 찾아야 한다."라는 등 당시로는 급진적인 주장을 했습니다. 프리단이 쓴 책은 당시 많은 여성에게 큰 영향을 끼치며 제2물결 페미니즘의 서막을 알렸습니다.

당시 여성들은 결혼을 스스로 선택했음에도 불구하고 불행을 느낀다는 딜레마를 겪었습니다. 프리단은 여성들을 불행하게 만드는 이 딜레마를 스스로 "이름 붙일 수 없는 문제"라고 명명했고, 이 문제의 원인으로 사회가 여성들에게 허구적으로 꾸며내고 주입하는 '여성성'이라는 신화를 지목했습니다. 당시 미국 내에서 여성의 행복이라고 믿어지던 통념(여성이 이상적인 가정을 꾸려 아이를 낳아 기르고 남편을 내조한다)은 허구적 신화이고, 이는 여성의 본질과는 무관한 남성이 주도하는 사회, 즉 가부장제가 꾸며낸 신화라는 것입니다. 따라서 스스로 선택했음에도 불구하고 그 선택은 그 외에 다른 선택지가 없어서 하는 것이기 때문에 여성은 불행함을 느낄 수밖에 없었다는 이야기입니다. 여성이 무의미하게 반복되는 가사노동을 하고, 남편을 내조하고, 아이를 키우는 것이 여성의 본성이라는 근거는 어디에도 없는데 말입니다.

따라서 프리단은 여성 스스로가 자신이 누구이며 어떤 삶을 원하는지 스스로 질문하고 말할 권리가 있다고 주장했습니다. 그리고 신화적으로 꾸며진 여성성이 아닌 자신의 정체성을 되찾고자 하는 욕망, 그리고 남편과 아이로만 국한된 삶의 목표가 아닌 이를 넘어 성취하려는 욕망을 당연하게 가질 수 있어야 한다고 주장했습니다. 이러한 주장은 페미니즘의 제2물결의 주요한 의의를 담고 있습니다. 여성은 자신들을 억압하는 새로운 근원을 밝혀냄과 동시에 여성 문제를 다루고 제기할 새로운 중심점을 찾은 셈이었습니다.

프리단의 책은 미국 내 페미니즘 운동의 새로운 기폭제가 되었고, 프리단 자신도 전미여성정치회의(NWP)의 창립자로 활동하며 여성의 낙태와 출산 휴가권, 승진과 보수에서의 남녀평등을 주장하며 활발한 활동을 했습니다. 이러한 페미니즘의 제2물결 운동은 성평등 교육의 확대와 직장 내 제도의 개선으로까지 이어지며 여성들의 사회진출을 늘리는데 기여했습니다.

페미니즘의 제2물결을 대표하는 또 다른 인물 중 한 명은 슐라미스 파이어스톤(Shulamith Firestone)입니다. 파이어스톤은 『성의 변증법』을 쓰며 여성을 억압하는 근원을 파악하기 위해 남성의 여성 억압을 자본가의 노동가 착취에 비유했는데, 이때 칼 마르크스(Karl Marx)와 프리드리히 엥겔스(Friedrich Engels)의 아이디어를 차용했습니다.

파이어스톤은 여성이 지닌 생물학적 차이, 즉 아이를 임신하는 기관의 발달이 여성의 신체적 능력을 약화시켰고 이러한 태생적인 신체 구조의 차이가 최초의 남녀 계급 사이의 불평등 구조를 낳았다고 주장했습니다. 노동력이 부의 근원 자체였던 고대로 올라갈수록 여성은 노동력을 재생산하는 주체로서 남성이 반드시 장악하고 통제해야 하는 하나의 자원으로 여겨졌습니다. 그렇기 때문에 여성의 해방을 위해선 노동자가 생산수단을 점유해야 한다는 마르크스의 주장처럼, 여성의 해방을 위해서는 생식 수단을 여성이 온전히 통제해야 한다고 주장했습니다.

파이어스톤이 두 번째로 인용한 아이디어는 지그문트 프로이트(Sigmund Freud)의 '정신분석학'입니다. 프로이트는 오이디푸스 신화에 은유해 섹슈얼리티(Sexuality)가 형성되는 사회적 과정, 즉 남성성과 여성성이 어떻게 인간의 삶에 영향을 끼치는지 해석하고 제시합니다. 프로이트의 이론은 페미니스트들에겐 굉장히 유용한 아이디어였는데, 여성이 남성보다 열등하기에 사회에 남성이 진출해야 한다는 여러 편견이 자연적이거나 태생적인 것이 아니라 사회적으로 구성되는 것임을 밝힐 수 있는 아이디어였기 때문입니다.

프로이트는 오이디푸스 신화, 즉 아들과 아버지가 어머니를 사이에 두고 벌이는 쟁탈전을 통해 인간이 주체로 성장하는 과정을 설명했습니다. 그러나 파이어스톤은 이를 권력의 문제로 재해석하고자 했습니다. 가부장제적 가족 및 사회에서 남성이 행사하는 권력을 오이디푸스 은유를 통해 사회적 맥락에서 분석하고자 한 것입니다.

파이어스톤에 따르면 가부장제 내에서 남성은 가족을 부양하는 대신 여성이 제공하는 성과 온갖 서비스, 그리고 자식들의 존경과 복종을 대가로서 취합니다. 어머니는 임신과 출산을 거듭할수록 무력해지고, 남편에게 경제적으로 예속됩니다. 아들은 아버지와 같은 강력한 권력을 탐하고, 또한 아버지의 분신이 되어야 권력을 지녀 자유로운 아버지의 세계로 나갈 수 있기 때문에 어머니를 외면하게 됩니다.

반면에 딸은 어머니를 보며 사회구조적으로 자신의 운명을 답습해 어머니와 같이 가족 밖의 세계로 나갈 수 없는 자신의 운명을 받아들이게 됩니다. 이후 어머니는 자유와 권력을 얻을 아들을 통해 오랜 고통에 대한 보상과 대리 만족을 얻게 되는데 이는 파이어스톤이 오이디푸스 콤플렉스를 통해 묘사한 가부장제 속에 여성이 차별받고, 차별이 재생산되어 대물림되는 구조입니다. 이러한 논리에 따라 파이어스톤은 가부장제 가족을 여성 억압과 재생산의 핵심 도구이자 근원으로 지목했습니다.

파이어스톤은 앞서 언급한 아이디어들을 통해 여성과 남성을 두 계급으로 나누어 파악하고, 여성을 착취하는 가부장제 이데올로기가 모든 억압과 착취의 뿌리라고 지목합니다. 그는 여성이 남성에게 정서적 안정은 물론 성을 제공할 뿐만 아니라 사회·문화·정치 영역에서 남성이 활약하며 사회의 재화를 획득할 수 있게 돕는 희생양이 되었다고 주장합니다. 가부장제 이데올로기는 출산 능력의 차이라는 자연의 생리에서 시작되었지만, 남성과 여성을 분리하고 나누는 과정은 결코 자연적인 것이 아닌 권력구조의 문제라고 지적합니다.

하지만 분명 문명의 순리로 대표되는 양육강식의 논리에 따르지 않고 자연의 한계를 극복하면서 재정립하는 역할을 해온 인간의 모습도 존재했습니다. 따라서 파이어스톤은 이제는 여성들이 스스로를 해방시킴으로써 인간 사회의 온갖 억압과 차별을 없애는 길에 들어서야 한다고 선언했습니다.

프리단과 파이어스톤을 비롯한 제2물결 페미니스트들은 여성을 억압하는 근원에 대한 새로운 시각을 제시함으로써 제도와 법의 정비만으로 달성할 수 없었던 남녀의 평등에 대해 새로운 문제점을 제기했습니다. 그들은 '여성성'이 여성이 태생적으로 지닌 본질이 아니라 사회적으로 구성되는 산물임을 고발하며 태생적인 성(Sex)이 아닌 사회·문화적으로 구성되는 성(Gender)이 있음을 밝혀냈습니다. 또한 제2물결 페미니즘 운동은 무책(無責) 이혼을 성립시키고, 가정폭력을 범죄로 규정하고, 남녀 고용 기회의 평등에 대한 논의를 일으키는 등 주요한 성과를 얻어냈습니다.

그러나 페미니즘의 제2물결은 1980년대 강력한 백래시를 맞이하며 심각한 위기를 겪게 됩니다. 이는 여러 가지 시대적 배경이 동시에 결합하면서 발생했는데, 구체적으로 살펴보면 다음과 같습니다.

첫째, 미국에서 레이건 대통령이 집권하게 되면서 가정폭력 피해자 쉼터, 돌봄 서비스, 성폭력 피해자 지원 등 여성들을 지원하기 위한 예산이 크게 삭감되었습니다.

둘째, 여성의 낙태권에 반대하는 우익운동과 함께 프리단이 활동한 전미여성정치회의가 추진했던 미국 헌법의 평등권 수정운동[3] 또한 거센 반발로 인해 결국 실패로 돌아갔습니다. 이 실패에 대해 당시 페미니즘에 적대적이었던 언론과 미디어는 페미니즘이 끝났다고 크게 보도했고, 경제적인 독립을 추구하던 여성들이 결국 불행한 결말을 맞이하는 내용의 영화나 소설 같은 콘텐츠들이 흥행하는 등 페미니스트들은 궁지에

---

3   이 당시 전미여성정치회의는 모든 미국인이 성에 관계없이 동등한 권리를 갖도록 보장하는 내용, 구체적으로는 이혼, 재산, 고용, 기타 여러 가지 사안에서 남녀를 구분하는 것 자체를 없애는 것을 명시하는 헌법 수정을 요구했다.

몰리게 되었습니다.

셋째, 페미니스트들 내부의 분열 또한 심화되었습니다. 1980년대 이전에도 다양한 페미니즘 사조와 분파가 존재했고, 이들이 규정하는 여성 억압의 근원과 이를 해소하기 위한 방법론이 다양했습니다. 헌법에 명시된 여성의 평등권 수정이라는 공통의 정치적 사명 아래 서로 연합하고 인정하며 갈등은 잠시 접어두고 '자매'라는 이름하에 서로 연합하는 분위기가 당시 페미니스트들 사이에 조성되어 있었습니다.

하지만 이러한 정치적 사명은 결국 실패로 돌아가고 잠시 미뤄뒀던 논쟁과 갈등이 다시 재점화되어 분열되기 시작했습니다. 이 중 가장 치열했던 논쟁은 흔히 '성(性) 전쟁'이라 불리는 미국 내 반(反)포르노그래피 운동에 대한 의견 차이였습니다. 포르노그래피가 여성의 신체에 대한 잘못된 편견을 불러일으키고 남성이 여성의 신체를 점유하고 물건처럼 취급하게 한다고 해석한 분파가 있는 한편, 자신들의 성과 몸에 대해 긍정하거나 표현의 자유를 더욱 중시하는 페미니스트들 또한 존재했습니다.

이와 더불어 주류 페미니즘이 젠더와 인종 문제를 교차적으로 다루지 않는다는 인식도 확산되었습니다. 흑인 여성과 성소수자들 또한 페미니즘 운동에 참여했지만, 주류 백인 중산층 여성들이 주도하는 페미니즘 운동에 동조하는 것만으로는 흑인 여성의 문제를 해결할 수 없다는 인식이 확산되었던 것입니다. 흑인 페미니스트들은 지금까지 여성주의 운동의 백인 중심적인 사고를 비판하며 백인 페미니즘과는 독립적인 노선을 걷고자 했습니다. 이러한 상황 속에서 페미니즘 운동가들 사이의 연대 의식은 약화될 수밖에 없었습니다.

넷째, 시대적으로 당시 미국은 냉전 체제 속에서 소련의 공산주의와 경쟁하며 국제적인 정세가 불안정했고 소련이라는 공통의 적을 물리치자는 분위기가 있었습니다. 그 때문에 미국 정부에 잦은 마찰을 일으키는 페미니스트들은 따가운 시선을 받을 수밖에 없었습니다.

결국 1970년대 초 제2물결이 일어나던 시절처럼, 전 세계의 여성들이 해방된 세상을 같이 창조할 수 있다는 열정적인 분위기는 잦아들었고, 여성들은 자신의 몸은 물론 정체성에서도 같은 여성이지만 많은 차이가 있음을 확인하며 갈라질 수밖에 없었습니다.

페미니즘의 제3물결(약 1980~2000년대 중반까지)

. . . .

페미니즘의 제3물결은 여성이 만약 통일된 '여성'이라는 단일한 정체성으로 여성을 정의한다면 기존의 남성들과 마찬가지로 오히려 타자를 억압하는 새로운 기제가 될 수 있음을 인식하는 데서 출발합니다. 페미니즘의 제2물결 속에서 활발하게 활동했던 에이드리언 리치(Adrienne Rich)[4]는 자신의 인생 후기에 쓴 책 『위치의 정치학을 향하여』[5]에서 자신의 경험이 철저히 백인적임을 인정하며, 여성이 단일한 정체성을 지닌 하나의 계급이라는 믿음을 지속하기 어려움을 인정함과 동시에 같은 여성이라도 많은 차이가 존재함을 인정하게 됩니다.

---

4   미국의 시인이자 페미니스트다. 1970년대 여성 권리운동에 적극적으로 참여했다. 레즈비언인 자신의 정체성을 페미니즘과 연결하고자 했고, 이성애 이데올로기와 섹슈얼리티를 중심으로 남성 권력과 여성 억압을 분석했다.

5   원제: Notes Toward a Politics of Location(1984년)

하지만 '우리'라는 여성들의 공통된 정체성이 상실되었음에도 불구하고, 페미니즘의 동력은 여전히 존재한다는 희망이 피어났습니다. 즉 타자에 대한 책임으로까지 페미니즘의 지평을 확장한 것입니다. 따라서 페미니즘의 제3물결에선 좀 더 넓게 성 문제에 대해 접근하고자 했고 이는 수많은 젠더와 섹슈얼리티, 즉 여성뿐만이 아닌 다른 소수성에 대한 관심으로 이어졌습니다.

페미니즘의 제3물결을 대표하는 철학가로는 『젠더 트러블』을 쓴 주디스 버틀러(Judith Butler)가 있습니다. 주디스 버틀러는 미셸 푸코(Michel Foucault), 자크 라캉(Jacques Lacan), 자크 데리다(Jacques Derrida) 등 포스트모더니즘 및 포스트구조주의 철학가들을 주로 인용하며 권력구조 속에서 어떻게 우리의 정체성이 형성되는지 그 과정을 추적했습니다. 그녀는 젠더와 섹슈얼리티는 물론이고 우리가 흔히 자연적으로 타고난 성이라고 인지하는 섹스(Sex)마저도 법과 제도의 2차적 결과물이자 문화적·역사적 구성물이라는 파격적인 주장을 합니다.

같은 맥락에서 '여성' 혹은 '남성'이라는 자아 정체성 구성하는 토대 역시 자연적이거나 필연적이지 않다고 주장합니다. 주디스 버틀러의 이러한 주장은 '여성'이라는 젠더 정체성이 언제나 유동적이고 불확정적이기 때문에 여성의 의미를 고정시킬 수 없다고 선언한 셈입니다. 이러한 주디스 버틀러의 아이디어는 제2물결 이후 나눠진 여러 분파가 서로 여성의 의미와 여성 억압의 원인 등을 다르게 규정하고 분쟁하던 페미니즘의 현실을 재확인한 것이었습니다. 그러나 페미니즘 운동과 이론의 측면에서는 새로운 가능성으로 제시되기도 했습니다.

주디스 버틀러가 주로 비판한 건 인간의 성정체성을 섹스와 젠더, 섹슈얼리티로 명확하게 나누는 인식 틀에 대한 것이었습니다. 시몬 드 보부아르는 『제2의 성』에서 "여자는 태어나는 것이 아니라 만들어지는 것이다."라고 선언하면서 태생적인 성인 섹스(Sex)와 사회적으로 구성되는 성인 젠더(Gender)를 서로 구분 지어 사용했습니다.

그런데 이는 페미니즘적인 측면에선 여성의 태생적인 본질과 사회적으로 구성되는(여성의 것으로 오해받고 차별의 원인을 낳는) '여성성'이라는 신화를 분석하고 해체하기 위함이었습니다. 그녀는 여성이 열등하다고 판단하게 하는 '여성적인 것'이 실제로는 과학적인 분석이 아니라 문화적이고 사회적인 과정에 의해, 즉 젠더화된 규범을 강제로 주입하는 과정에서 형성되는 것이라는 비판적 문제 인식을 제기하기 위해 적극적으로 젠더란 개념을 인용했습니다.

이는 제2물결에서 해결해야 하는 새로운 여성 문제를 규정하는 것이었고, 이를 통해 침체되었던 페미니즘 운동은 추진력을 얻을 수 있었습니다. 그 때문에 제2물결 페미니스트 사상가들은 생물학적 몸의 차이는 '섹스'로, 사회문화적 동일시 양식과 자기 성정체성의 영역은 '젠더'로, 성적 행위를 유발하는 근원적 욕망은 '섹슈얼리티'로 이해했습니다.

그리고 이러한 분리된 틀로 여성을 분석함으로써 여성이 열등하다고 판단하는 여러 속성(모성애, 수동성, 감정적인 성향, 연약함 등)이 실제로는 사회적인 관습이나 이데올로기가 낳은 산물임을 과학적으로 밝힐 수 있었고, 그 결과 성역할에 대판 편견이나 직업 선택에서 고정성을 벗어날 수 있는 논리와 계기를 마련할 수 있었습니다. 또한 섹스와 섹슈얼리티를 분리하는 인식 틀은 여성을 억압하는 원인으로 지목되는 가부장제와 정상 가족체제의 필요성도 허구적인 관습의 산물이라고 지적했습니다.

버틀러는 어찌 보면 페미니스트들에게도 유용한 도구가 되었던 섹스와 젠더 섹슈얼리티 인식 틀에 도전한 것입니다. 버틀러는 보부아르의 아이디어, 즉 "섹스가 젠더의 인과적 원인은 아니며 젠더가 신체적 외형에 의해 결정되지 않는다."라는 생각을 극한으로 밀어붙인다면 생물학적인 성이 남녀로 구분될지라도 젠더가 꼭 남성이나 여성이라는 이분법적 형태로 고정될 필연성이 없다고 주장합니다. 이에 따라 섹슈얼리티의 형태 또한 특정 형태로 제한될 이유는 없어지고 젠더 역시 섹스를 모방하는 관계가 있음을 밝혀냅니다.

게다가 자연적으로 인식되는 섹스 또한 자연적으로 부여되는 것이 아님을 주장합니다. 또한 버틀러는 보부아르를 비롯한 많은 페미니스트 사상가처럼 여성 해방을 주장했지만 동시에 그 과정에서 저지른 오류를 지적하기도 합니다. 보부아르를 비롯해 많은 페미니스트 사상가는 은연중에 남성적인 것을 이상적인 주체로 삼으며 남성은 주체로, 여성은 타자로 설정했는데 버틀러는 이러한 세계관 자체가 암묵적으로 남성성과 여성성 사이의 젠더 위계를 재생산한다고 비판합니다.

비록 섹스와 젠더 섹슈얼리티를 분리시키는 인식은 여성운동과 페미니즘을 성장시켰지만, 이러한 젠더 이분법적인 규범을 타파해야 여성성의 타자화(他者化)와 배제를 막을 수 있고, 이는 어느 시대에나 완전히 정의 내릴 수 없는 젠더라는 개념을 다양하게 분석 가능하게 만든다고 주장합니다.

지금까지 여성들이 경험한 차별과 혐오의 역사, 그리고 이를 타파하고자 노력한 페미니즘 운동과 이론의 변천에 대해 이야기했습니다. 페미니즘은 여성들을 둘러싼 여러 문제, 차별과 혐오의 시선을 벗어내기 위한 운동일 뿐만 아니라 제3물결에 와서는 소수성에 대한 담론을 포함한 다양한 담론을 담을 수 있는 운동이자 학문으로 발전했습니다.

아직 우리 사회에서 여성 스스로가 '페미니스트'라고 당당히 밝히는 것은 여전히 어려운 일이지만, 페미니스트들의 활동이 여성은 물론 소수성을 지닌 자들에 대한 차별과 혐오를 벗어내기 위한 움직임을 만들어낸 것은 부정할 수 없습니다.

젠더에 대한
오해와 편견 풀기

앞에서는 여성들이 겪었던 여러 고정관념과 차별에 대한 이야기를 다뤘습니다. 그렇다면 지금부터는 우리 모두가 관여되어 있는 이야기인 젠더에 대해 이야기해볼까 합니다. 앞서 페미니즘 운동의 변천과정을 살펴보며 젠더가 어떻게 여성들의 삶에 영향을 끼쳤는지, 젠더가 사회 속에서 권력구조를 어떻게 만들어내고 있는지에 대해 이야기했습니다. 이는 페미니즘이나 여성들에게만 국한된 이야기는 아니며 남성에게도 역시 특정한 방향으로 작용하고 있습니다.

그러나 젠더에 대해 이야기하는 것은 무척이나 어려운 일입니다. 먼저 젠더라는 용어 자체가 많은 변천을 겪어오면서 여러 의미를 내포하고 있기 때문입니다. 젠더란 개념은 심리학 분야에서 출발했습니다. 그러다가 페미니즘에서 사회적 성역할과 고정관념을 비판하기 위해 사용하고, 여성운동과 퀴어운동을 통해 일상의 영역까지 개념화되는 과정을 겪었습니다.

젠더란 개념은 1955년 성(性)과학자 존 머니(John Money)가 생물학적인 성과 구분되는 개념이 존재한다고 주장하며 개인이 지니는 성역할이 후천적인 환경의 영향이 높다는 것을 증명하기 위해 만들었습니다. 존 머니 이전에도 보부아르처럼 막연하게 타고난 본연의 성과는 다른, 사회가 부여한 성역할이 존재함을 주장하는 사람이 있었지만 이를 젠더라고 부르진 않았습니다.

존 머니가 만든 젠더라는 개념은 여성에게 주어지는 사회적 역할과 고정관념이 타고나는 성별과 관계없다는 걸 증명했습니다. 따라서 사회의 편견에 맞서기에 유용한 개념이었고, 페미니즘의 제2물결에서 적극적으로 수용했습니다. 그리고 지금은 여성학뿐만 아니라 다른 학문 분야에서도 일상적으로 사용하는 용어가 되었습니다.

제3물결에 와서 주디스 버틀러의 성역할 수행이론[6]과 퀴어운동의 영향으로 젠더는 사회적 성역할뿐만 아니라 본인의 성정체성을 지칭하는 개념으로까지 그 의미가 확대되었습니다. 이러한 젠더 개념의 변천은 마치 코에 걸면 코걸이, 귀에 걸면 귀걸이가 아닌가 싶은 착각이 들게 합니다. 누군가에게는 타파해야 할 대상이면서, 동시에 정체성을 이루는 한 요소로 자리 잡았기 때문입니다.

---

6 주디스 버틀러의 젠더이론을 간단하게 요약하면 특정 사람의 젠더는 그 사람의 존재 자체에 있는 것이 아니라 그 사람이 어떤 젠더를 반복 수행하는가에 따라 결정된다고 한다. 젠더를 수행하는 것은 사회가 그 성을 수행하도록 학습시킨다는 점에서 사회에서 기대하는 성역할이기도 하다. 그러나 스스로 선택해 의도적으로 수행할 수 있다는 점에서 본인의 정체성을 드러내는 수단이기도 하다.

그럼에도 불구하고 젠더에 대해 다루고 싶은 이유는 일반적으로 젠더는 우리 각자의 삶에 중요한 지분을 차지하고 있고, 젠더 경험은 남녀를 불문하고 우리 모두가 겪는 일이기 때문입니다. 또한 실제로 젠더에 대한 우리의 믿음은 권력을 분배하는 기제로 작동하고 있습니다. 여성에게는 밤길을 조심하며 두려움을 느끼는 기제가 되기도 하고, 남성성을 거부하는 남성들의 삶을 가로막거나 성생활에서 어떻게 즐거움을 얻을지, 때로는 누군가에게 젠더로 인해 상처를 입히는 방식을 이해하게 하기 때문입니다.

이번 장에선 여성에게 주어지는 젠더(여기서는 사회적 성역할로의 젠더)를 해체하고자 하는 터프(TERF)[7]와 트랜스젠더리즘(Transgenderism) 사이의 충돌에 대해 다룹니다. 이 두 집단의 이념적 충돌은 젠더를 다루는 일에 대한 어려움과 피곤함을 잘 보여주기도 하지만, 그만큼 젠더에 대한 시각 차이를 극명하게 드러냅니다.

그리고 젠더가 어떻게 우리의 삶에 관여하는지 젠더란 개념이 지닌 다양한 층위를 명확히 보여줄 수 있을 것이라고 생각합니다. 또한 페미니즘의 제3물결과 퀴어이론의 전개 과정을 곁들어 터프와 트랜스젠더리즘을 이야기하며 젠더가 꼭 '여성'과 '남성'으로 딱 떨어지는지 의문을 제기하고자 합니다.

---

7   TERF(Trans Exclusionary Radical Feminist)는 트랜스젠더를 배제하는 급진적 여성주의다. 여기서 급진적이란 과격하다는 의미가 아니라 제도 개혁이나 경제적인 차원의 개혁을 벗어난 급진적인 차원에서 개혁을 시도한다는 의미다.

터프가 트랜스젠더리즘을 배척하는 이유
- '계급'으로서의 젠더

• • • •

초기 페미니즘을 비롯해 터프에게 젠더란 정체성이라기보다는 남성과 여성이라는 계급을 만드는 기제이면서 여성을 하나의 계급으로 묶는 장치입니다. 이러한 터프가 트랜스젠더리즘을 배제하는 이유는 트랜스젠더리즘이 페미니즘의 가치를 훼손한다고 여기기 때문입니다.[8]

터프의 입장에서 젠더는 기존의 남성 중심 사회에서 만들어진 남성 지배를 재생산하는 시스템이자 대들보입니다. 이런 젠더를 해체해서 가부장제 질서 속에서 여성을 해방시키는 것이 레디컬(Radical) 페미니즘의 분파인 터프의 궁극적인 목표라고 할 수 있습니다. 반대로 트랜스젠더리즘이 터프와 충돌할 수밖에 없는 이유는 두 가지가 있습니다.

첫째, '여성'이라는 젠더에 대한 입장 차이입니다. 터프를 지지하는 여성의 입장에서 '여성'이라는 젠더 정체성은 본인이 선택한 것이 아니며 본인이 경험하는 사회구조적 차별을 낳는 기제이기도 합니다. 이런 여성 억압을 경험하게 하는 '여성'이라는 물리적 실체는 페미니즘의 제2물결 당시 서로 자매라고 부르며 여성들을 결합시키고 경험을 공유하게 하는 하나의 정체성이기도 했습니다. 터프의 주장에 따르면 트랜스젠더 여성(타고난 성이 여성이 아니지만 자신의 젠더를 여성으로 정한 여성)은 여성으로서 억압을 경험한 사람도 아니고, 어쩌면 남성으로서 혜택을 누리고 산 사람일지도 모릅니다.

---

8 쉴라 제프리스 지음/유혜담 옮김, 『젠더는 해롭다』, 열다북스, 2019년, 21p

그래서 터프는 트랜스젠더 여성을 자신들과 같은 '여성'으로 묶는 것을 거부합니다. 터프 이론가 쉴라 제프리스(Sheila Jeffreys)는 이에 대해 "남아선호 사상으로 인한 태아의 제거 등 수많은 여성차별은 물리적인 성별, 즉 생물학적 특성을 기준으로 경험하게 된다."라며 "트랜스섹슈얼이 살아오고 경험한 역사는 물리적인 여성이 경험한 삶과는 다르다."라고 딱 잘라서 이야기합니다. 이들(트랜스젠더)을 여성이란 범주에 넣는 것은 여성을 억압해온 '여성'이라는 물리적 실체로서의 성별을 실체가 없는 것으로 만들고 페미니즘의 성과와 논리도 무력화시킬 수 있는 위험한 행위로 간주하고 있습니다.

둘째, 여성으로 정체화(正體化)하는 남성이 진정으로 자신을 여성으로 정체화하는 사람인지, 아니면 불순한 목적을 지닌 시스(Cis)[9] 남성인지 구분할 방법이 없다는 것입니다. 트랜스젠더 중 일부는 패싱(Passing)[10]을 위해 여성들의 사적인 공간, 예를 들어 여자 화장실이나 라커룸에 자유롭게 드나들 권리를 주장하기도 합니다. 그러나 실제로 사적인 공간에서도 몰래카메라와 성범죄 등 위협을 느끼는 여성에게는 트랜스젠더를 자신들의 사적 공간에 허용하는 것은 너무나 위험한 일입니다.

국내에도 이런 사례가 존재합니다. 2020년에는 트랜스젠더 여성이

---

9 시스젠더(Cisgender)의 줄임말로 타고난 생물학적 성과 자신이 느끼는 젠더 정체성이 일치하는 사람을 말한다. 굳이 이런 용어를 사용하는 까닭은 시스젠더를 '일반인'이라고 부르면 트랜스젠더가 '일반적이지 않은 이상한 사람'이라는 의미를 내포할 수 있기 때문이다.

10 퀴어 용어로서 패싱은 사회 구성원이 특정한 범주로 생각되어지거나, 받아들여지거나, 인식되는 것이다. 자신의 젠더 정체성과 패싱이 일치하지 않는 경우가 많은 트랜스젠더는 패싱을 위해 여성성이나 남성성과 같은 젠더규범을 패러디해 사회적 성전환을 하거나 외과적 수술을 통한 성별 정정을 통해 패싱을 추구하기도 한다.

많은 비판으로 인해 숙명여대에 입학하는 것을 포기한 사건이 있었습니다. 당시 숙명여대 학내 커뮤니티에선 "여성들을 위한 공간에 들어오지 마라." "트랜스젠더 여성이 자신이 여자라고 주장하는 근거는 빈약하다." "애초에 트랜스젠더가 조용히 있었으면 난리가 일어나지 않았다." 라는 글이 속속 올라오며 트랜스젠더 여성을 여성이 아니라 남성으로 보고 이들의 입학을 두려워했습니다.

이뿐만이 아니라 트랜스젠더가 사회적 성전환 혹은 외과적 수술을 통해 패싱을 추구하는 과정에서 여성의 성 이미지를 패러디하는 것, 즉 성역할 고정관념을 모방하는 것은 여성에게 기만으로 다가온다는 주장 또한 존재합니다.[11] 하지만 이러한 터프의 주장은 몇 가지 허점을 지니고 있습니다.

첫째, 젠더퀴어(Genderqueer)에게 젠더란 단순히 자신이 선택한 정체성의 표현 혹은 취득의 대상이 아닙니다. 그러나 터프는 이를 성도착적인 크로스드레서(Crossdresser)[12]나 의료업계에 휘둘리는 자해적인 행위로 일반화한다는 것입니다. 그리고 트랜스젠더 담론이 가진 젠더 표현의 자유와 이원적 양성 젠더에 대한 비판, 성소수자에 대한 억압과 차별 문제는 외면한다는 것입니다.

둘째, 터프 측 역시 트랜스젠더를 배척하는 과정에서 여성이란 젠더를 일반화시킵니다. 터프는 트랜스젠더를 페미니즘에서 배척하는 이유

---

11 쉴라 제프리스 지음/유혜담 옮김, 『젠더는 해롭다』, 열다북스, 2019년, 108p
12 이성의 복장을 즐기는 사람을 말한다. 크로스드레서는 이성의 복장을 입는 것으로 만족감을 느끼는 것이 목표지만, 트랜스베스타잇(Transvestite)의 경우는 성적 만족감의 성취를 목표로 두기 때문에 서로 다른 개념이다.

로 "트랜스젠더 여성은 시스젠더 여성과 다른 경험을 갖고 있기 때문에 여성 전용 공간에 출입할 수 없고, 또한 연대의 대상이 될 수 없다."라고 주장하는데, 이는 모든 시스젠더 여성의 경험이 동일하다고 전제한다는 점에서 차별적 함의를 내포하는 것입니다.[13] 그리고 여성이라는 젠더의 경험 역시 일반화하고 있습니다. 이제 터프의 이야기를 충분히 들어봤으니 자신의 젠더에 대해 고민하는 트랜스젠더와 젠더퀴어들의 이야기를 들어볼 차례입니다.

정체성을 인정받고 싶은 욕구와 젠더 초월 사이의 갈등
- '정체성'으로서의 젠더

. . . .

우리는 살아가면서 많은 사람과 교류를 합니다. 타인에게 특정 젠더로 인식된다는 것은 타인과 공유할 수 있는 경험과 서사를 지니고 있음을 시사합니다. 예전에 어떤 작가가 자신의 웹툰에서 긴 장발로 인해 남탕에서 오해의 시선을 받았다고 이야기한 적이 있습니다. 작가의 입장에선 황당하고 웃어넘길 수 있는 일상 이야기였겠지만 저는 여기서 문득 젠더퀴어들이 겪어야 하는 여러 문제를 떠올렸습니다.

젠더를 특정한다는 건 무수한 오해를 피하고, 인간관계를 구축할 때마다 이를 설명하지 않아도 된다는 것을 의미합니다. 반면 자신의 정체성을 인정받지 못한다는 것은 그만큼 안정적인 인간관계를 구축하는 데

---

13   루인, '규범이라는 젠더, 젠더라는 불안: 트랜스/페미니즘을 모색하는 메모, 세번째', 여성이론 제23호, 2010년, 63p

있어 어려움을 겪는다는 말이기도 합니다.

젠더퀴어의 삶을 이해할 수 있는 사례로 미국의 데이비드 라이머 (David Reimer)가 있습니다. 데이비드는 첫 번째 젠더를 타인의 강요로 인해 선택했고, 데이비드 라이머는 남자로 태어났으나 사고로 인해 여성으로 길러졌고, 자신의 선택으로 다시 남성이 되기를 선택했습니다. 데이비드는 첫 번째 젠더를 타인의 강요로 인해 선택했고, 두 번째 젠더는 모든 일을 겪은 이후 스스로 선택했습니다. 라이머의 삶을 통해 우리는 사회에서 살아가는 데 젠더가 차지하는 비중과 역할을 짐작할 수 있습니다.

라이머는 남성인 데이비드 브루스로 태어났으며 배뇨(排尿) 장애로 세인트 보니페이스 병원에서 포경 수술을 받게 됩니다. 하지만 의사의 과실로 음경이 거의 다 타버리는 사고를 당하게 되고 사실상 정상적인 남성으로 살아가기엔 많은 어려움이 생기게 되었습니다. 이에 젠더가 후천적인 교육으로 결정된다고 주장하고 있던 존 머니 박사는 쌍둥이인 브루스를 성전환과 교육을 통해 여성으로 길러낸다면 대조군이 있는 만큼 자신의 주장에 설득력을 더할 수 있을 것이라는 기대감에 브루스의 부모에게 접근합니다.

존 머니는 데이비드의 부모를 설득해서 브루스를 브랜다로 개명시켜 여성스러운 옷을 입히고 성전환을 위한 고환 제거 수술과 예비 질 수술을 진행합니다. 데이비드는 브랜다 시절 장기간에 걸쳐 여성 호르몬을 투여받았고 이와 더불어 태어난 뒤 약 14년가량을 여성으로서 교육받았습니다.

하지만 브랜다는 여성으로서의 정체성을 받아들이지 못했고, 남자아이 같은 군대놀이나 칼싸움을 좋아했습니다. 오히려 이런 괴리가 초등학교 시절 여자아이들로부터 따돌림을 당하는 원인이 되었습니다. 그리고 반대로 남자아이들에겐 여자라고 따돌림을 받았습니다. 14세에 자신이 원래 남성이었음을 알게 된 브랜다는 다시 남성으로 돌아가기로 결심합니다. 그는 존 머니 박사의 유방 확대 수술과 질 완성 수술을 거부하고 이름도 데이비드로 개명합니다. 데이비드가 겪은 일은 여성과 남성, 둘 중 하나를 따라야 한다는 전통적인 성규범이 행한 폭력이자 존 머니 같은 유명 의사의 업적 달성을 위한 도구로 사용된 대표적인 사례입니다.

데이비드의 삶에서 드러나듯이 자신의 젠더(여성이냐 혹은 남성이냐의 문제)는 개인의 정체성을 구성하고 타인과 교류하는 데 큰 영향을 미칩니다. 데이비드의 사례와 버틀러의 젠더 수행 개념을 엮어 생각해보면 특정 개인에겐 어떤 젠더를 실천해야 한다는 사회적 기대가 존재함을 알 수 있습니다. 한국 사회에서는 흔히 "남자는 울면 안 된다." "남자가 부엌에 들어가면 고추가 떨어진다."라는 등의 기대가 존재하죠. 이런 기대는 이것 말고도 다양합니다.

데이비드 라이머가 그랬듯이, 트랜스젠더는 젠더 지시어와 행위로 인해 곤란을 겪습니다. 의료적 조치를 선택했다면 주변 사람이 여자인지 남자인지 헷갈린다는 반응을 했을 테고, 당사자는 이 반응에 대한 불안을 겪었을 것입니다. 의료적 조치를 선택하지 않았다면 남성 혹은 여성으로 통하는 외모에 따라서 무수한 오인을 받고, 인간관계를 구축할 때마다 이를 설명해야 하는 어려움을 겪어야 했겠죠. 이러한 오인에서 오는 불안감을 해결하기 위해 젠더퀴어들이 행한 전략은 두 가지가 있습니다.

첫째, 남성과 여성이라는 이분법적 분류 자체를 거부하는 것입니다.

어느 한쪽에 속하지 않기 때문에 차별적인 시선을 받고 정체성에 불안감이 생기는 것이라면 자신들의 젠더 불일치 또한 하나의 개성으로 받아들일 수 있는 사회를 만들면 되는 것입니다. 이런 아이디어를 바탕으로 한 퀴어이론은 당시 유행하던 포스트모더니즘의 해체주의와도 연계되었는데, 성소수자의 입장에서 남성과 여성의 경계가 해체되는 것은 자신의 개성과 젠더를 유연하게 받아들이는 사회를 만들 수 있기 때문입니다. LGBT(Lesbian, Gay, Bisexual, Transgender)를 비롯한 성소수자들은 스스로를 퀴어(Queer)라고 지칭하며 퀴어이론과 퀴어운동을 전개했고 섹스, 젠더, 섹슈얼리티에 대한 규범적 정의에 반대하며 고정된 성정체성과 규범에 저항하고자 하는 움직임을 만들었습니다.

이분법적인 젠더 질서를 해체한다는 목표는 가부장제 질서와 여성 젠더에 대한 고정관념을 타파하고 싶어하는 페미니즘의 목표와도 일치했기 때문에 퀴어이론은 페미니즘 이론과 함께 발전하며 페미니즘과 연대를 이루기도 했습니다. 하지만 이러한 움직임은 성소수자가 현실에서 법적 권리를 획득하는 과정에서는 좀 더 복잡한 문제를 낳았습니다.

남성이나 여성, 어느 한쪽으로 고정된 정체성과 규범에 저항하고자 하는 퀴어운동은 성소수자의 법적 권리를 획득하고자 하는 움직임과 대치될 수밖에 없었습니다. 왜냐하면 성소수자들이 합법적인 결혼 권리를 비롯한 입양권, 재산 상속권, 친권, 배우자 시신 양도권 등 법적 권리와 정치적 권익을 얻는다면 명문화된 법체계에 성소수자들이 어떤 이들인지 확고하게 규정되어야 하기 때문입니다.

그러나 퀴어운동과 퀴어이론의 본래 목적은 이분법적인 젠더 질서를 해체하는 것입니다. 그리고 이를 지지하는 관점에선 특정 법적·정치적 투쟁이 오히려 어떤 규정이나 규범을 만들어내 퀴어의 다양성을 해칠 것이라고 우려하기도 했습니다. 이른바 정체성을 지우는 자들에 대항하기 위해 정체성을 명확히 하고자 하는 이들과, 주디스 버틀러가 주장했듯이 "정체성의 해체가 정치성의 해체가 아니다."라는 주장이 팽팽하게 맞서고 있는 셈입니다. 자기규정을 거부하는 쪽과 자기규정을 수용하는 쪽 양측의 대립된 주장은 소모적인 논쟁이라기보다는 규범성과 정상성의 범주에 대해 비판적 시선을 견지할 수 있는 기회라고 할 수 있습니다.

둘째, 반대로 자신의 젠더에 사회가 기대하는 것을 맞추는 것입니다. 사회적으로 특정 젠더에게 요구하는 외향적 특징이나 역할, 태도 등을 수행하면서 사회 구성원으로부터 오인 없이 받아들여질 수 있습니다. 여성으로 판단되는 사람이 여성적인 행동을 하는 것에 대해 불안감을 가지는 사람은 없을 것이고 자신이 여성인지 남성인지 설명할 필요도 없을 것입니다.

만약 의료적 조치를 선택하지 않는다면 크로스드레싱과 사회에서 여성적이라고 규정하는 매너를 몸에 익혀 오인의 가능성을 줄일 것입니다. 하지만 이러한 선택은 여성의 젠더를 패러디하고 수행하는 과정에서 여성이라는 젠더에 부여되는 사회적 기대와 고정관념을 강화하는 행위가 되기 때문에 페미니스트와 마찰을 일으키기도 합니다. 특히 트랜지션(Transition, 성을 바꾸는 과정) 과정에서 선택되는 외과적 수술과 호르몬 요법의 부작용[14]은 쉴라 제프리스를 비롯해 터프 측에서 지적하는 중

---

14 쉴라 제프리스 지음/유혜담 옮김, 『젠더는 해롭다』, 열다북스, 2019년, 163p. 여성 신체 트랜스젠더에게 남성호르몬제(안드로겐)를 투여할 경우 나타나는 주요 부작용으로 염분과 수분 저류, 뇌활관 사고의 가능성과 적혈구 과다 생성, 비만 등 질환과 기분 급변, 우울증이나 성욕과다증 같은 심리적인 문제를 지적한다.

대한 문제이기도 합니다.

외과적 수술을 통한 트랜지션을 좀 더 자세히 살펴본다면 이 전략 역시 복잡한 문제를 가지고 있다는 것을 알 수 있습니다. 로빈 라일(Robyn Ryle)이 가명(假名)으로 인용한 아그네스의 사례[15]를 인용해보겠습니다. 아그네스는 자신이 남성임을 지시하는 생물학적 지표인 남자 성기를 갖고 태어났습니다. 그럼에도 불구하고 아그네스는 생물학적 성(Sex)과 젠더(Gender) 간의 불일치로 인한 불편함을 느꼈고 스스로를 여성이라고 생각했습니다. 아그네스는 남성으로 태어났지만 자신의 생물학적 성을 젠더에 맞게 여성으로 교정하고 싶어 했는데, 그는 여기서 "어떻게 타고 난 남성성을 버리고 여성성을 습득할 수 있는가?"라는 질문과 마주할 수 있습니다.

앞서 이야기했듯 여성성을 습득하는 방법에는 여성적인 행동과 에티켓을 익히는 방법이 있습니다. 그러나 남성이라 하더라도 모든 남성이 남성적이지 않고, 모든 여성이 여성적이지 않습니다. 마찬가지로 남성이 여성적인 행동을 하더라도 곧이곧대로 여성이 되는 것은 아닙니다. 이처럼 성 범주는 남녀라는 뚜렷한 이분법적 구분을 하는 것에 비해 성 범주와 젠더와의 관계는 생각 이상으로 복잡하다는 것을 유추할 수 있습니다.

또한 로빈 라일은 여성 잡지나 글에서 소개된 여성적인 에티켓을 지키는 것 역시 그대로 따라 하는 것만으로는 아그네스가 곤란을 겪을 것이라고 이야기합니다. 예를 들어 "여자가 남자보다 자주 웃어야 한다."

---

15 로인 라일 지음/조애리 외 옮김, 『젠더란 무엇인가』 한울아카데미, 2015년, 88p

라는 미국의 중산층이 공유하는 규범은 사실 그대로 따라 한다고 따라할 수 있는 영역이 아니기 때문입니다. 오히려 여성이 겪게 되는 미묘한 상황과 사회적 위치, 여성 집단이 공유하는 문화 등 구체적인 맥락과 연관되는 문제입니다. 따라서 특정 젠더를 수행한다는 것은 오인의 가능성을 줄일 수 있더라도 "명확한 정체성으로 확립될 수 있는가?"라는 의문의 여지를 남깁니다.

여성도 남성도 아닌 다른 정체성을 선택할 순 없는 걸까?

. . . .

우리는 살아가면서 수많은 정체성의 변화를 겪습니다. 그리고 그 과정에서 자신의 정체성을 음악이나 취향에서 빌려오기도 하고, 앞의 세대나 주변인을 패러디하면서 정체성을 형성하기도 합니다. 문화예술은 모방, 패러디 없이는 성립될 수 없습니다. 이처럼 젠더 정체성 또한 그런 모방의 과정 없이 성립되기는 어렵습니다.

그리고 정체성은 타인이 나를 인정하고 서로 관계가 성립할 때 비로소 안정적으로 작동할 수 있는 것입니다. 그렇기에 외적 이미지인 성기(性器)에 근거해서 성 범주를 두 가지로 분류하는 건 그렇게 신기한 일이 아닐지도 모릅니다.

하지만 이런 성 범주를 구분하는 신체 이미지마저도 시대와 상황에 따라 그 이미지가 다르며, 맥락과 관계 속에서 꾸준히 변화해온 정체성이기도 합니다. 이 때문에 확고하다고 믿는 여성과 남성이라는 성 구분조차도 안정되고 불변한 정체성이라고 할 수 없습니다.

퀴어이론과 페미니즘이 지금껏 쌓아온 업적은 불변하는 정체성의 권위를 믿고 폭력을 휘두르는 자들에 대해 비판적인 탐침(探針)을 제공하는 일이라고 할 수 있습니다. 젠더 경험은 자신이 누구인가에 따라 다양하게 변할 수 있습니다. 따라서 정말 정상적인 건 한 가지로 정체화되는 젠더 경험이 아니라 사람마다 다르게 겪는 다양한 젠더입니다.

최근에는 이론의 영역을 떠나 자신의 정체성을 젠더와 무관하게 꾸며 나가려는 시도 또한 존재합니다. 예를 들어 '젠더 뉴트럴(Gender neutral)'이라는 트렌드는 젠더에 대한 고정관념에서 탈피해 성에 고정되지 않는 나로서 행복과 표현을 추구하려는 트렌드입니다. 이 트렌드는 패션이나 뷰티 분야뿐만 아니라 하나의 라이프스타일과 사회 문제로 빠르게 확산되고 있습니다.

젠더는 권력 분배의 기제로도 작용하기 때문에 자신의 젠더와 무관한 삶을 살아가는 것은 불가능할지 모릅니다. 그러나 타인을 고정관념으로 평가하지 않겠다는 태도 자체는 퀴어이론과 페미니즘이 만들어온 유의미한 공적이라고 할 수 있습니다. 젠더뿐만 아니라 어떤 정체성이든 그것이 전체를 대표한다고 믿게 될 때, 언제든지 내부의 교조주의와 외부를 배척하는 폐쇄성으로 변질될 수 있습니다. 그리고 이러한 폭력성과 배타성은 생산적 대화를 배제하는 기제로 자리 잡을 수 있습니다.

정치적 올바름은 나쁜 것일까?

"아는 만큼 보인다." "모르는 게 약이다." 우리나라의 이 두 속담만큼 이나 정치적 올바름에 대한 딜레마를 잘 표현하는 문구는 없다고 생각 합니다. 선하고 정의로운 사회에 대해 관심이 있고 아는 것이 많은 만큼 부정한 행위에 목소리를 내고 싶은 욕구가 치솟을 때도 많습니다. 하지 만 사실 자신이 빈 깡통처럼 소리만 요란한 상태가 아닌지, 눈에 보이는 현상에 대해 어떻게 대처해야 할지 갈피를 못 잡을 때도 많죠. "이 자리 나만 불편한가?"라고 조심스러운 생각이 들며 비슷한 감정을 느끼는 사 람을 찾으려고 할 때가 오면 "정말로 모르는 것이 약인가…?"라는 생각 이 들곤 합니다.

하지만 그 자리에서 들은 발언이 차별적인 언행일 수 있음을 곧바로 지적하는 것이 올바른 행위인가 생각해보면 그것 또한 대답하기 어렵습니다. "상대방에게 그것이 비난이 아니고 서로 건전한 비판임을 제대로 전달할 수 있는가?"라고 스스로 반문해보면 오히려 인간관계만 망치거나 어색한 분위기 속에 홀로 남겨져야 하는 상황이 상상되기 때문이죠. 이런 저의 경험담처럼 이번 장에서는 정치적 올바름이 가진 딜레마에 관해 이야기해보고자 합니다.

'차별'이라는 주제에 관심이 있는 사람이라면 '정치적 올바름'에 대해 들어보셨을 것입니다. 적어도 넷플릭스를 대다수 구독하는 요즘 "정치적 올바름 때문에 작품의 완성도가 떨어졌어."라는 평가를 다들 한 번쯤은 들어본 적이 있을 것입니다. 정치적 올바름은 1980년대부터 미국의 지성계의 흐름을 크게 바꿔놓았던 포스트모더니즘과 구조주의의 영향으로 시작된 일종의 문화운동입니다. 이 운동은 언어가 현실의 반영일 뿐만 아니라 현실을 적극적으로 구성하는 핵심 요소로 지목받으면서 시작되었습니다.

언어가 우리의 왜곡된 인식을 집약해놓은 공간이라면 언어를 바꿈으로써 차별적인 인식 또한 바꿀 수 있고, 결국 차별적인 행동과 사회 또한 바꿀 수 있다는 믿음에 기반을 둔 것이죠. 이 때문에 초창기의 정치적 올바름은 일종의 언어 순화운동으로 시작했는데 후진국 대신에 개발도상국, 애완동물 대신에 반려동물, 남성 중심의 언어를 성(性)중립적인 언어로 변경하는 등 언어에서 불러일으킬 수 있는 차별적인 시선을 중화시키는 데 그 활동이 집중되어 있었습니다.

이러한 정치적 올바름은 단순한 언어 순화운동 이상의 것으로 발전해 언어뿐만이 아니라 현실을 구성하는 여러 텍스트까지 확장했습니다. 예를 들어 영상콘텐츠나 게임 등 창작물에서 균등한 역할의 분배,

진학이나 취직 등 사회권력 분배구조와 밀접한 영역의 소수자 우대 정책으로까지 그 영향력이 확대되었습니다. 영화계에선 그동안 조명 받지 못했던 소수 인종과 여성의 서사를 담은 영화를 제작하기 시작했고, 게임에서도 성소수자 캐릭터를 등장시키는 등 콘텐츠 제작 및 소비 환경을 바꿔놓기도 했습니다.

하지만 지금 정치적 올바름은 누구나 명백히 인정하는 차별적인 언어 사용을 중화하는 것 이상이 되어버렸습니다. 그래서 정치적 올바름은 누군가는 부자연스럽게 느끼고, 때로는 피곤할 정도로 강압적이며, 심지어는 역차별이라는 비판까지 제시되고 있습니다.

이러한 정치적 올바름에 대한 상반된 시각을 미국의 한 토론에서도 찾아볼 수 있습니다. 각 분야의 저명인사들이 모여 정치적 올바름에 대해 상반된 시각을 보인 이 토론의 내용을 정말 짧게 요약하면 다음 페이지에 나오는 표와 같습니다.

토론의 내용을 전부 다룬 건 아니지만, 정리하면 정치적 올바름을 경계하는 견해는 다양성을 끌어안기 위한 정치적 올바름이 오히려 다양한 의견을 끌어안지 못한다는 점을 지적합니다. 이들의 비유를 한국에 적용해보면 대학에 갓 진학한 20세 남성의 생활을 상상해볼 수 있습니다. 이 남성은 학창시절 수능 공부에 매진하느라(혹은 그럴만한 환경에 놓여 있지 못해서) 정치적인 감각을 깨우지 못한 상태입니다.

이때 이 청년이 정치적 올바름을 추구하는 사람으로부터 '이성애 중심적 규범' '남성 특권'이라는 생소한 용어를 듣게 되거나 차별주의자라는 강한 비난을 받게 된다면, 이 청년은 차별없는 사회를 만들기 위해 당장 뛰어들지는 않을 것입니다.

여기서 잠깐! 정치적 올바름에 대한 찬반

정치적 올바름이 차별을 폐지하는 데 도움이 되지 않는 이유

① "PC는 역효과를 일으키고 있어요." "독실한 척함, 경건한 척함, 독선, 분개, 분노, 독단, 성토, 창피 주기 그 모든 것이 극도로 불쾌합니다."

 - 영국의 인기 코미디언이자 작가 스티븐 프라이(Stephen Fry)가 지적한 정치적 올바름의 교조주의적 태도에 대한 이야기다. 누구든 "자신을 멍청이로 만들고 불편하게 만드는 것에 동참할 리가 없다."라는 주장이다.

② "공허한 주장이다. 인종에 근거해서 모든 사람에게 역사적으로 발생한 불평등에 대한 대가를 치르게 할 셈인가?"

 - 토론토대학교 심리학과 교수이자 임상심리학자인 조던 피터슨(Jordan Peterson)의 주장이다. 교차이론에 대해 부정적인 시각을 가지고 있으며, 교차이론이 민족적 변형에서 오는 다양한 상호 작용을 통제할 수 없다고 주장한다.

정치적 올바름이 차별을 폐지하는 데 도움이 되는 이유

① "정치적 올바름은 자신을 비판적으로 보고, 자기 삶을 성찰하고, 잃어버린 도전의식을 다시 찾는 데 유익하다."

 - 조지타운대학교 사회학과 교수이자 흑인 인권운동가인 마이클 에릭 다이슨(Michael Eric Dyson)의 주장이다.

② "여성이 더 많은 힘을 얻고 유색인종의 목소리를 규범과 교육과정에 반영해야 하는 이유는 본인이 공정함이라는 개념에 관심이 있어서가 아니라, 개인으로서 자아실현을 할 수 없었던 사람이 매우 많기 때문이다. 여성의 권리운동이 바로 그런 것이다."

 - 뉴욕타임스의 칼럼니스트이자 언론인 미셸 골드버그(Michael Goldberg)의 주장이다.

따라서 이 청년의 무지함을 꾸짖는 것보다는 쉽게 공감 가능한 목적을 알려주는 것이 좀 더 효과적임을 예상할 수 있습니다. 누구든지 자신을 멍청이로 취급하는 사람의 말은 듣고 싶지 않을 테니까요. 반대로 정치적 올바름을 지지하는 측은 정치적 올바름이 차별적인 행위를 수면 위로 떠오르게 하는 탐침의 역할을 할 수 있음을, 그리고 자신의 정체성을 내세우지 않으면 사회 속에서 지워지는 소수자들에게 힘이 될 수 있을 것이라는 기대에 근거한 주장을 펼쳤습니다. 토론에 참여한 마이클 에릭 다이슨을 이렇게 말했습니다.

> "경제적 불평등은 사실이다. 모두에게 영향을 미치는 경제적 불평등도 사실이다. 그러니 역경을 이기려고 노력하는 백인들에게 공감한다. 그런데 게임에 참여조차 하지 못하는 사람의 역경은 어떤 것인지 상상해봐라. 우리는 인종을 먼저 나눈 적이 없다. 그저 바비큐를 해먹거나 스타벅스에 들어가려는데 경찰에게 전화하는 백인들이 먼저 인종을 나누려고 하지 않았나?"

그는 이렇듯 정치적 올바름이 자신의 존재를 드러내지 않으면 권리를 보장받기 힘든 사람들의 다양성을 보호하는 역할을 할 수 있다고 주장했습니다. 이러한 정치적 올바름의 딜레마는 굳이 미국의 토론 방송까지 가지 않더라도 주변에서 흔히 찾아볼 수 있습니다. 블리자드 엔터테인먼트의 게임 오버워치는 캐릭터를 디자인하는 과정에서 유색인과 장애인을 비롯한 다양한 소수자 정체성을 포함하려는 적극적인 의지를 보였습니다.

이는 아주 상반되는 평가를 받았는데 당시 게임 커뮤니티와 SNS에서 누군가는 "성적 대상화가 가득한 게임이 부정적인 시선을 벗어나 사회의 진보를 이룩할 수 있는 수단이 되었다!"라며 치켜세우거나, "느린 개발과 중심 스토리가 전개되지 않는 게임 내부의 여러 문제가 산재한 상태에서 제작자들이 PC 놀음에 빠져 게임의 본질을 흐리고 있다."라는 비판이 제기되기도 했습니다.

그리고 누군가는 이런 발언을 캡처해 전시하거나 리트윗하여 SNS상에서 비난의 대상으로 만드는 일도 잦았습니다. 본질적인 문제는 "게임이 주는 '즐거움'이라는 가치가 윤리를 따지는 정치적 올바름과 공존할 수 있는가?"라는 담론에 있지만 자극적으로 표출되는 SNS상의 공간에서 정치적 올바름은 분명 사회를 공정하게 비추는 탐침의 역할과 교조주의에 빠진 일종의 마녀사냥식의 전시를 동시에 수행하고 있었습니다.

영국의 문화이론가 스튜어트 홀(Stuart Hall)은 정치적 올바름이 가진 보편적인 특징 중의 하나로 "자신이 진리의 목격자이자 수호자라는 확신"에 빠지기 쉬운 점을 지적합니다. 정치적 올바름이 교조주의로 빠지기 쉬운 이유도 이러한 진리를 수호한다는 강력한 믿음 아래 스스로의 도덕적 우월성과 정당성을 무기로 폭력을 행사하기 쉽기 때문입니다. 문형준은 정치적 올바름에 대해 다루는 자신의 논문에서 〈햄릿〉을 가르치는 한 미국 교수의 일화를 소개합니다.[16]

윌리엄 셰익스피어(William Shakespeare)는 영미권 글쓰기와 문학에 지대한 영향을 끼친 작가로 그의 작품인 〈햄릿〉이 강의의 소재가 되는 것

16　문형준, '정치적 올바름과 살균된 문화', 비교문학 제73집, 2017년, 109p

은 크게 문제가 없어 보입니다. 이때 한 학생이 "나는 페미니스트이고, 햄릿은 여성 혐오적인 텍스트가 많기 때문에 배우고 싶지 않습니다. 수업을 듣지 않겠습니다."라고 주장합니다.

실제로 〈햄릿〉에서는 햄릿이 분노에 사로잡혀 연인인 오필리아와 어머니 거트루드를 향해 쏟아내는 수많은 대사가 나옵니다. 그런데 이런 대사는 현대의 기준에서 볼 땐 충분히 여성 혐오적이라 할 수 있습니다. 이것이 그 학생에게는 트라우마를 일으키는 기제였을지도 모릅니다. 그리고 수강을 거부하는 것이 학생의 입장에선 정당한 권리의 행사입니다. 그럼에도 불구하고 문형준은 이런 정치적 올바름이 가진 단점에 대해 "자신의 생각과 신념, 그리고 권리를 침해하거나 공격할 수 있는 모든 것을 함께 거부함으로써 궁극적으로 오직 자기 자신만 남게 되는 편협함이 있다."라고 강력하게 비판합니다. 정치적 올바름에 대해 비판적인 목소리를 강하게 내는 슬라보예 지젝(Slavoj Zizek) 역시 다음과 같이 말합니다.

"나를 힘들고 불편하게 만드는 것이라면 아무리 위대한 작품이라 할지라도 배울 필요가 없다는 인식을 가진 주체는 뭔가를 제대로 배우거나 혼자 힘으로 강하게 설 수 있을 것처럼 보이지 않는다. 정치적 올바름의 자기애적 성격이 결국 유아화로 나아갈 수밖에 없다는 주장은 이런 점에서 설득력을 지닌다."

그는 이렇듯 정치적 올바름이 적극적인 공론의 장에서 담화를 여는 것이 아니라 오히려 자기 고립에 빠질 가능성이 있다는 점을 지적합니다. 그렇다면 정치적 올바름을 지지하는 것은 스스로를 자가당착(自家撞着)에 빠트리는 것이고 현실에 전혀 도움이 되지 않을까요? 아니면 정치적 올바름은 사회의 여러 텍스트(예를 들어 아까 언급했던 수많은 게임이나 문화콘텐츠)와는 공존할 수 없는 것일까요?

정치적 올바름이 자기 고립과 교조주의로 빠지기 쉬운 맹점이 있다고 해서 그것이 정치적 올바름이 가진 가치를 전부 부정한다고 생각하지는 않습니다. 나아가던 배가 잠시 경로를 이탈했다고 해서 그 배를 버리는 것은 어리석은 일이겠죠. 무엇보다 정치적 올바름은 그 개념이 등장한 시점부터 논쟁거리를 품고 태어났지만 계속해서 변화하고 발전해온 개념입니다.

이 때문에 정치적 올바름을 논할 때 정치적 올바름이냐 아니냐의 문제나 찬성파와 반대파의 진영 싸움이 아니라 "정치적 올바름이 어떤 방식으로 사회에 기여하는가?" "정치적 올바름의 추구가 어떻게 달성될 수 있는가?"라는 질문에 답하는 과정이 필요합니다. 그런데 이러한 물음에 대해 적극적인 태도로 임하고 있음에도 불구하고 동시에 엇갈리는 평가를 받고 있는 한 콘텐츠 기업이 있습니다.

정치적 올바름과 예술성의 공존 가능성
- 디즈니(Disney)의 사례

· · · ·

디즈니는 그 어떤 기업보다도 정치적 올바름이란 가치를 필름으로 옮기는 데 주력하고 있는 콘텐츠 기업입니다. 최근 몇 년간 디즈니는 마블 스튜디오(Marvel Studios)와 루카스필름(Lucasfilm)을 인수하면서 몸집을 불리는 한편, 콘텐츠 내적인 차원에서는 다양성과 소수자들에 대한 감수성을 담아내며 '정치적 올바름'을 일관되게 외쳐왔습니다. 특히 마블 시네마틱 유니버스(이하 MCU)의 명실상부한 대표작 〈어벤져스: 엔드게임〉의 마지막 장면에서는 흑인 캐릭터인 팔콘이 미국을 상징하는 지위인 캡틴 아메리카를 이어받으면서 디즈니의 향후 행보를 짐작하게 합니다.

동시에 디즈니는 최근에 흔히 "과도한 정치적 올바름을 추구하다가 작품의 완성도가 떨어졌다."라는 꼬리표가 따라붙고 있습니다. 이러한 수식어가 붙여졌던 작품으로는 MCU의 〈캡틴 마블〉, 흑인 배우가 에리얼 역으로 캐스팅되었던 〈인어공주〉 등이 있는데, 온라인상에서 거센 비판을 받으며 치열한 갑론을박이 벌어지기도 했습니다.

특히 인어공주의 경우 트위터 등 SNS에서 "나의 인어공주가 아니야(#NotmyAriel)."라는 해시태그 운동이 벌어지자 디즈니의 공식 트위터 계정이 "가엾고 불행한 영혼들에게 보내는 편지(An open letter to the Poor, Unfortunate Souls)"라는 제목으로 견해를 밝히면서 더욱 논란이 커졌습니다. 이는 정치적 올바름이 교조주의에 빠져 반대하는 팬들을 도덕적으로, 지적으로 떨어지는 인종차별주의자로 규정했기 때문이죠.

이러한 양측의 갑론을박은 디즈니의 역사를 생각하면 참으로 아이러니한 일이 아닐 수 없습니다. 왜냐하면 오늘날의 디즈니는 '정치적 올바름'을 무기로 반전에 성공했기 때문입니다. 디즈니는 1990년대 후반부터 2000년대 초반에 3D 애니메이션을 강력한 무기로 내세운 경쟁자들, 예를 들어 픽사(Pixar)와 드림웍스(DreamWorks)의 등장으로 쇠퇴의 길을 걷고 있었습니다.

특히 디즈니의 히트 상품인 기존 공주들의 서사[17]는 이제 새로운 관객들에게 먹혀들지 않았습니다. 이 때문에 디즈니는 정치적 올바름이라는 코드를 서사와 이미지에 적극적으로 삽입해 기존의 보수적인 세계관을 쇄신하려는 시도를 선보였고, 이는 뉴웨이브 프린세스(New-wave Princess)라는 디즈니의 새로운 세계관으로 재탄생했습니다.

그 시작은 아메리카 여성 원주민을 주인공으로 세운 〈포카혼타스〉였고, 이어서 주도적인 아시아 여성 캐릭터를 내세운 〈뮬란〉, 단순히 왕자의 도움을 받는 것이 아니라 주도적인 파트너로서 자신의 운명을 개척해나가는 〈라푼젤〉 등의 캐릭터를 거쳐 거듭된 혁신이 결실을 본 것은 바로 〈겨울왕국〉입니다. 디즈니 세계관에서 여성은 이제 왕자의 조력 없이도 스스로 성을 세우고 여왕이 될 수 있죠.

3년 뒤에는 〈모아나〉가 미국여성평론가협회가 매해 선정하는 '여성영화 어워드'에서 2016년 최고의 애니메이션 부문을 수상하는 업적을 세웠습니다. 기존 할리우드 영화에서 타문화권을 그저 이색적인 볼거리로 내세우던 것과 달리, 모아나에선 오세아니아 역사와 문화에 대한 제작진의 애정과 존경이 듬뿍 담겨 있었기 때문입니다.

모아나는 제작 과정에서부터 오세아니아 문화권의 역사를 존경 어린 시선에서 풀어내기 위해 많은 노력을 기울였습니다. 예를 들어 사모아를 비롯한 태평양의 여러 섬을 돌며 인류학자, 언어학자, 무용가 등 수많은 분야의 전문가에게 조언을 구한 것은 물론이고 성우를 캐스팅하는 과정에서 실제 원주민 혈통의 두 배우에게 연기를 맡기는 등 이들의 문

---

17 '오리지널 프린세스'라고 불리는 신데렐라, 백설공주, 오로라, 에리얼, 벨, 재스민을 중심으로, 비극적인 운명을 지닌 공주가 고귀한 혈통과 착한 천성을 지닌 왕자와의 운명적인 사랑을 통해 운명을 극복하고 행복하게 산다는 고전적인 서사

화를 스크린으로 고스란히 옮겨놓기 위해 고심했습니다. 감독인 존 머스커(John Musker)는 스스로 "전 세계 어린이 관객들에게 디즈니 공주도 피부색이 다양할 수 있다는 교훈을 남겼다."라며 디즈니의 모아나를 평가했습니다.

이런 정치적 올바름을 내세우며 쇄신을 거듭하는 디즈니의 모습은 당연히 디즈니가 인수한 MCU와 루카스필름으로까지 이어집니다. 흑인 히어로를 내세운 〈블랙 팬서〉와 여성 히어로를 내세운 〈캡틴 마블〉, 여성 제다이가 주인공으로 등장한 새로운 〈스타워즈〉 3부작 등이 디즈니가 세운 정치적 올바름이라는 토양 위에서 뻗어 나온 작품들입니다.

특히 〈블랙 팬서〉는 히어로 무비 중에서 이례적으로 아카데미 시상식 작품상 후보에까지 오르면서 "오스카는 하얗다."라는 할리우드의 공식을 깨트리며 높은 평가를 받기도 했습니다. 디즈니가 이러한 정치적 올바름을 통해 관객에게 어필한 시도는 관객들의 시대적 감성을 반영한 것이면서 동시에 정치적 올바름이 시장의 트렌드임을 포착했기 때문에 가능한 일이었습니다. 여러 비평가가 디즈니 영화를 호평하는 이유 또한 정치적 올바름이란 도덕성과 오락성이라는 콘텐츠 본연의 가치가 공존할 수 있음을 보여줬기 때문이죠.

하지만 디즈니의 이러한 행보 때문에 디즈니란 기업이 도덕적으로 완전무결한 건 아닙니다. 디즈니의 여러 작품을 총체적으로 고찰해보면, 정치적 올바름을 "상업적으로 잘 활용하고 있다."에 가깝습니다. 예를 들어 〈어벤져스: 엔드게임〉은 여성 히어로들이 함께 도전적인 포즈를 취하는 장면이 잠시 나왔지만, 그들이 영화의 주요한 흐름을 취했다고 보기는 어렵습니다. 오히려 일종의 생색내기에 가깝죠. 여전히 영화의 주요한 흐름은 다른 남성 히어로들(예를 들어 아이언맨)에게 집중되어 있으니까요.

앞서 높게 평가했던 것처럼 정치적 올바름이 비교적 잘 녹아있다고 평가받는 〈겨울왕국〉과 〈모아나〉에서도 여전히 정치적 올바름과 조금 거리가 있는 모습을 볼 수 있습니다. 예를 들어 〈모아나〉에서 주인공 모아나가 보여주는 도전 정신과 개척 정신은 사실 오세아니아 원주민의 것과는 거리가 먼 것입니다. 오히려 식민지 개척을 정당화하는 서구 유럽 특유의 제국주의적 태도와 크게 다르지 않죠.

특히 〈모아나〉는 디즈니랜드에서 조력자 '마우이'를 모티브로 한 의상을 판매했을 때 큰 논란에 휩싸였는데, 마우이의 문양이 새겨진 피부를 문양이 새겨진 갈색 의상으로 표현해버린 것입니다. 이에 대해 뉴질랜드 원주민 단체는 "우리의 피부는 코스튬이 아니다." "타민족의 역사와 신앙을 제물 삼아 이익을 얻으려는 문화 도용 행위다."라며 디즈니의 행보에 강한 비판을 가했습니다.

이처럼 상업 영화를 정치적 올바름을 고려해서 제작했다고 해도 그것이 온전히 정치적으로 올바른 영화라고 할 수 없습니다. 그리고 그 영화가 기업 전체의 지향점이라고 말할 수도 없습니다. 그러나 디즈니의 시도는 때론 정치적 올바름 때문에 작품의 완성도가 떨어졌다는 비판이 있더라도 높게 평가되어야 합니다.

왜냐하면 그들은 적어도 윤리와 예술을 서로 양립할 수 없는 양자택일의 존재로 간주한 것이 아니기 때문입니다. 오히려 그들은 서로 공존할 수 있는 대상으로 보았고, 그 방향성을 제시하고 있습니다.

정치적 올바름을 추구하는 작품에 대한 비판은
역차별 담론과 닮아 있다

. . . .

정치적 올바름을 추구하는 작품에 대한 비판은 페미니즘에서 여성인 권 신장을 이야기할 때 겪는 역차별 담론과 비슷한 구석이 있습니다. 트 럼프의 경쟁자였던 힐러리 클린턴이 다원주의, 친(親)페미니즘 노선을 펼쳤지만 결국 자극적인 발언을 일삼던 트럼프가 당선된 일은 정치적 올바름과 페미니즘에 대한 거부 정서가 미국 내에서 보편화되었다는 것을 증명했습니다. 특히 정치적 올바름으로 인해 불만을 표출할 수 없 었던 백인 저소득층이나 저학력 남성, 노동자 계층의 지지가 격렬했습 니다.

이는 남성이나 특정 인종 간 생득적 권리 차이를 주장하는 '페미니즘' 과 '정치적 올바름'을 지지하기엔 그들이 인종, 성별 내 경쟁에서 탈락하 면서 느끼는 상대적 박탈감이 더 컸기 때문입니다. 거기다 의제 설정이 라는 담론적 권위와 표현의 자유를 빼앗긴다는 허상까지 합쳐져 자신들 이 서있는 시대의 토대와 역사가 만들어온 태생적 권리와 이점을 볼 수 있는 심적 여유까지 앗아갔습니다.

오히려 교육을 잘 받은 중산층이 페미니즘이나 정치적 올바름에 대한 반감이 덜하다는 것은 참으로 슬프고 아이러니한 현실이기도 합니다. 이 때문에 이들은 페미니즘과 정치적 올바름이 존재하지도 않는 가상의 특권을 만들어 집단을 공격하고 이기적으로 자신들이 속한 집단의 정치 적인 이익을 챙긴다고 생각합니다. 이는 앞서 소개한 조던 피터슨의 주 장과 맞닿아 있습니다.

한국도 마찬가지입니다. 한국 내에서도 같은 남성 간 소득과 계급의 격차가 벌어지면서 박탈감을 느끼는 사람들이 있습니다. 이런 사람들은 의제 설정에서 자신들이 배제되고 있으며 표현의 자유도 빼앗겼다고 느낍니다. 그리고 오히려 페미니즘과 정치적 올바름에 대해 반감을 가집니다. 그러나 정확하게는 '빼앗긴' 것이 아니라 역사 속에서 원래 기울어져 있던 추가 맞춰져가는 과정임을 잊지 말아야 합니다.

남성들은 권리를 빼앗기고 있다고 느낄지도 모릅니다. 하지만 여성이나 유색인종이 자신들의 목소리를 제도나 교육과정에 반영해줄 것을 적극적으로 주장하는 것은 이들이 정의나 공정함이라는 가치에 대해 타인보다 더욱 관심이 있기 때문은 아닙니다. 그게 아니라 이들의 목소리를 대신 내줄 사람이 없기 때문이죠.

정치적 올바름이나 페미니즘은 물론 교조주의나 단절로 빠질 위험이 있습니다. 그러나 기울어진 추를 가늠하는 과정, 즉 차별이나 혐오와 같은 문제를 사유할 기회로 이어진다면 사회의 더 많은 문제를 해결할 탐침으로 활용될 수 있을 것입니다.

페미니즘에서
남성의 자리는?

　마지막으로 저는 페미니즘을 다룰 때 남성의 위치가 어딘지 살펴보고 자 합니다. '페미니즘을 지지하는 남성'이라는 타이틀은 아무래도 그 위 치가 애매한 경우가 많습니다. 여성 스스로 "저는 페미니스트입니다."라 고 밝히는 것이 위험한 일인 것처럼 남성 역시 같은 남성에게 "나 페미 니즘을 공부하고 지지하고 있어."라고 말하기는 어렵습니다.

　반대로 페미니즘을 지지하는 여성에게도 남성이 자신을 페미니스트 라고 소개한다면 자칫하면 시혜적인 태도 혹은 맨스플레인(Mansplain)[18] 으로 비춰질 수도 있습니다. 그래서 조심해야 하고, 여성의 문제에 직접

18　어떤 사건이나 개념에 대해 아는 체하며 설명하는 남자. 자신이 처한 문제도 아닌데 이야기한다면 얼마나 얄미워 보일까?

적으로 관계가 없는 타자로서 "남성이 담론을 주도할 수 있는 권리가 있는가?"라는 의문에 스스로 답해야 합니다.

하지만 이 의문에 답하기 전에 제가 페미니즘에 관심을 가지게 된 계기를 말하고자 합니다. 제가 페미니즘에 관심을 가지게 된 계기는 여성 문제에 관심을 가졌기 때문은 아니었습니다. '남성성'이란 젠더에 의한 제약, 예를 들어 어릴 때부터 지겹게 들어온 "남자는 쉽게 울면 안 된다." "남자가 웃음이 헤프면 우습게 여겨진다."라는 자신을 구속했던 젠더인 '남성성'에 대한 자아성찰적인 탐구로부터 시작되었습니다.

어린 제가 생각하기엔 큰 이유 없이 나의 행동 하나하나에 제한을 던지는 어른들에게 소소한 반항을 하고 싶었습니다. 그래서 어린 마음으로 도서관에 있는 젠더 관련 책들을 제대로 이해도 하지 못하면서 읽었던 것 같습니다. 그렇게 책을 읽던 중 젠더를 깊게 파고든 페미니즘에 대해 알게 되었습니다.

학습을 이어나가며 자신들에게 주어진 사회적 허물과 편견을 벗겨내려는 여성들의 모습을 알게 되었고, 그들이 처한 상황을 이해할 수 있었습니다. 그리고 저 또한 '여성성'이란 허물뿐만 아니라 사회 전반적으로 퍼져 있는 부조리한 '남성성'을 타파하는 데 서로 긍정적인 영향을 주고받을 수 있을 것이라 생각했습니다.

대학교 1학년 때는 페미니즘 관련 교양 강의를 수강했는데, 강의실 절반이 남자 학우들로 채워졌습니다. 저는 그 모습을 보며 "사회가 분명 좋은 방향으로 가고 있다."라는 믿음을 가졌던 것 같습니다. 아직 한국 사회 전반을 채우고 있는 부조리한 남성성의 문화를 여성들의 문제와 같이 해결하며 서로를 속박하는 젠더의 틀을 벗어날 수 있을 것이라는 막연한 희망에 가득 차 있었죠. 여성들이 여성성의 문제에 대해 진지하게 마주하는 것처럼, 남성들 또한 남성성이란 젠더를 마주하며 젠더에 관한 공론의 장에 파트너로서 페미니즘에 기여할 수 있다고 믿게 되었습니다. 거대한 백래시의 물결이 들이닥칠 것을 전혀 예상치 못한 채 말입니다.

페미니즘을 세상에 알린 미투(Me Too)와 위기감을 느낀 남성

· · · ·

2017년 할리우드를 중심으로 시작된 미투운동(Me Too Movement)은 페미니즘이나 젠더를 논할 때 빠지지 않는 커다란 역사적 사건이자 이정표입니다. 미투운동이 시작된 영화제작업계와 방송계는 감독부터 이사, 투자자까지 남성을 중심으로 구성된 일종의 남초(男超) 사회였고, 이 업계 특유의 기울어진 젠더 운동장과 더불어 폐쇄적인 업계 특성상 성희롱이나 성폭행은 외부에 알려진 일이 거의 없었습니다.

그런데 영화제작자인 하비 와인스타인(Harvey Weinstein)의 성추문이 폭로되며 이를 비난하기 위해 SNS상에서 미투운동이 시작되었습니다. 사람들은 '#METOO' 태그를 달며 이에 동조했습니다. 그리고 이어 문학계, 방송계 등 여러 업계 및 직장에서 당한 성폭행과 성희롱을 SNS를 통해 고발하는 사회적 움직임으로 번져나갔습니다. 또한 이 운동은 국가의 경계를 넘어 많은 여성이 자신의 경험을 공유하고 목소리를 모아 연대하면서 그동안 외면받았던 성희롱, 성폭행 문제를 사회적 공론의 장으로 이끌어내는 데 성공했습니다.

이후 미투운동은 여성들이 단결해 사회적인 담론을 주도한 페미니즘 역사의 기념비적인 지표가 되었습니다. 미투운동은 여기서 더 나아가 여성들이 자신들이 처한 사회의 부조리에 대해 다시 관심을 가지고 목소리를 적극적으로 내게 하는 데까지 성공합니다. 미국의 2003년 백래시 이후 잠잠했던 페미니즘 담론에 다시 활기를 불어넣은 것이죠.

이런 역사적인 순간에 남성은 과연 어디에 있었을까요? 미투운동 외에도 페미니즘의 역사에는 중요한 분기점이 많았습니다. 그런 분기점에서 페미니즘 운동이 파도를 몰고 오는 동안 남성은 과연 어디에 있었는지 궁금했습니다. 답은 상식적이면서도 복잡합니다. 일부 남성은 주도적으로 페미니즘 운동에 참여하곤 했습니다. 불공정한 사회 그 자체에 관심을 가진 경우가 대다수였지만 페미니즘과 함께 연대해 활동하는 남성 운동가들이 있었습니다. 페미니즘의 제1물결이 있었을 때 이에 참여한 프레더릭 더글라스(Frederick Douglass)와 헨리 워드 비처(Henry Ward Beecher) 같은 노예해방론자 남성은 노예제 폐지와 더불어 여성의 참정권 운동에도 관여하곤 했습니다.[19]

반면에 페미니즘이 남성을 형편없는 존재로 고발하는 학문이라고 오해하는 남성들도 존재했습니다. 페미니즘이 불러오는 격변이 남성에 대한 논의와 충분히 양립할 수 있고, '남성성'이 남성에게 부여한 사회적 특권만큼이나 무거운 젠더 규범이라는 생각을 하지 못한 것이죠.

남성들은 자신들이 겪어온 '남성성'이란 불합리한 사회의 흐름에 맞서기보단 여성을 공동의 적으로 규정하기에 바빴습니다. 미국에선 페미니즘과 젠더론에 대해 과격한 발언을 이어갔던 트럼프가 페미니즘과 소수

---

19 로빈 라일, 『젠더란 무엇인가』, 한울아카데미, 2015년, 64p

자를 포용하는 움직임을 보였던 힐러리 클린턴을 제치고 대통령으로 당선되었습니다. 이 상징적인 사건을 기점으로 백래시가 시작되었습니다.

그리고 이 백래시의 배경에는 '위기감을 느끼는 남성들'이 존재했습니다. 여성들의 목소리가 높아지고, 응집된 만큼 온라인 커뮤니티상에서 보이는 마찰의 빈도와 강도 또한 점차 높아졌습니다. 온라인 커뮤니티를 중심으로 '반(反)페미니즘' 정서를 공유하는 남성들이 응집했고 페미니즘을 자신들의 담론적 지위를 위협하는 적으로 규정했습니다. 여성들이 여성 혐오적인 표현을 지적했던 것처럼 남성들도 페미니즘의 남성 혐오적인 발언에 대해 서로 지적하는 등 온라인상에서 지저분한 싸움으로 번져갔고, 실체를 알 수 없는 혐오 집단의 근원으로 페미니즘을 지목하는 일이 빈번해졌습니다.

그러나 사회적인 담론을 형성하는 주요 기관인 신문사, 방송사를 비롯한 매체들은 남성 중심적인 조직입니다. 이를 생각해보면 남성들이 외치는 "담론적인 지위를 강탈당할까 봐 두려움을 느낀다."라는 전제는 모순이라는 걸 알 수 있습니다. 사실 기업과 대학, 병원, 정부 등 주요 기관에서도 남성들이 더 많은 요직을 차지하고 있습니다. 즉 남성은 아직까지 여성에게 담론적 지위를 강탈당한 적도, 그만한 위협을 느낄 만한 반격을 당한 적도 없습니다. 왜냐하면 사회의 헤게모니를 꽉 쥐고 있는 쪽은 아직까지 남성이기 때문입니다.

'담론적 지위를 강탈당할까 봐 두려움을 느끼는 남성'과 '사회적 헤게모니를 장악하고 있는 남성' 사이엔 무언가 논리적인 연결 고리가 보이지 않고, 어째서 많은 남성이 그토록 페미니즘에 대해 무조건 반사적인 적대감을 보이는지 알 수 없는 부분이 많습니다. 하지만 이는 페미니즘이 그랬듯이 '남성성'이라는 젠더를 좀 더 자세히 들여다보면 알 수 있습니다.

'남성성'이란 족쇄의 배신, 무너진 세대 계약

....

왜 남성들은 여성에게 담론적 지위를 강탈당한다고 착각하는 걸까요? 남성의 범위를 20대 남성으로 좁힌다면 좀 더 수월하게 이해할 수 있을 것 같습니다. 2019년에 실시한 통계 조사[20]에 따르면 페미니즘에 대해 무조건적이고 논리와 일관성 없는 적대감을 표출하는 집단은 주로 20대 남성이었습니다.

30대 이상의 남성이 여성차별 문제를 비교적 가볍게 여긴다는 점은 20대 남성과 큰 차이가 없었습니다. 그러나 "남성차별 문제가 심각한가?"라는 질문에 30대 이상의 남성은 "심각하지 않다."라는 응답이 60.3%로 미적지근하지만 유독 20대만 "심각하다."라는 응답이 68.7%로 다른 세대의 남성보다 높았습니다.

사회학에서 불공정하기로 악명이 높은 '승진과 승급'의 기회에 대해서도 30대 이상의 남성 64.3%가 "여성이 불리하다."라고 답해 대체로 동의했지만, 20대 남성은 "여성이 불리하다."라는 답변이 31.6%로 크게 하락하고 오히려 "남성에게 불리하다."라는 극단적인 주장도 16.8%로 꽤 높은 편이었습니다. 이를 통해 20대 남성들은 사회가 동년배 여성들에게 더 유리하게 조성되어 있다고 착각하고 있다는 걸 알 수 있습니다. 특히

---

20 천관율 외, 『20대 남자: '남성 마이너리티' 자의식의 탄생)』, 시사IN북, 2019년, 10p

나의 빈틈을 채워주는 교양 콘서트
156

결혼과 데이트, 법 집행 등에서도 남성이 불리하다고 응답하거나 정부의 양성 평등 정책이 잘못되었다고 응답하는 남성도 54.2%로 많았습니다.

따라서 책의 통계를 요약하자면 20대 남성 중 약 25.9%의 남성이 일관적으로 페미니즘에 대해 강한 반대를 표하고 있었고,[21] 약한 동조자까지 포함시키면 58.6%로 남성 2명 중 1명은 반페미니즘과 관련된 이야기를 수월하게 주고받을 수 있음을 의미합니다. 그리고 사회적으로 중요한 지표는 이들이 스스로 약자라고 생각하는 '남성 마이너리티 정체성'을 품고 있다는 것입니다.

이들의 주장은 "극단적 페미니스트가 등장해서 20대 남성들이 반페미니스트가 되었다."라는 것인데 통계상으로는 오히려 극단적인 반페미니스트는 존재할지 몰라도 극단적인 페미니스트 집단은 확인되지 않았습니다. 이들이 이야기하는 '극단적인 페미니스트'는 온라인 공간이 만들어내는 착시인 셈이죠. 이들을 반페미니스트로 만드는 것은 적어도 이들에게 불쾌감을 일으키는 '극단적 페미니스트' 때문이 아님은 확실합니다.

그런데 25.9%의 극단적인 반페미니스트 남성들이 공유하는 특징이 하나 있습니다. 이들은 남성성의 헤게모니를 지속해서 '자신들에게 더 돌아올 몫'을 주장하는 게 아니라 여성들에게 유리하게 기울어진 운동장을 '공정하고 평평하게' 만들어 달라고 주장하는 것이죠. 적어도 '공정성'이라는 가치를 따르고 있는 셈입니다. 하지만 그 공정성은 얄팍하기 그지없는데, 여성들이 처한 남성사회 헤게모니가 불러일으킨 맥락을 고려하기보단 절대적이고 편파적인 공정에 목매여 있음이 통계상으로도

---

21 천관율 외, 『20대 남자: '남성 마이너리티' 자의식의 탄생』, 시사IN북, 2019년, 63p

드러납니다.

　사회학에서 여성의 승진 기회는 '유리 천장'이라는 단어가 있을 만큼 여성에게 가혹하고 불공정하게 이루어져 있기로 유명합니다. 아직까지 기업과 기관 내 주요 요직을 남성들이 차지하고 있고 이들의 평가에 남성성이란 헤게모니가 뿌리 깊게 박혀있기 때문입니다. 그런 헤게모니를 개선하기 위해 정부가 실시하는 '여성의 고위직 비율 확대 정책'에 79.2%가 반대를 했지만 반대로 육아로 인한 경력단절 문제에는 관대한 시선을 보였습니다. '육아로 인한 경력단절 여성의 지원 정책'에는 "육아는 여성의 생물학적인 짐, 즉 개인의 책임이 아니기에 지원에 동의한다."라는 대답이 83.5%로 높았습니다.

　또 다른 유의미한 통계는 이런 반페미니즘 마이너리티 남성 집단은 여성뿐만 아니라 기성세대에게도 "착취당하고 있다."라고 느끼고 있음을 암시하는 문항입니다. 자신이 부모세대에 비해 더 적은 기회를 얻고 있다고 믿고 세대 계약을 불신할수록 반페미니즘 정체성이 높은 것으로 드러났습니다.

> "기성세대 남성들은 기회와 이득을 다 취하고, 이제 와서 여성들에게 더 많은 이득을 돌려주려 하고 있다. 기성세대에게 헤게모니를 물려받을 기대가 없으니 여성에게 더 많은 기회가 주어지는 불공정한 사회는 참을 수 없다."

　이것이 20대 마이너리티 정체성을 지닌 남성들이 페미니즘에 대해 분노를 일으키는 주요한 원인이라고 진단할 수 있습니다. 이를 통해 왜 많은 남성이 여성에게 "담론적 지위를 빼앗겼다."라고 주장하고 역차별을 당했다고 믿는지 유의미한 통찰을 얻을 수 있다고 생각합니다.

남성성은 사회를 지배하는 헤게모니이자 기성 남성과 다음세대 남성을 연결 짓는 상호 호혜적인 관계이며 동시에 남성을 옭아매는 족쇄이기도 합니다. 남성은 조직 내의 강압적인 조직 문화와 부조리, 예를 들어 군복무 등에서 손해를 인내했던 이유가 있었습니다. 이후 남성성이란 헤게모니를 물려받으며 더 높은 승진의 기회, 높은 임금의 형태로 보상을 받게 되어 있기 때문이죠. 그리고 이러한 헤게모니는 새로운 남성 기성세대가 다음세대를 다시 착취하고 보상을 약속하는 형태로 순환됩니다.

남성의 헤게모니는 남성이 공적 영역으로 대표되는 가정의 생계를 책임진다는 사회적 역할로 상징되기도 했습니다. 그런데 이 상징은 고용이 유동적인 사회, 즉 전 세계적으로 고용 불안정과 대량 해고가 발생하자 해체됩니다. 예를 들어 한국은 IMF 외환위기 이후 이런 상황을 맞이합니다.

기성세대의 헤게모니는 '고개 숙인 남성'이라는 말 그대로 금이 갔고 얼마나 많은 수익을 효과적으로 낼 수 있냐는 자본주의식 인재상으로 대체되었습니다. 세대 간 외상 거래가 불안정해진 사회에서 20대 남성들은 손익 계산에 예민해졌고, 공정함이란 가치에 칼같이 반응하게 되었습니다.

물론 여전히 남성성의 헤게모니가 작용하는 사회지만 그 헤게모니를 물려받을 것이라 기대하지 않고 순간순간 이득에 목을 매게 되는 것입니다. 예를 들어 자신이 군대라는 남성성의 문화와 조직에 의해 손해를 받는 동안, 여성은 공부와 스펙을 쌓고 미투운동을 통해 담론적 지위 향상도 얻었으니 그에 대해 열등감을 갖게 되는 것입니다. 이것이 통계상 확인되는 25.9%의 남성이라고 할 수 있습니다.

그럼에도 페미니즘의 연대자로서의 남성을 꿈꾼다
．．．．

이대남('20대 남성'의 줄임말)이라고 세대 구분적인 명칭이 붙을 정도로 유별난 (저를 비롯한) 남성들이 처한 사회는 참으로 오묘합니다. 집단으로서 헤게모니는 쥐고 있지만 개인으로서 권력을 느끼지 못합니다. 그렇다고 눈에 보이지 않는 불평등이 존재하지 않는 것은 아닙니다. 이에 대한 차이는 "눈에 보이지 않는 불평등에 관심을 가질 환경에 있는가, 아닌가?"일지도 모릅니다.

얼마 전 스치듯이 읽었던 한 기사의 내용은 이렇습니다. 미국에서 중산층 백인 남성일수록 오히려 인종적 다양성과 페미니즘에 대한 반감이 낮고, 저소득층 백인 남성일수록 여성차별과 인종차별 문제에 둔감하다는 것입니다. 즉 중산층 백인은 대학이나 교양 학습을 통해 피부로 느껴지지 않는 자신의 미세한 생득적 권리를 학습할 기회가 있었던 것에 비해, 저소득층은 그럴 기회가 없었고 사회 자체에 불만이 있는 상황에서 자신이 "생득적 권리를 타고났다."라는 주장을 듣게 된다는 것입니다.

반페미니즘 정체성이 강했던 한국 이대남들은 통계적으로 여성에게 많은 영역에서 열등감을 느끼고 있었던 사람들입니다. 그래서 이들을 어떻게 포용할 것인지는 곧바로 답을 내리기 어려운 문제입니다(적어도 정치적 올바름의 교조주의가 긍정적인 효과를 거두지 못했던 것처럼, 이들을 혐오주의자로 내모는 것이 옳은 선택이 아니라는 것만은 확실합니다).

또한 통계에서 확인했던 것처럼 반페미니즘 정서를 지닌 남성들이 존재하지만, 그렇다고 이들이 남성성을 지독하게 원하는 것 또한 아닙니다. 오히려 그들은 가부장제 질서와 '남성성'에 의한 피해자입니다. 남성 중 많은 사람이 자신의 과체중이나 체중 미달로 인해 고민한 적이 있을 것입니다. 여성에게 요구되는 여성적인 몸매가 있는 것처럼 남성에게 기대되는 몸과 사회적 역할은 분명 존재합니다. 남성이 몸에 대해 가지는 고민은 여성이 몸에 대해 가지는 고민과 어느 정도의 차이가 있겠지만 유사한 지점도 있습니다.

남성성과 관련된 놀라운 사실 중 하나는 남성이 남성성에 내재된 과격성으로 인해 많은 피해를 보고 있다는 것입니다. 남성적 스포츠로 이름난 미식축구는 매년 약 30만 건의 영구 뇌 손상과 60만 건의 다른 심각한 부상을 야기합니다.[22]

로빈 라일은 이에 대해 남성성이 육체의 희생이라는 가치와 모험적 행동을 부추기는 과격함에서 나온다고 이야기합니다. 더해서 다른 모험적 행동, 예를 들어 과음, 음주 운전, 마약 거래, 무기 사용, 조직 폭력 가담 같은 과격 범죄로 체포된 사람들 중 90%가 남성임을 지적하며 남성성으로 인해 남성이 물리적 피해를 입을 가능성이 여성에 비해 높음을 증명합니다.

이런 공격성은 자신에게만 해당하는 것이 아니라 남성성이 타인에 대한 폭력성을 증대시킬 수 있다는 점에서 위험합니다. 국가에 의해 획일적으로 분류된 2년간의 군대 생활은 남성성으로 인해 사람이 타인에게

---

22 로빈 라일, 『젠더란 무엇인가』, 한울아카데미, 2015년, 180p

얼마나 가혹해질 수 있는지를 보여주는 대표적인 사례입니다. 그간 군대에서 발생했던 사건들을 생각해보면 남성성이 약속하는 권리와 성취만큼이나 그 속에서 그 남성성을 따라가지 못해 공격의 대상이 되는 남성들도 다수 존재했습니다. 그리고 남성성이 부추긴 과격한 행동으로 인해 물리적인 상해를 입은 남성들도 다수 존재했죠.

　저는 20대 남성들이 남성성에서 오는 다양한 경험의 영역을 공론의 장 속에서 정리하고 하나의 방향으로 응집하는 경험을 이뤄내야 한다고 생각합니다. 그리고 그들이 페미니즘의 연대자로서 존재할 수 있다고 믿습니다. 여성들은 자신의 성별과 젠더로 인해 받는 차별 때문에 자신의 젠더와 마주할 계기가 많습니다. 그러나 남성들이 자신의 젠더와 마주할 계기는 아직 비교적 적은 게 사실입니다. 어쩌면 그 자체가 남성이 생득적으로 타고난 권리일 수도 있죠.

　여성들은 페미니즘의 흐름 속에서 교차성(Intersectionality)이론이든 젠더든 다른 중요한 범주와 더불어 생각하는 일을 멈추지 않았습니다. 이처럼 만약 남성이 각자 다른 영역에서 겪고 있는 차별을 공론의 장에서 엮어낼 수 있다면 여성과 남성 양쪽에게 유의미한 논의를 이끌어낼 수 있을 것입니다. 물론 그 논의가 서로 자신들만의 커뮤니티에서, 자신들만이 납득 가능한 논의로 끝나서는 안 될 것입니다.

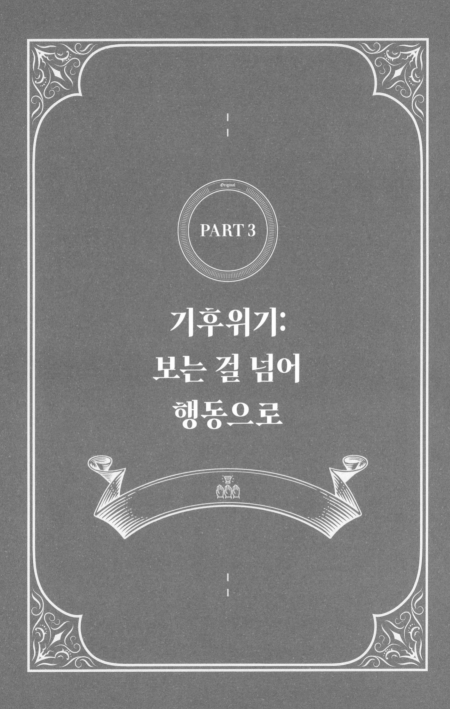

PART 3

기후위기:
보는 걸 넘어
행동으로

내일 지구가
멸망한다면?

뜬금없지만 내일 당장 지구가 멸망하는 모습을 상상해보신 적이 있나요? 아마도 〈인터스텔라〉 〈투모로우〉 〈2012〉 〈설국열차〉 〈매드맥스: 분노의 도로〉 같은 영화를 보고난 직후가 아닌 이상 "내일 지구가 어떻게 멸망할지 몰라."라는 상상에 깊게 빠지는 사람은 드물 것입니다. 대부분의 사람은 내일 먹을 점심메뉴나 만날 사람을 고민하거나 좀 더 진지한 고민이 있다면 미래 설계 같은 것들이 먼저 떠오르겠죠.

매년 가을이란 놈의 인상이 점점 옅어진 것이 느껴질 때면 "지구온난화가 정말 오고 있구나."라는 실감이 납니다. 다만 통장에 찍힌 숫자에 대한 걱정을 찍어누르고 올라오기엔 부족할 뿐이죠. 미디어에 묘사되는 기후위기도 온실가스로 인해 뜨거워지는 날씨와 녹아내리는 빙하, 삶의 터전을 잃어버린 북극곰 정도일 뿐입니다.

고백하자면 부끄럽게도 제가 '지구멸망'이나 '기후위기'에 대해 진지한 고민을 하게 된 계기는 국내에서 젊은 작가들이 불어넣었던 일명 'SF 붐'이나 최근에 봤던 콘텐츠들 덕분이었습니다. 뛰어난 창작자들이 제가 좋아하는 인문학과 페미니즘이 뒤섞인 걸작들을 써 내리자 자연스럽게 기후위기란 녀석을 상상하게 된 것이죠(물론 영화 속에서 묘사되는 기후위기는 조금 피상적인 면이 있다고 생각합니다). 기후위기를 다루는 SF소설의 여러 모티브 중 저를 가장 두렵게 만든 것은 두말할 것도 없이 '페르미의 역설(Fermi's paradox)'이었습니다.

원자폭탄 설계팀의 일원이자 이탈리아 출신 물리학자인 엔리코 페르미(Enrico Fremi)는 점심시간 동료와 시시콜콜한 잡담에 빠져듭니다. 대화의 소재는 당시 미국에서 컬트(Cult)[1]적인 인기를 끌었던 UFO였는데 대화에 깊게 빠져들다 잠시 우두커니 있던 페르미는 한참 뒤 정신을 차리고 이런 의문을 내뱉었습니다. "다들 어디에 있는 거지?" "우주가 그렇게 광활하다면 우리는 왜 아직도 다른 지적 생명체나 우주 문명과 조우하지 못한 걸까?"

페르미의 이러한 상상력에 여러 설정으로 답을 준 SF소설은 많지만 의외로 답은 굉장히 뻔합니다. 우리가 탄소기반 문명을 구축한 지 수백 년이 되지 않아 기후위기라는 문제에 도달한 것처럼, 수백억 년의 역사를 지닌 우주에서 이미 출현한 다른 문명은 서로를 발견하기 전에 기후위기 때문에 멸망한 것일 수도 있다는 것입니다. 차라리 아서 클라크(Arthur Clarke)의 『유년기의 끝』처럼 이미 지적이든, 도덕적이든 성숙에

---

[1] 어떤 대상에 열광하는 문화적인 현상을 말한다.

가까워진 외계인이 우리가 충분히 성숙해질 때까지 모습을 숨기고 있다는 클리셰(Cliché, 진부한 표현)를 믿고 싶을 정도입니다.

기후위기를 주제로 하면서 인권, 정치적 갈등과 연관된 상상력을 제공한 또 다른 작품 중 하나는 봉준호 감독의 〈기생충〉입니다. 만인에게 평등하게 주어질 것 같은 폭우라는 기후재난이 부유층에게는 그저 캠핑을 망치고, 그마저도 잔디가 깔린 넓은 집 앞마당에서 비 오는 날의 캠핑을 즐기게 해주는 하나의 해프닝에 지나지 않습니다. 하지만 저소득층에게 기후위기란 침수로 인해 역류하는 똥물 속에서 앞으로의 생존을 위해 돈이 될 만한 물건을 건져내야 하는 사투의 현장일 뿐입니다. 1인당 배출하는 탄소의 양은 저소득층에 비해 고소득층이 압도적으로 많음에도 불구하고 그 책임과 피해는 저소득층의 삶에 직격탄으로 돌아온다는 아이러니는 〈기생충〉에서 고소득층의 '인디언 캠핑'이란 메타포(Metaphor, 은유)로 상징되기도 합니다.

기득권층으로 묘사되는 백인은 자연과 조화된 삶을 살아가던 인디언을 정복하고 세계 제일의 탄소기반 문명을 세워냈습니다. 영화에서는 신자유주의와 자본주의로 상징되는 기득권층이 자신들이 정복한 인디언의 찌꺼기만 담긴 상품 속에서 기후재난을 추억으로 미화시키는 장면이 나옵니다. 기후위기의 원인 제공자와 피해자, 책임을 감당해야 하는 사람이 뒤바뀐 아이러니를 강렬하게 각인시키는 장면이었습니다.

하지만 누군가에게 기후위기의 책임을 묻는 것은 실타래 풀듯이 간단한 일이 아닙니다. 결국 우리들이 고민하고 행동해야 할 문제로 남게 되겠죠. 저는 기후 전문가가 아니고 심지어 이 분야를 전공한 사람도 아닙니다. 그런데도 굳이 기후 파트를 따로 떼어내 쓰기로 결정한 것은 스스로도 기후위기를 알아가기 위함이었고, 기후위기에 대한 상상력을 공유하기 위함이었습니다. 한 편의 영화 같지는 않지만 그렇기에 더욱 신경을 곤두서게 만드는 기후위기에 대한 상상력을요.

예상 가능한 기후 시나리오들

. . . .

앞서 이야기했던 재난 영화는 기후위기가 불러올 미래사회에 대한 상상력을 품고 있습니다. 병충해에 의한 식량난으로 인해 삶의 터전을 찾아 은하를 건너 테라포밍[2]을 시도하는 영화부터, 해수면의 상승으로 인해 자유의 여신상이 바다에 반쯤 잠긴 채 얼어붙는 상상, 지구의 열을 식히려던 과학자들의 계산 실수로 인해 얼음 행성이 되어버린 지구 위를 끝없이 달리는 설국열차의 상상, 인간에게 치명적인 분진으로 뒤덮인 지구와 인간끼리의 약탈, 그리고 사막화된 지구에서 물과 석유를 두고 정치적 갈등을 겪는 8기통 테크노 바바리안(Techno-barbarian)들에 대한 상상을 할 수 있겠죠.

물론 어느 한쪽도 겪고 싶지 않은 암울한 미래입니다. 그러나 앞으로 변화가 일어나지 않는다면 똑똑한 사람들이 제시한 시나리오처럼 모두 겪게 될 미래의 모습일지도 모릅니다. 그리고 그 시나리오의 전조증상 중 하나가 근 2년간 우리의 일상을 갉아먹어 온 코로나19입니다. 코로나19의 원인으로 지목된 가설은 참 많습니다. 그런데 그중 하나는 인류 문

---

2 다른 행성 및 위성, 기타 천체의 환경을 지구의 대기 및 온도, 생태계와 비슷하게 바꿔 인간이 살 수 있도록 만드는 작업

명의 외연적인 확장 때문에 삶의 터전을 잃은 야생동물들이 도시로 몰려왔고, 그로 인해 인수(人獸) 감염이 되었다는 가설입니다. 인수 감염이 전 세계를 물들인 또 다른 사례 중 하나로는 스페인 독감[3]이 있습니다. 당시엔 바이러스를 분리, 보존하는 기술이 없어 정확한 원인과 과정이 밝혀지지 않았지만 한 농장에서 인수 감염을 통해 전파가 시작되었다는 추측이 존재합니다. 비정상적으로 밀집된 인구와 가축의 밀도는 본래 각 종끼리만 전파되던 바이러스를 종을 뛰어넘어 전염시키는 새로운 바이러스 '스페인 독감'으로 만들었습니다.

또한 야생동물의 터전을 잃게 한 인간의 외연 확장 중 하나인 '이주'와 '운송'은 바이러스의 발이 되어 전 세계로 퍼져나가는 데 도움을 줬습니다. 물론 코로나19는 기후위기가 불러올 여러 시나리오 중 겨우 한 가지에 지나지 않습니다.

『2050 거주불능 지구』의 저자 데이비드 월러스 웰즈(David Wallace Wells)는 칼럼니스트로 활동한 경험을 통해 2050년까지 탄소배출량을 줄이지 못할 경우 발생할 시나리오를 제시합니다. 기온 상승과 해수면의 상승부터 사막화와 기후변화 같은 복합적인 요인이 불러올 빈곤과 난민 문제, 더욱 잦은 빈도로 발생할 예기치 못할 산불과 재난들, 바다 생태계의 붕괴, 코로나19와 같은 바이러스의 전파, 기후 분쟁의 문제 등입니다.

좀 더 시나리오를 단순화시켜 "1도씩 기온이 상승하면 무슨 일이 벌

---

3 1918년에 처음 발생해 2년 동안 전 세계에서 2,500만~5,000만 명의 목숨을 앗아간 독감. 제1차 세계대전에서 귀환하던 병사들로 인해 전 세계로 퍼져나갔다.

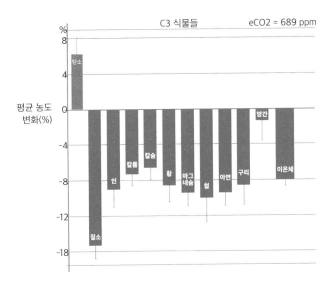

C3 식물들   eCO2 = 689 ppm

%
8

탄소

평균 농도
변화(%)

0

칼륨   칼슘
인   황   마그   구리   망간   이온체
네슘   철   아연

-4

-8

인

-12

질소

-18

⊙ 이산화탄소 농도 변화에 따라 당은 늘어나되 철(Fe)이나 마그네슘(Mg)같은 영양소는
  감소해 불량식품처럼 되어가는 농작물[4]

어질까?"라는 질문에 대한 분석도 존재합니다.[5] 기온이 2도 상승하면 가
뭄이 지중해 연안과 인도 상당 지역을 강타하고 전 세계 옥수수와 수수
농장이 문을 닫아 세계 식량 공급이 패닉(Panic)에 빠집니다. 심지어 공기
중 이산화탄소량이 늘어날수록 작물의 영양소가 떨어질 것이라는 충격
적인 연구 결과도 있습니다. 당 자체는 늘어나지만 그만큼 건강에 유익
한 다른 영양소, 예를 들어 칼슘과 단백질, 철분과 비타민C 같은 영양소
는 줄어들면서 작물은 불량식품처럼 변하고 말 것이라는 주장입니다.

4   Helena Bottemiller Evich, 'The Great Nutrient Collapse', Politico, 2017년

5   마크 라이너스 지음/이한중 옮김, 『6도의 멸종 : 기온이 1도씩 오를 때마다 세상은 어떻게 변할까?』, 세종서
     적, 2014년

온도가 3도 오르면 4억 명 이상의 사람들이 물 부족을 겪고, 4도 오르면 적도 지방의 주요 도시는 너무 더운 나머지 사람이 살 수 없는 공간으로 변하게 됩니다. 북위도 지방조차 여름마다 폭염으로 수천 명의 목숨이 위협받게 될 것이고, 인도는 32배 잦게 발생하는 폭염으로 인해 93배나 많은 사람이 위험에 노출될 것으로 예상됩니다. 사하라 사막과 근접한 남부 유럽은 가뭄에 시달리게 되고, 카리브해 근방은 21개월 더 오래 지속되는 건기를 겪게 되겠죠. 북부 아프리카는 더욱 심각해 건기가 60개월, 그러니까 5년간 비를 제대로 못 볼지도 모릅니다. 기온 상승이 멈추지 않는다면 물 부족으로 고통 받는 사람은 2050년 즈음엔 아시아에서만 약 10억 명이 될 것입니다.[6] 안 그래도 산불이 잦은 지중해 지역은 2배, 미국은 6배 이상 화재가 늘어납니다. 2017년 가을 캘리포니아에서 발생한 토마스(Thomas) 화재는 10만 명에 달하는 피난민을 발생시켰는데, 이런 최악의 화재가 2017년에만 해도 캘리포니아주에서 9천여 건이 발생했습니다.[7]

단순한 기온의 상승이 불러일으킬 시나리오 외에도 생태계 그 자체가 변화하면서 닥쳐올 문제들도 만연합니다. 날씨가 뜨거워지고 말고를 떠나 공기 자체도 건강에 나쁜 영향을 미칠 것입니다. 가뭄은 공기질에 직접적인 영향을 미쳐 분진 노출(Dust exposure) 혹은 분진 폐렴(Dust pneumonia)이라고 불리는 현상을 일으킵니다.

---

6   Charles Fant ,et al, 'Projetions of Water Stress Based on an Ensemble of Socioeconomic Growth and Climate Change Scenarios : A Case Study in Asia', 2016년

7   CalFire incident information, 2017년

SF소설처럼 온 지구를 유해한 분진이 뒤덮는 걸 피하기 위해 돔을 덮는 도시 국가가 등장하고, 건조한 공기가 실어 나르는 분진으로 인해 사망률이 2배, 입원이 3배 이상 증가할 수도 있습니다.[8] 미디어에도 자주 노출되었던 기후재난으로 인한 피해 중 하나인 산호의 '백화 현상(Coral Bleaching)'은 바다 속 생태계의 근원이자 식량 공급원인 황록 공생 조류를 사멸시킴으로써 바다 생태계의 순환 시스템에 치명적인 피해를 낳을 것입니다.[9]

앞으로 코로나19와 같은 '바이오 해자드(Biohazard)'는 바이러스 인수 감염뿐만 아니라 생물을 매개로 한 전염으로도 더 자주 발생할 것입니다. 하이마고구스(Haemagogus) 및 사베테스(Sabethes) 속(屬) 모기가 일으키는 황열병은 원래 해당 모기가 번성하는 아마존 분지 지역 혹은 밀림에서만 나타나는 것으로 생각되었습니다. 그래서 해당 지역을 방문하는 여행객만이 걱정하는 문제였죠. 그러나 기후 상승으로 인해 2016년부터 모기의 활동 범위가 밀림을 벗어나 산개하기 시작하면서 황열병 역시 아마존 분지를 벗어나 상파울루와 리우데자네이루 같은 대도시에까지 세력을 확장했습니다.

특히 남미 대도시에선 바이러스가 저소득층이 거주하는 판자촌까지 세력을 넓혔는데, 이는 곧 3천만 명 이상의 사람이 치사율 3~8%에 이르

---

8   Ploy Achakulwisut, et al, 'Drought Sensitivity in Fine Dust in the U.S Southwest', Environmental Research Letters 13, 2018년

9   Robinson Meyer, 'Since 2016, Half of All Coral in the Great Barrier Reef has Died', The Atlantic, 2018년

10 Shasta Darlington and Donald G. Mcneil Jr. 'Yellow Fever Circles Brazil's Huge Cities', New York times, 2018년

는 전염병과 마주하게 된 것을 뜻합니다.[10] 기후위기가 불러오는 생태계의 파괴와 변화는 모기의 북상처럼 정체불명의 바이러스를 인류에게 더 빠르고 더 많이 전염시킬 수도 있습니다. 또한 아직까지 확인되지 않은 바이러스는 언제나 극적으로 변화할 가능성을 품고 있습니다.

그런데 이런 기후재난 시나리오와 마주할수록 늘어나는 비용도 큰 문제입니다. 다들 겪었던 것처럼 코로나19의 재앙은 단순히 병의 치사율을 떠나 사회적 기반과 시스템을 뒤흔들 정도로 거대한 상흔과 비용의 문제를 남겼습니다. 선진국들이 비교적 빠른 속도로 정상화하긴 했지만, 몇 세기 전 다른 지역을 식민지 삼아 한껏 누렸던 자산을 바탕으로 되찾은 안정일 뿐일지도 모릅니다.

이렇게 늘어나는 비용을 감당하지 못한 국가에선 기후 난민이 발생해 정처 없이 세계를 방황하고 있습니다. 2018년에 발표된 〈세계은행보고서〉에 따르면 2050년까지 탄소배출량이 줄어들지 않는다면 사하라 이남의 아프리카, 남아시아, 라틴아메리카 이렇게 세 지역만 고려하더라도 약 1억 4000만 명 이상의 기후 난민이 발생할 것이라고 합니다.[11]

이렇게 재미없는 수치와 암울한 미래를 늘어놓는 것은 크게 중요하지 않습니다. 끔찍한 시나리오는 똑똑하고 많이 아는 사람들이 이미 어느 정도 내놓았고, 남은 것은 우리가 "어떻게 반응할 것인지", 그리고 "왜 반응하지 못했는지"라는 열린 질문입니다.

---

11   Carl-Fried Schleussner, et al, 'Armed-Conflict Risks Enhanced by Climate-Related Disasters in Ethnically Fractionalized Countries', Proceedings of the National Academy of Science no. 113, 2016년

우리는 왜
행동하지 못하는가?

똑똑한 사람들이 내놓은 시나리오는 책으로도 제법 많이 소개가 되어 있습니다. 그리고 이런 내용을 교양적인 수준으로 인지하고 있는 사람들도 많습니다. 앞서 이야기한 기후재난을 다루는 영화를 본 후 "기후위기가 정말 심각하구나."라는 생각이 들어 책을 추천받아 읽어보거나 채식주의, 제로 웨이스트(Zero Waste), ESG(Environmental, Social, Governance) 경영 같은 친환경 트렌드에 관심을 가지고 직접 관련 상품을 구매해 사용하는 개인적인 실천으로까지 발전했을지 모릅니다.

특히 2021년은 놀라울 정도로 제로 웨이스트나 ESG 경영과 같은 친환경 키워드가 많은 사람의 화두에 오르곤 했죠. 이미 해결책을 알고 있는 기업과 정부는 녹색 에너지의 형태로 해결책을 개발하기까지 했습니다. 그럼에도 불구하고 그런 해결책을 설치하고 확대하는 데 필요한 정치적 단결과 경제적 힘의 집결, 의식의 유연성은 아직 갖추지 못한 상태입니다.

기후변화에 대응하는 시스템을 세운다는 것은 전 세계의 문화를 쌓아올린 탄소기반의 교통, 에너지, 인프라, 공업과 농업 시스템을 처음부터 뜯어고친다는 말과 같습니다. 탄소기반의 시스템 위에 세워진 의식과 문화를 포함해서 말입니다. 이는 개인적인 실천이 아닌, 기후를 구제하겠다는 공동의 목표 아래 정치적인 행동이 필요하다는 말이기도 합니다. 즉 기후를 위해 표를 던져야 하고 표심을 잡기 위해 친환경적인 정책을 내세우는 정치인까지 나타나야 한다는 것이죠.

하지만 앞서 이야기했듯이 이러한 정치적인 기후 움직임은 포착하기도, 실천하기도 어렵습니다. 우선 기후 문제가 다 같이 수행해야 하는 팀 과제의 성격인 것도 한몫합니다. 그래서 대개 기후 행동은 그 효과가 잘 체감되지 않습니다. 그리고 대개 많은 사람이 인간의 역사와 문명에 대한 끊임없는 진보를 믿고 있고, 그 진보의 혜택이 자신에게 돌아올 것이라 믿고 있습니다. 사실 인류의 역사 전체를 보면 5%에 불과한 발전의 역사가 일탈에 가깝고, 그 짧은 기간에 지구를 황폐화시켰는데도 말입니다. 무엇보다 기후위기를 위한 단합이 어려운 것은 "기후위기의 책임이 누구에게 있느냐?"를 명확하게 하기 어렵다는 점에 있습니다.

누가 기후위기에 대한 책임을 져야 하는가?

....

기후위기는 분명 가해자와 피해자가 존재합니다. 그 기준은 바로 탄소배출량입니다. 탄소배출량이 많은 국가는 가해자가 되는 것이고, 탄소배출량이 적은 국가는 피해자라고 할 수 있습니다. 우리는 흔히 가해자가 피해자에게 보상하는 형태를 '정의'라고 말합니다. 그렇다면 기후위기에 대한 책임은 누가 제일 많이 져야 할까요? 지구온난화의 진위를 두고는 많은 공방이 있었습니다. 그러던 중 '인류세(人類世)'라는 지질구분학적 용어가 학계와 일반인들 사이에서 유행했습니다. 원래 지질학에서 '세(世)'란 지질학적 변화가 가시적으로 보일 때 지층의 세대를 구분하는 개념입니다. 인간이 가늠하기 어려울 정도의 세월이 지나야 구분되는 층이 발생하죠. 그러나 인간이 눈부신 현대 문명을 쌓아올린 지 몇십 년이 채 되지 않은 시점에 지질학적 변화가 나타났다는 걸 보면서 현대를 인류세로 정의하자는 주장이 등장한 것이죠.

사회생물학자 에드워드 오스본 윌슨(Edward Osborne Wilson)은 수많은 생물종이 사라지고 곰팡이 세균 정도만 남은 더욱 암울한 미래를 예견하며, 일명 '고독세'라는 거창한 이름까지 붙였습니다. 누군가는 불로 음식을 조리하면서 시작된 인간의 문명이 내연기관으로 발생한 기후오염으로 망하게 생겼다며 '화염세'라는 얄궂은 이름을 붙이기도 합니다. 이는 모두 공통적으로 인간의 해로움을 강조하는 개념입니다. 그리고 이런 오염에 대한 책임을 져야 하는 건 결국 인간이 될 것입니다.

그 책임을 조금이나마 개인적 차원에서라도 감당하고자 제로 웨이스트 라이프스타일이나 탄소 감축에 동참하는 것은 참으로 훌륭한 자세입니다. 하지만 극적인 변화를 위해선 단연코 국가 레짐(Regime) 단위의 변화, 즉 투표를 통한 정책의 변화가 필수적입니다. 그러나 국가 내부에서 여러 정책 안건을 뚫고 기후위기가 메인 안건으로 올라오기는 매우 힘들고 어려운 일입니다. 이렇듯 기후위기 안건이 내부에서 자본주의와

세계 이산화탄소 배출량(1750-2004년)

단위 : 100만 톤

전체 화석연료로 인한 이산화탄소 배출량
가스연료로 인한 이산화탄소 배출량
액체연료로 인한 이산화탄소 배출량
고체연료로 인한 이산화탄소 배출량
시멘트 생산으로 인한 이산화탄소 배출량
가스분출 기둥으로 인한 이산화탄소 배출량

⚙ 화석연료로 인한 이산화탄소 배출량(출처: 미국 오크릿지 국립연구소, 2017년)

경제성장의 논리를 이겨낼 수 없다면, 이산화탄소를 가장 많이 배출한 국가를 특정해서 책임을 물게 하는 것이 최선의 답일지도 모릅니다.

하지만 곧 이러한 판단을 내리기 매우 어렵다는 사실을 깨닫게 될 것입니다. 우선 책임 기준을 어디서부터 시작해야 하는지가 문제입니다. 당장 최근 몇 년간의 탄소배출량으로 할 것인지, 아니면 과거부터 현재까지 모두 합친 양을 따질 것인지 의견이 분분합니다.

사실 역사 속 이전 세대에게 책임을 돌리기는 힘듭니다. 물론 탄소기반 문명은 18세기 영국에서 석탄이 사용될 때부터 시작했지만 화석연료가 배출한 이산화탄소의 절반 이상은 1989년 이후에 배출되었습니다(1751년 이후에는 1,578기가톤이 배출되었고, 1989년 이후에는 820기가톤의 이산화탄소가 배출되었습니다). 이걸 봤을 때 우리 세대가 내보낸 탄소배출량이 이전 세대가 내보낸 것보다 압도적으로 많다는 걸 알 수 있습니다. 따라서 우리는 안일하게 이 문제를 역사의 탓으로 돌리긴 어렵습니다.

그렇다면 역시 현재 탄소배출량이 높은 국가 순으로 줄을 세워 그만큼 책임을 지게 하는 것이 타당할 것입니다. 2018년을 기준으로 배출량을 따지면 중국이 27%, 미국이 15%, 유럽연합(EU)이 9%, 인도가 7%로 20세기 후반 경제 강국으로 성장한 국가들이 다수 포함되어 있습니다. '유엔기후변화협약 당사국총회(COP26)'에서 밝힌 1.5도 이내의 기온 억제라는 감축 목표에 있어서 해당 국가들의 협력은 매우 중요하다고 할 수 있습니다.

그러나 기후담론에서 국가 단위의 해결책이 제대로 작동한 사례는 드뭅니다. 산업혁명 이래 탄소기반 문명에선 화석연료를 더 많이 사용할수록 국력이 강해진다고 할 수 있습니다. 그래서 국가 경쟁력을 위해 기후는 언제나 차후의 문제로 미뤄졌습니다.

예를 들어 세계 2위 탄소배출국인 미국은 그 이름에 걸맞은 책임은커녕 2017년 6월 트럼프 대통령의 지휘 아래 기후변화협약에서 탈퇴할 것을 선언했습니다. 심지어 그는 비용이 많이 드는 친환경에너지 대신 효율이 좋은 화석연료를 적극적으로 이용해야 한다는 망언까지 했습니다. 이렇듯 기후위기는 국력 우위를 지키려는 목표의 하위 목표로 설정되기 쉽습니다. 그래서 각국은 기후변화에 대한 적극적인 대처보다 국가 간 경쟁 조건과 득실을 계산해 경쟁에서 승리하는 시나리오만을 찾게 됩니다.

국가 단위의 책임 문책이 어려운 또 다른 이유는 북반구와 남반구, 선진국과 개도국(개발도상국) 사이에 탄소 배출에 대한 입장이 다르기 때문입니다. 개도국은 빈곤과 기후위기 사이의 딜레마에 봉착해 있습니다. 선진국의 탄소기반 경제 모델을 그대로 따라서 빈곤에서 벗어나고 싶어 하지만 탄소 문명을 가속할수록 기후위기 상황에서 선진국에 비해 취약하기 때문에 스스로에게 거대한 피해를 입히는 부메랑이 되어 돌아오게 됩니다.

그렇다고 선진국의 입장에선 "공평하지 않다."라는 이유로 이들의 무제한적인 탄소 배출을 허락할 수도 없는 일입니다. 비록 선진국이 탄소기반의 문명을 맘껏 누려 발전을 이룩했더라도, 개도국의 탄소 배출을 무제한 허용하는 것은 기후위기에 대응하기 위한 적절한 해결책이 될 수 없기 때문입니다. 물론 개도국 입장에선 '선착순'의 논리로 비춰져 공평하지 않다는 불만이 나올 순 있습니다.

한편 중국과 브라질 등은 1인당 탄소배출량이 적지만, 인구와 경제 규모로 인해 국가 전체의 탄소배출량은 높습니다. 이런 국가들에게 전체 온실가스 배출량에 대한 책임을 바탕으로 협조를 요구하는 것은 기후재난을 해결하는 데 필수적입니다. 그러나 이들은 대개 역사적인 이유 혹은 현실적인 이유로 기후 대응에 필요한 엄격한 기준을 따르려고 하지 않습니다. 이 때문에 국가 간 이득 관계를 넘어 다른 책임 기준으로 제시되는 것이 있습니다. 바로 '기업 단위의 책임제'입니다.

1751년부터 2010년 사이 약 260년 동안 배출된 온실가스의 63%는 90개의 탄소 메이저 기업으로부터 발생했습니다. 따라서 이에 대한 책임과 역할을 해당 기업들이 감수해야 한다는 주장입니다. 90개의 메이저 기업은 주로 화석연료와 시멘트, 철강 등 분야의 기업입니다. 이들 기업에게 규제를 가하는 것 또한 타당한 책임분배의 원칙일 것입니다. 그리고 이들에 대한 규제는 국가와 달리 소비자들과 투자자들이 사회적 책임을 수행하도록 압박을 가할 수 있다는 점에서도 효율적입니다. 더불어 소비자들도 더욱 기후위기에 동참하게 할 수 있을 것입니다. 하지만 기후위기를 해결하기 위한 방안 중 저를 가장 매혹시켰던 것은 기후위기를 인권의 시각으로 바라보는 걸 제안하는 '프레임의 전환'이었습니다.[12]

---

12 마셜 매클루언 지음/김상호 옮김, 『미디어의 이해』, 커뮤니케이션북스, 2011년, 169p

인권의 시각에서 보는
기후위기와 재난

기후위기에는 두 가지 딜레마가 있습니다. 첫째, 명확하게 책임자를 지목해서 배상을 청구하기엔 책임 관계가 명확하지 않거나 명확하더라도 배상을 받기까지 복잡한 과정이 존재한다는 것입니다. 둘째, 경제적 배상을 받으려고 해도 다른 정책 안건 뒤로 밀려날 때가 많다는 것입니다. 이 때문에 기후위기를 인권과 결부해 다양한 관점에서 조명하는 건 상당히 매력적이고 새로운 시도입니다.

특히 기본권인 인권은 특성상 당장 행동해야 할 주체와 보상받아야 할 객체를 명확히 지목해주는데, 이 점도 기후위기를 인권의 시각에서 바라볼 때 얻을 수 있는 장점입니다. 그리고 대부분의 국가 헌법에는 직·간접적으로나마 환경권을 보호하기 위한 인권 기반 조항을 포함하고 있는데, 이를 범용성 있게 적용할 수 있다는 점도 매력 중 하나죠.

기후위기가 인권에 미치는 영향

....

기후위기는 다음과 같이 인간의 기본 권리를 침해할 수 있습니다.

첫째, 생명권

우리 모두는 자유롭고 안전하게 살아갈 권리를 지니고 있습니다. 그러나 기후위기는 폭풍이나 빈번하게 발생하는 홍수, 극심한 산불 이외에도 코로나19, 말라리아, 황열병, 폭염으로 인한 질병 등으로 매년 25만명의 목숨을 위협하고 있습니다.

둘째, 주거권

우리는 모두 적절한 주거 수준을 영위할 권리가 있습니다. 그러나 기후변화는 다양한 형태로 주거권을 위협하며 살아갈 터전을 망치고 이재민을 발생시키고 있습니다. 가뭄에서 홍수, 해수면 상승 등 기후위기로 인해 초래되는 재난은 수백만 명을 위협합니다.

유엔은 지금 이대로 기온이 상승하면 2050년엔 기후 난민이 약 2억명에 달할 것으로 예측하고 있습니다. 이는 로마 제국이 전성기를 누리던 시절의 전 세계 인구와 맞먹는 숫자입니다. 이렇게 한때 지구에 살았던 전체 인류만큼의 사람들이 거처를 잃고 떠도는 모습은 상상할 수 없을 만큼 끔찍한 일입니다.[13]

---

13 유엔의 로버트 왓킨스 2015년 성명문. Mabashar Hasan, 'Bagladesh's Climate Change Migrants', Relief
    Wen

셋째, 담수와 위생에 대한 권리

기온 상승과 해빙, 해수면 상승 등 기후변화로 초래되는 변화는 수자원의 질과 그 양에 치명적인 영향을 끼칩니다. 탄소배출량이 감소하지 않는다면 21세기가 끝날 무렵엔 해수면이 최소 1.2m에서 최대 2.4m까지 상승할 것으로 예상됩니다.[14] 이는 침수는 물론 담수를 확보하는 데 치명적인 어려움을 낳을 것입니다. 파리기후변화협약에서 정한 기준을 달성하더라도 히말라야 산맥에 존재하는 빙하는 2100년까지 40% 이상 줄어들어 중요한 담수원이 상실될 것입니다.[15]

기후위기를 인권으로 바라보는 시각의 전환은 잘못된 불의에 공분을 느끼는 인류 공통의 정의감을 바탕으로 합니다. 이 때문에 기후위기는 협의 대상이 되지 않습니다. 오히려 사회적, 정치적 타협을 초월해 하나의 규범으로서 지위를 획득할 수 있는 행동 기준으로 작용하게 됩니다. 또한 기후위기를 인권의 위기로 바라보는 시각은 기후위기의 여러 측면에 대한 사회적 상상력을 길러주며, 기후위기를 좀 더 다양한 계층의 시각에서 엿보고, 우리의 문제로 공감하게 합니다.

인권의 시각에서 바라본 기후위기: 바이러스

· · · ·

우리가 최근에 겪었던 코로나19야말로 기후재난의 여러 속성을 들춰

---

14 Benjamin Strauss and Scott Kulp, 'Extreme Sea Level Rise and the Stakes for America', Climate Central, 2017년

15 Nature549, 'Impact of a Global Temperature Rise of 1.5 Degrees Celsius on Asia's Glaciers', 2017년, 257-260p

낸 살아있는 예시 중 하나입니다. 코로나19로 인한 재난은 모든 이에게 보편적으로 발생하는 것 같았지만, 그 영향은 계층에 따라 차별적이었습니다. 비교적 소득이 안정적이고 병상에 대한 접근이 수월한 고소득층에 비해 저소득층에게 바이러스는 치명적으로 작용했죠. 고소득층은 정부의 거리두기 정책으로 인해 지역은 물론 국경의 이동이 제한되었음에도 불구하고 백신을 찾아 전용기를 타고 대륙을 건너는 모습을 보이는 등 자유로운 모습을 보여줬습니다. 반면 저소득층은 오히려 임금 감소와 경제 악화로 인해 거리로 내몰리기도 했습니다.

코로나19의 발생 원인으로 지목되는 가설 중 유력한 것은 기후위기와 연관된 현상입니다. 환경 파괴로 인해 종의 다양성이 감소되고, 도시의 확장과 더불어 삶의 터전을 잃은 야생동물이 도시로 이동하고, 도시에 인구가 밀집되는 등 여러 정황이 결합해 인수 감염으로 확산된 질병이 코로나19라는 주장입니다. 그렇다면 누구보다 1차적인 원인을 많이 제공한 사람은 탄소배출량이 많고, 도시개발 사업에 적극적으로 참여한 사람들일 것입니다.

그런 사람들이 누구일까요? 바로 고소득층입니다. 그런데 이들이 코로나19 상황에서 오히려 누구보다 자유로웠다는 사실은 참으로 역설적입니다. 따라서 인권의 시각으로 코로나19를 바라본다면 기본권을 침해받아 보상받아야 할 피해자와, 이를 배상해야 할 가해자를 명확히 지목할 수 있습니다.

젠더에 따른 기후위기의 침해 차이

· · · ·

기후위기와 인권이 결합한 다음의 영역은 젠더의 영역입니다. 기후위기로 발생하는 재난도 젠더에 따라 그 피해가 다르게 나타났다는 것이죠. 예를 들어 1991년 방글라데시를 강타한 초대형 사이클론 해일의 사례가 있습니다. 당시 사이클론은 고작 3시간밖에 지속되지 않았지만, 정부 집계에 따르면 3시간 만에 약 13만 명의 사망자를 발생시켰다고 합니다.

그런데 이 재난 속에서 사망한 사람은 남성보다 여성이 42%나 많았습니다. 이게 단순히 남성과 여성의 신체적 차이 때문이었을까요? 이를 좀 더 자세히 연구한 학자들이 제시한 가설에 따르면, 사망률 차이의 원인은 다음과 같습니다.

첫째, 인권의 차이 때문입니다. 연구자들은 방글라데시의 젠더 격차가 심각하기 때문에 여성이 주로 살림이나 양육을 위해 집안에서 지냈고, 이들은 급격하게 발생한 재해에 바로 대응하기 어려웠다고 주장합니다.

둘째, 방글라데시의 여성 전통 복장인 사리(Saree)가 온몸을 감싸는 특유의 형태 때문에 폭우 속에서 이동과 수영을 제한했고, 이 때문에 제대로 된 대피가 어려웠을 것이라는 주장입니다.

셋째, 젠더 격차가 심한 방글라데시에선 남성에 비해 여성의 식단이 부실해 여성들의 영양 상태가 좋지 않았는데, 이러한 사회적 배경이 비상사태에 대비하는 여성들의 운동 능력을 떨어뜨렸고, 결국 가까스로 재난을 피하더라도 남성에 비해 회복이 느려 많은 사망자가 발생했을 것이라는 주장입니다.

방글라데시의 기후재난은 남존여비(男尊女卑) 문화로 대표되는 젠더 격차와 여성의 행동을 통제하는 드레스 코드(Dress Code), 이슬람 생활규범상의 차별 구조가 어떻게 기후 재해에도 영향을 주는지 드러내는 대표적인 사례입니다.

인종과 경제력에 따른 기후위기의 침해 차이

....

기후위기는 영화 〈기생충〉에서 연출되듯이 저소득층에게 더욱 치명적으로 작용합니다. 저소득층은 기후위기에 더욱 치명적인 피해를 받는 것은 물론, 회복이 느리고 재해로부터 피해를 입을 가능성 또한 더욱 높습니다. 불평등한 사회에서 저소득층은 주택 가격이 낮은 상습 침수 지역이나 노후화된 주택에 거주하게 되는데, 이는 곧 기후재난에 피해를 입을 가능성이 높아짐을 의미합니다.

이들은 기후재난에 노출된 뒤 회복할 수 있는 '탄력성' 또한 부유층에 비해 떨어집니다. 부유층은 보험을 통해 피해에 노출된 뒤에도 빠른 회복을 도모할 수 있지만, 빈곤층은 피해 복구를 위해 얼마 안 되는 모아둔 돈을 쓰거나 심할 경우 빚까지 져야 합니다. 이런 일이 반복되면 사회 불평등은 더 벌어지고 심화될 것입니다.

이런 과정을 단적으로 보여주는 사례가 바로 미국의 뉴올리언스 사례입니다. 2005년 허리케인 카타리나가 상륙했을 때 뉴올리언스에서 공식 발표한 사망자 수는 1,500명에 달했습니다. 이때 허리케인으로 인해 뉴올리언스의 사회 제반시설 대다수가 피해를 입었고, 이는 고스란히 주민들의 생활에 영향을 끼치게 되었습니다. 침수 지역의 거주민 중 80%

가 유색인종이었는데, 백인과 유색인종 간의 소득 격차는 더욱 벌어지게 되었습니다.

특히 주의 깊게 봐야 할 점은, 당시 피해를 입은 사람 대다수가 바닷가 근처 빈곤층 거주 지역에서 살던 사람들이었다는 점입니다. 이곳은 빈곤층 거주 지역이었기 때문에 시설 투자가 부실했고, 그 결과 제방이 붕괴되어 큰 피해를 입은 것입니다. 뉴올리언스 당국이 평소 해당 지역의 인프라를 제대로 관리하지 않았기에 사건을 키운 셈이죠. 이런 기후재난으로 인한 피해가 저소득층에게 집중되는 것이 더욱 불공정하게 비춰지고, 인권을 훼손한다고 비판받는 건 이들이 누구보다도 탄소 배출의 책임이 작지만 그 영향과 피해를 가장 크게 받기 때문입니다.

그런데 이런 경제적 차이로 인한 인권침해는 개인에게만 해당되는 일이 아닙니다. 선진국과 개발도상국은 탄소 배출 문제에 대해 "노를 누가 저을 것이냐."를 두고 치열한 신경전을 벌이고 있습니다. 개도국은 선진국보다 기후위기 대응력이 떨어집니다. 그리고 이들은 선진국이 남긴 탄소기반의 문명의 발전 경로를 그대로 밟아, 화석연료에 투자하는 것 외에는 발전의 선택지가 없습니다. 따라서 빈곤에서 벗어나는 현실적인 수단은 선진국이 했던 개발을 따라가는 것뿐이고, 이러한 과정에서 온실가스를 더욱 배출하게 되는 것입니다. 이러한 탄소 배출은 기후위기, 해수면 상승, 담수 부족과 농작물 수확의 감소라는 차례차례 찾아오는 기후재난으로 스스로의 숨통을 조이는 자충수(自充手)가 됩니다.

"개발을 통해 당장은 굶지 않으나 가까운 미래 기후재난에 의해 파멸할 것인가?" 아니면 "당장 굶어 죽을 것인가?" 이 둘 사이의 딜레마에서 개도국이 선택할 수 있는 길은 많지 않습니다. 개도국이 식민지 시대 이래로 지속 가능성을 선진국에게 '수출'하고 있는 관행 역시 치명적입니다. 과거 빠르게 산업화를 달성한 서구권은 자국의 지속 가능성을 망가뜨리는 자원추출형 경제를 식민지로 넘겼습니다. 이들은 사탕수수와 커피, 차, 면화와 바나나, 고무와 담배로 대표되는 환금작물을 재배하게 했는데, 효율성을 위한 단일작물 재배는 몇 년이 안 되어 토양의 질을 급격히 무너뜨렸습니다. 이렇듯 더욱 깊고 넓게 숲을 베어버리고, 대규모 농장을 개간하는 방식의 재배는 식민지의 지속 가능성을 해칠 뿐만 아니라 미래에 탄소를 흡수할 귀중한 산림을 훼손했습니다. 따라서 선진국이 이에 대해 최소한의 배상을 하는 건 국가 간 논리가 아니라 인권침해에 대한 책임이라는 것입니다.

패러다임을 바꾼
기후소송

기후위기를 인권으로 바라보는 시각은 인권 규범에 따른 법상의 구제 조치와 결합해 기후와 관련된 법적 소송을 제기하는 형태로 발전했습니다. 기후소송은 2019년 12월을 기준으로 전 세계에서 약 1,442건이 다뤄졌고, 그중 미국 내에서 제기된 소송이 전체 소송의 3분의 2를 차지하고 있습니다. 소송은 기후위기로 인한 인권침해에 대한 배상을 국가와 기관에 요구하는 수준에서 출발했습니다. 그러나 점차 온실가스 감축을 위한 공공 정책에 영향을 주려는 목적에서 문명과 자연의 이분법적 논리를 벗어나 사회의 구조적 근본 원인을 따지는 사회과학적 담론으로까지 발전했습니다.

기후위기 속 인권에 대한 패러다임을 바꾼 초기 기후소송

. . . .

2005년 북미 극지방의 토착민 이누이트(Innuit)는 미주인권위원회에 미국 정부를 상대로 인권침해 진정을 제기한 적이 있습니다. 소송의 내용은 미국이 기후위기에 대응을 게을리함으로써 빙하가 녹고, 겨울이 없어지면서 이누이트의 문화적 정체성과 영적 생활, 주거 건강과 생명의 기반인 동토가 사라졌고, 이로 인해 자신들의 인권이 침해받았다는 것입니다.

실라 와트클라우티어(Sheila Watt-Cloutier)는 이 진정에서 '추울 수 있는 권리'를 주장하며 자신들의 경제와 사회, 건강권을 해치는 기후변화로부터 보호될 권리, 그리고 그들의 문화적·경제적 기반인 북극 지방의 야생 생물이 의존하는 동토를 지킬 권리가 있음을 역설했습니다. 결국 이 진정은 기각되었지만 미디어를 통해 널리 소개되면서 대중의 여론을 환기해 정책적 논의를 촉발했고, 기후 정책과 위기를 인권의 시각에서 보는 패러다임의 전환점이 되었습니다.

뉴질랜드의 왕거누이강 유역에 거주하는 토착 민족인 마오리족(Maori) 역시 2012년 뉴질랜드 정부를 상대로 체결한 협정에서 사회구조적으로 기후위기가 어떻게 인권을 침해하는지 그 의미를 제기하며 기후문제를 인권의 시각에서 바라봤습니다. 마오리족은 서구 문명의 시각인 '자연과 문명'의 이분법적인 시각으로 자연을 바라보지 않았고 자신들이 자연을 바라보는 시각으로 바라봤습니다. 그리고 자연과 자신들의 문명이 이룬 관계 역시 보호받아야 할 권리 중 하나이며, 생활 기반인 강을 지키는 일이 곧 자신들의 권리를 지키는 일이라 주장했습니다.

이는 마오리족의 격언인 "코 아우 테 아와, 코 테 아와 코 아우(나는 강이고, 강은 나다)."에서도 드러나는 시각으로 그들의 주거지와 문화가 자연에 근원을 지닌 만큼 기후의 위기는 곧 그들의 인권의 위기임을 역설한 것입니다. 엄격한 법의 언어에서 볼 때 이들의 소송은 적격성을 띠고 있지 않고, 법리적인 해석의 관점에서 구체적인 피해 입증을 해낸 건 아니지만 기후위기를 바라보는 새로운 패러다임을 제시했다는 점에서 큰 의의를 지니고 있습니다.

승리를 거둔 다양한 계층의 기후소송

....

인권을 토대로 제기한 기후소송에서 탁월한 분기점을 만든 것은 네덜란드의 위르헨다(Urgenda) 소송입니다. 2013년 네덜란드 환경단체 위르헨다는 네덜란드 정부를 상대로 "기후변화 대응을 소홀히 해 국민 건강권을 해쳤다."라며 소송을 제기했습니다. 소송의 구체적인 내용은 온실가스 감축 목표를 더욱 강화하고, 구체적인 이행 계획을 수립하라는 요구였습니다.

이에 대법원은 1심(2015년)과 2심(2018년)에서 정부에게 "2020년까지 1990년 온실가스 배출량의 25% 이상을 감축하라."라는 판결을 내려 환경단체의 손을 들어줬습니다. 정부의 항소심에도 불구하고 대법원은 하급심 판결을 그대로 확정해 2019년 12월 위르헨다의 승리로 소송은 막을 내렸습니다. 위르헨다 소송은 정부에게 인권을 토대로 기후위기에 적극 대응할 것을 요구해서 승리까지 거머쥔 값진 사례입니다. 위르헨다 소송은 이후에 펼쳐질 여러 기후인권 소송을 자극한 케이스로 남았습니다.

환경단체가 아니라 농부가 주축이 되어 기후소송을 제기한 사례도 있습니다. 2015년 파키스탄에서 농부 아쉬가르 레가리(Asghar Leghari)는 정부를 상대로 기후소송을 제기했습니다. 내용은 중앙정부가 2012년에 발표한 기후변화 정책과 2014년부터 2030년까지 추진하겠다고 밝힌 정책을 제대로 실천하지 않았다는 것이었습니다.

이에 2015년 파키스탄 항소법원은 시민의 손을 들어주며 정부의 태만으로 인해 국민의 기본권이 침해당했다는 판결을 내렸습니다. 이 판결로 인해 파키스탄 정부는 각 정부 부처에 기후변화 담당관을 임명하고, NGO 전문가들을 초청해 구성한 기후변화위원회를 조직했습니다. 파키스탄의 기후소송 사례는 인권에 근거해 시민이 정부를 대상으로 승소한 최초의 사례 중 하나로 손꼽히고 있습니다.

콜롬비아에서는 7세에서 26세의 다양한 젊은 세대 25명이 '미래세대의 요구'라는 이름으로 원고단을 구성해 환경부를 대상으로 소송을 제기했습니다. 이들은 정부와 지자체, 그리고 기업이 아마존 유역과 산림을 보전할 의무를 방치해 원고의 기본권을 박탈했다고 주장했습니다. 이에 대해 1심은 정부의 손을 들어줬지만, 대법원이 결국 원고인 젊은이들의 손을 들어주며 "생명, 건강, 최소한의 생계, 자유, 그리고 인간 존엄성이 환경 및 생태계와 실질적으로 연결되어 있다."라며 기후위기와 인권의 상관관계를 인정하는 판결을 내렸습니다.

이 사례는 기후위기 속에서 누구보다 치명적인 재난에 놓여 있는 미래세대가 기후위기의 행동 주체로 기성세대를 지목하고, 기성세대가 책임져야 할 몫에 대해 목소리를 높인 사례입니다. 그리고 '미래세대'라는 다소 문법상으로 불명확했던 인격체의 권리를 인정받은 최초의 사례이기에 큰 주목을 받았습니다.

비슷한 논리로 미국에서도 2015년 8월 12일, '국제청년의 날'에 미국 전역에서 모인 약 21명의 청소년이 오리건주 지방법원에 연방정부를 상대로 소송을 제기한 사례가 있습니다. 이들은 연방정부가 화석연료를 개발하고, 그 사용을 허가·장려해서 그 영향으로 기후변화가 일어났다고 주장했습니다. 또한 이로 인해 헌법이 보장하는 젊은 세대의 생명과 자유, 그리고 재산권이 침해되었다며 고소의 이유를 밝혔습니다. 세계적으로 저명한 기후과학자인 제임스 한센(James Hansen) 박사도 미래세대와 손녀의 보호자 자격으로 소송에 참여해 힘을 보탰습니다.

이들은 연방정부가 수립했던 국가 화석연료 프로그램의 문제점도 지적했습니다. 연방정부가 화석연료가 기후시스템에 끼치는 영향을 잘 알고 있었음에도 불구하고 지속적인 화석연료의 개발에 책임을 지지 않았고, 이 때문에 이산화탄소 농도를 2100년까지 안전한 수준으로 줄이는 데 정부가 앞장서야 한다고 주장한 것입니다.

연방정부와 같이 피고에 포함된 화석연료 회사(전미제조업협회, 미국 연료 및 석유화학 제조자협회, 미국 석유연구소 등)는 원고의 청구가 소송의 요건을 성립하지 못한다고 각하 신청을 했으나 오리곤 연방정부는 이 신청을 기각함으로써 기후위기에 대한 정부의 위법성을 다루는 유례없는 사건으로 발전했습니다.

소송의 주요 쟁점은 기후위기가 과연 법적인 문법에서 소송의 요건을 만족하느냐 못하느냐에 있었는데, 원고인 미래세대는 이산화탄소의 배출을 고의적으로 증가시킨 피고의 행위가 자신들의 생명권과 자유권을 침해하고 있기에 소송의 요건을 만족한다고 주장했습니다. 행위로 인해 이득을 본 특정 시민(이를테면 기성세대)의 단기적인 경제적 이익을 우선시함으로써 수정헌법 제5조 속 내재된 미래세대의 동등한 보호권을 침해했고, 미래세대에게 필요한 자연 자원을 부정해 수정헌법 제9조가 보장하는 공공신탁의 법리, 즉 공적 이익을 위해 자연 자원이 보전되고 보호되어야 할 의무를 저버렸다는 것입니다. 이들은 정부와 기업이 이런 의무를 저버리고 화석연료의 채굴과 생산, 소비, 이송과 수출을 통해 탄소 오염을 가중시켰기에 책임이 있다고 주장했습니다.

반면 기업들은 이 소송이 사법심사의 요건을 충족하지 않는, 즉 사법심사 적격성이 결여된 소송이라고 주장했습니다. 하지만 대법원은 미래세대의 손을 들어주며 "단순히 다수의 사람이 같은 피해를 겪고 있다는 점만으로 원고의 적격성을 거부할 수 없으며, 기후변화를 둘러싼 논쟁은 다양한 정치적 기구에서 다뤄지고 있지만 원고에게 닥치거나 이미 닥친 손해(Harm)가 장년층이 받게 될 손해보다 더 클 것이기 때문에 사법심사의 대상이 될 적격성(Justiciability)을 가지고 있다."라는 판결을 내렸습니다. 미래세대가 자신들의 미래 권리를 위해 스스로 움직이고, 기존에 사법심사의 요건으로 충족되기 어려웠던 '불분명한 다수의 피해자'라는 요건도 인정받은 케이스입니다.

지금까지 제기된 기후소송의 결과를 보면 금전적인 피해를 보상받기 위해 소송을 제기하는 것보다 원칙이나 규범 자체에 대해 의문을 제기할 때 승소 확률이 높았습니다. 왜냐하면 앞에서 말했듯이 기후문제는 일반적인 악영향을 설명하기는 쉽지만 구체적인 피해자와 누가, 어떻게 피해를 입혔는지 인과적으로 입증하기는 어렵기 때문입니다. 그래서 사법체계 내에서 온전한 배상을 받는 건 어렵습니다. 그러나 오히려 그렇기에 기후소송은 기후재난이 인간의 불의하고 이기적인 행동으로 인한 것임을 강조하기 위해 사용될 때 큰 효과를 얻을 것입니다.

보는 걸 넘어 행동으로

....

어떤 행동을 할 때 의식의 패러다임이 먼저 변하는 것은 중요합니다. 다이어트나 금연이 그렇듯 사람은 자신의 행동으로 인해 변화나 성취를 체감하거나 효능감을 느낄 때 원동력을 얻을 수 있으니까요. 앞서 기후위기에서의 책임담론과 인권으로 보는 기후 패러다임의 변화를 소개한 이유도 "기후위기에 국가 레짐의 단위가 아니더라도 개인적 차원에서 성취를 얻어낼 수 있다."라는 효능감을 전달하고 싶은 마음에서였습니다. 그렇지 않다면 기후위기는 기업과 기업 단위로, 국가와 국가 단위로 해결해야 한다고 믿는 무력한 개인이 생겨날 테니까요.

하지만 앞서 밝혔듯이 간헐적 비거니즘(Veganism)이나 미니멀리즘(Minimalism)틱한 삶, 제로 웨이스트를 몸소 실천하는 것보다 훨씬 막대한 영향력을 끼칠 수 있는 방법이 하나 있습니다. 아니, 개인이 국가 단위의 레짐에 영향력을 끼칠 수 있는 거의 유일한 방법이라고 강조해도 부족하지 않을 것 같습니다. 바로 기후위기 담론을 수면 위로 올릴 수 있는 '투표'를 통한 방법입니다.

사람들은 공통의 이해를 바탕으로 단결 의식을 가질 때 수차례 큰 변화를 일으켰습니다. 18세기의 프랑스 대혁명이나 여성의 인권을 진전시켜온 페미니즘과 인종의 경계를 뛰어넘는 인권운동들이 그러했습니다.

이제 21세기의 시민운동의 형태는 기후선거의 형태가 될 것입니다. 자,
이제 다음 장으로 넘어가봅시다.

기후위기와
민주주의

이 장의 이름은 '기후위기와 민주주의'입니다. 기후위기라는 단어는 이제 너무나 익숙한 단어가 되어버렸습니다. 5년 전만 하더라도 이 단어가 특별히 와닿았던 적은 없었습니다. 필자인 저로서는 부끄러운 이야기입니다만, 기후위기나 지구온난화라는 이야기를 들을 때 뜬구름 잡는 소리라고 생각했습니다. 음모론이 아니겠냐는 생각이 들었었죠. 겨울이 이렇게 추운데 지구의 온도가 계속해서 증가하고 있다는 말이 거짓말 같았죠.

하지만 시간이 흐르면서 실제로 지구의 온도는 우리가 체감할 수 있을 만큼 뜨거워지고 있고, 높은 기온이 오랫동안 유지됨에 따라 대규모 산불, 태풍, 폭설 등의 이상기후 증상들이 이어지고 있습니다. 많은 사람이 재난 규모의 기후 현상에 목숨을 잃었고 수천억 원 규모의 재산 피해들이 잇따랐습니다. 기후변화는 더 이상 거짓말이나 음모론이 아니라는 것입니다.

그런데 목차의 이름처럼 기후위기와 민주주의는 무슨 연관이 있는 것일까요? 기후위기는 어디까지나 과학의 문제일 것 같으나, 실은 정치의 영역인 민주주의와 떼려야 뗄 수 없는 사이입니다. 기후변화로 인해 찾아오는 여러 문제는 현재 우리가 살고 있는 이 사회에 다양한 정치적, 경제적 혼란을 일으키고 있고 여기서 유발되는 문제는 앞선 파트에서 언급된 인권의 후퇴부터 자본주의 시장의 붕괴 등으로 이어집니다.

이러한 혼란은 우리 사회의 정치적 체제인 민주주의가 뿌리부터 흔들리고 있기 때문에 벌어지는 것인데요. 이 둘의 상관관계를 알기 위해선 기후위기와 민주주의 각각의 요소에 대해 좀 더 자세히 알아보는 것이 좋겠죠.

우리가 겪고 있는 기후위기에 대한 이야기들

· · · ·

이 장에선 기후위기의 개념적인 이야기는 자세히 하지 않을 것입니다. 하지만 현재 우리 사회에서 일어나고 있는 명백한 기후변화 증상들을 조금만 짚고 넘어간다면 제가 계속해서 진행하는 이야기에 독자분들이 쉽게 몰입할 수 있을 것이라고 생각합니다. 그래서 몇 가지 예시만 다시 한번 짚고 넘어가보도록 하겠습니다.

제가 이 글을 쓰고 있는 2021년의 여름은 너무나 무더웠습니다. 본래 여름은 덥고 습한 계절이기 마련이지만, 2021년의 여름은 제 개인의 경험을 떠나 지구의 모든 사람이 처음 겪어보는 계절이었습니다. 유럽연합(EU)의 산하 과학기구인 '코페르니쿠스 기후변화 서비스(C3S)'에 따르면, 2021년의 평균 기온은 지난 30년간의 평균 기온보다 0.53도가 높았습니다. 이는 우리가 기온을 측정한 이래로 두 번째로 높은 기온입니다. 시베리아는 최고 기온이 평균 10도를 웃도는 수치를 기록했고 북극은 2021년 6월 전국의 최고 기온과 평균 기온이 각각 28도(평년 비교+1.5도), 22.8도(평년 비교+1.6도)로 1973년 전국적으로 기상관측망을 확대한 이후 가장 높은 수치를 기록했습니다.[16] 세상에서 가장 추운 지역으로 알려진 시베리아와 북극은 이 시기에 가장 높은 기록을 경신하는 데 성공했습니다.

하지만 이렇게 지구의 기온이 높아지는 것은 단순히 폭염으로 끝나는 일이 아닙니다. 이상 고온은 지구 곳곳에 다양한 변화를 유발합니다. 대표적인 예시가 바로 산불과 태풍이죠. 2021년은 특히 대규모 산불이 너무나 많았습니다. 이 산불은 축구장 크기의 수백 배, 수천 배에 달하는 숲을 태워버렸는데요. 시베리아 지역의 이상 고온으로 인해 얼음이 평소보다 빨리 녹으면서 식물과 토양이 건조해졌고, 불이 쉽게 번지는 환경이 조성되었습니다. 이에 1,400km^2 규모(약 4억 평)의 숲이 그대로 산불과 함께 사라져버린 것이죠.

시베리아뿐만 아니라 미국의 캘리포니아주도 엄청난 산불에 휩싸였습니다. 캘리포니아 산불은 한 달 가까이 진화되지 않으면서 역사상 두 번째로 큰 규모의 산불을 겪어야 했고, 시베리아 산불보다 더 큰 규모인 1,980km^{2}의 숲을 태웠습니다. 이 면적은 서울시(605km^2)의 3배에 달하는

---

16 2021년 7월 평균 수온은 24.9℃로 최근 10년 평균보다 2.5℃ 높았다. 가장 무더웠던 여름인 2018년 수온보다 0.6℃ 상승했으며, 해양 기상 관측 이후(1998년) 가장 수온이 높았던 달로 기록되었다(기상청, 2021년).

면적으로 산불에 의해 발생한 재산과 인명 피해 역시 우리의 상식을 뛰어넘는 규모일 것입니다.

아마 태풍은 산불보다 우리나라 사람들에게 더 와닿는 자연재해가 아닐까 싶습니다. 기후변화로 인한 고온 현상은 땅을 달굴 뿐만 아니라 바다 역시 뜨겁게 만듭니다. 바다의 평균 기온은 하루가 다르게 올라가고 있고, 2021년의 바다 평균 기온은 관측 이래 가장 높은 수치를 기록했습니다. 바다의 수온이 증가하면서 북태평양 고기압의 확장으로 크고 강력한 태풍의 빈도가 점점 잦아지고 있습니다. 실제로 7~8월에 나타나는 태풍이 6월이나 9월 시기에도 자주 그 모습을 드러내고 있습니다. 기상청의 관측에 따르면 9월의 태풍 발생 빈도는 20% 늘어났습니다.[17]

기후변화로 얼룩졌던 2021년의 여름은 기후재난의 연속이었습니다. 하지만 이러한 현상들은 시간이 흐를수록 더욱 심해질 것입니다. 생태계가 파괴되면서 수많은 생물이 결국 멸종을 맞이할지도 모릅니다. 코로나19보다 더욱 강력한 전염병이 창궐하고 해수면이 상승하면서 수많은 섬과 해안가의 도시가 수천억 원 규모의 재산과 인명 피해를 볼 수 있습니다. 그렇게 우리가 사는 터전들이 하나하나 사라지고 우리가 이루고 있는 사회와 정치, 경제 체제가 무너지게 되겠지요.

물론 앞선 이야기로 기후위기의 모든 것을 설명하기엔 부족합니다. 하지만 이 장에서 어느 정도 기후변화에 대한 위기감을 느끼셨다면 그것만으로도 충분하다고 생각합니다. 그 외에 다양한 기후위기 증상에

---

17 파도와 태풍 활동 변화로 홍수 등 연안 지역 위험도가 증가할 것이며 중위도 지역의 폭풍 해일 역시 10~30% 증가할 것으로 보인다. 여기에 태풍 강도가 강해지고 점차 우리나라로 오는 태풍의 개수가 증가할 가능성이 크다(기상청, 2021년).

어떻게 대처할 것인지에 대해선 계속해서 진행될 이야기에서 다루도록 하겠습니다. 여기선 이제부터 기후변화 위기를 현 민주주의 체제라는 주제에 맞춰 이야기를 진행하려고 합니다.

민주주의라는 승자독식 사회에서 나타난 기후위기

. . . .

우리는 민주주의 사회에서 살고 있습니다. 민주주의는 자유와 평등이라는 가치 아래 사회 구성원들의 의견을 존중하고, 최대한 많은 사람의 행복을 보장하기 위해 노력하는 정치제도입니다. 지금까지 인류사회에 나온 정치제도 중 민주주의만큼 자유와 평화를 보장한 정치제도는 없었습니다. 하지만 이러한 민주주의 제도도 조금씩 금이 가고 있습니다. 현재 가속화되고 있는 기후위기 사회에서 이러한 금은 더욱 벌어질 것입니다. 2019년 어느 날, 미국의 대통령 도널드 트럼프는 자신의 트위터에 이런 글을 남겼습니다.

"너무 웃긴다. 그레타는 분노조절 문제를 신경 써야 한다. 그리고 친구와 좋은 옛 영화라도 보러 가라. 진정해, 그레타. 진정해!"

트럼프 전 미국 대통령은 타임지가 올해의 인물로 그레타 툰베리를 선정하자 이에 대해 노골적으로 불만을 표시한 것이었습니다. 트럼프는 기후위기를 '음모론'이라고 주장하는 대표적인 인물 중 한 명입니다. 그는 이전부터 대체에너지는 아무 효율이 없고 석유 및 가스 산업을 활성화시켜 경제성장을 촉구해야 한다고 주장했습니다. 세계 온실가스 배출

여기서 잠깐! 그레타 툰베리(Greta Thunberg)는 누구?

그레타 툰베리는 환경운동가로, 자기 고향인 스웨덴은 물론 전 세계를 무대로 각국 지도자에게 기후위기에 대응할 것을 요구하고 있다. 툰베리는 스웨덴 국회의사당에서 금요일마다 1인 시위를 하는 것으로 본격적인 활동을 시작했는데 이것이 그 유명한 '등교 거부운동'이자 '#미래를 위한 금요일(#FridaysForFuture)'이다. 툰베리는 이 운동을 통해 많은 사람에게 기후위기에 대해 관심을 가지기를 촉구했다. 그리고 이 운동은 곧이어 전 세계 환경 캠페인으로 번져나갔다.

그는 이어 UN 기후협약회의, 세계경제포럼(WEF) 등에서 연설하며 각국 지도자와 글로벌 기업의 총수들에게 기후위기에 대한 대책을 세울 것을 촉구했다. 세계에는 많은 수의 환경운동가가 있지만 툰베리만큼 사람들의 관심을 끌고 환경문제를 대두시킨 사람은 없다. 그레타와 시위대의 활동으로 기후변화가 대중들에게 본격적으로 알려진 것에 대해 주요 정치인들은 '그레타 효과'라고 부르기도 한다.

 여기서 잠깐! 파리기후변화협정이란?

2015년 파리에서 열린 제21차 '유엔기후변화협약 당사국총회(COP21)' 본회의에서 채택한 협정으로, 기후변화를 막기 위해 195개의 국가가 지구 온도 상승을 1.5도 이하로 제한하고 이번 세기 후반에 이산화탄소의 순 배출량을 '0'으로 만들겠다는 공동의 목표가 담겨있다. 선진국에만 온실가스 감축 의무를 줬던 1997년 교토의정서(COP3)를 대체하는 새 기후변화협약으로, 195개 당사국 모두가 지켜야 하는 구속력 있는 첫 기후 합의로 기록되었다.

2위 국가의 리더인 그는 2019년 '파리 기후변화협정'에서도 공식적으로 탈퇴하겠다는 견해를 밝혔죠.

툰베리는 트럼프의 행동을 두고 "사람들이 고통받고, 죽어가고, 생태계 전체가 무너지는데 어떻게 돈과 끝없는 경제성장의 신화에 관해서만 이야기하고 있나?"라고 비판했습니다. 그랬더니 마음이 상했던(?) 트럼프는 툰베리를 겨냥하는 트윗을 올린 것이죠. 그의 입장에선 기후변화를 대비하고 청정에너지를 보급하는 것에 힘써야 한다고 주장하는 환경운동가의 모습이 아니꼬웠던 것일지도 모릅니다.

하지만 사실 트럼프의 마음속은 아무도 모릅니다. 그가 겉으로는 기후위기를 비웃고, 대체에너지가 아닌 기존의 화학에너지를 계속해서 보급해야 한다고 하지만 속으로는 시시각각 다가오는 기후변화에 공포를 떨며 잠을 설치고 있을지 모릅니다. 그러나 만약 트럼프가 정말로 기후변화에 대해 걱정하고 있다고 하더라도 이를 겉으로 드러내는 일은 아마 없을 것입니다. 적어도 그가 계속해서 정치생활을 이어 나가는 동안은 말이죠. 왜냐하면 그는 선거에서 이겨야 하기 때문입니다.

트럼프를 지지하는 유권자의 대부분은 기후위기를 '진실'보다 '허구'로 믿는 사람들입니다. 그리고 대체에너지 업계가 아닌 화학에너지 업계에 종사하는 사람들이 훨씬 많을 것입니다. 미국은 대표적인 대의민주주의 사회입니다. 유권자들은 자신의 의견을 대표해 줄 수 있는 정치인에게 표를 줍니다. 트럼프의 주장에 공감하고 그 뜻을 같이하는 유권자들은 아마 그에게 표를 던질 준비가 되어 있겠죠. 만약 기후위기가 가속화됨에 따라 대체·재생에너지가 더욱 활성화된다면 석유나 가스 산업계가 침체하고 일자리가 줄면서 생계에 악영향을 미칠 것입니다. 그래서 그들은 기후위기 시대에도 트럼프를 뽑는 것입니다.

현대 민주주의의 문제는 바로 여기서 기인합니다. 성숙한 민주주의 사회라고 한다면, 시민의 생명권을 보장해 줄 수 있는 여러 제도적인 장치를 마련해야 합니다. 시간이 오래 걸리더라도 산업 생태계가 전환됨에 따라 발생하는 사회적인 비용을 감수할 수 있어야 합니다. 석유나 가스 산업계 종사자들이 일자리를 빼앗길지 몰라 두려워한다면 이들을 위해 제도적인 지원을 강구해야 합니다. 또한 기후변화가 더 이상 허구가 아님을 여러 시민단체와 공조해 알려야 합니다. 그리고 성숙한 시민사회를 만들기 위해 이런 올바른 담론을 형성하는 데 지원을 아끼지 말아야 합니다.

그러나 트럼프의 행동은 그러한 노력을 모두 좌절시키고, 오로지 자신의 권력을 공고히 하기 위한 것이었죠. 이것은 우리가 현재 살아가고 있는 대의민주주의 제도가 너무 '똑똑해졌기' 때문입니다. 민주주의는 끊임없이 발전합니다. 마치 살아 움직이는 생명체와 같죠. 민주주의의 기원이라고 알려진 그리스의 고대 민주주의와 21세기의 대의민주주의는 민주주의라는 공통점만 있을 뿐 그 규모와 참여 인원, 제도적 특징 등 모든 것이 다 다릅니다. 물론 스위스에서는 고대 민주주의의 형태를 조금이나마 볼 수 있습니다. 직접민주주의라고도 알려진 스위스의 제도는 모든 시민이 '직접' 참여하기 때문이죠. 하지만 이마저도 적절하게 '작은' 영토와 '적은' 인구가 있기에 가능했습니다. 스위스보다 조금이라도 커진 사회는 직접민주주의를 시행하기에 무리가 있었고, 여러 시행착오를 겪고 나서야 대의민주주의라는 제도를 정착시키는 데 성공했습니다.

대의민주주의는 앞서 이야기했듯이 나를 대신해 줄 사람을 찾는 것입니다. 이 사회 공동체의 크기는 너무도 크고, 나 이외에 타인들이 많아서 모든 의견을 수렴할 수 없습니다. 그러니까 내 의견을 대신 말해줄 대표들을 선출해 그들이 만든 법과 제도를 통해 우리가 대리 만족하는 형태입니다. 즉 대의민주주의는 시민을 고정된 이익을 가진 존재로 간주하고 투표와 같은 의사결정 방식을 활용하여 집합적 결정을 수렴하는 정치제도입니다.[18]

하지만 정치학자들은 대의민주주의가 오로지 민주주의라는 제도 내에서 선거라는 제도에만 매몰되어 있음을 비판합니다. 선거라는 것은 경쟁입니다. 한 명이 당선되면 또 다른 한 명은 낙선해야 합니다. 당선한 정치인을 지지한 유권자의 의견은 적극적으로 반영되지만 낙선한 정치인을 지지한 유권자의 의견은 반영되지 않습니다. 반영되지 않은 의견 중에서 최소 10년은 우리의 미래를 보장해 줄 정책적 제안이 있을지도 모를 텐데 말이죠.

제가 화두로 트럼프와 그의 지지자들을 이야기한 것도 바로 대의민주주의가 가진 맹점을 이야기하기 위함이었습니다. 선거에 이기기 위해서 내놓는 그의 입바른 소리는 포퓰리즘이 자라나기 쉬운 토양이기도 하죠. 그리고 정치인(대표)이든, 유권자든 그들은 국가나 사회의 먼 장래 따위는 아무래도 상관없는 문제일 뿐 중요한 것은 지금 당장의 문제, 즉 다음 선거에 승리하기 위한 계책뿐입니다.

물론 인간은 언제든 이기적일 수 있고 그것이 자신의 생존이 달린 문제일 수 있습니다. 그러나 트럼프 같은 포퓰리즘 정치인이 당선되었을

---

18 John Dryzek, 'Social Choice Theory and Deliberative Democracy: A Response to Aldred', 2004년

때 그가 이득을 본다면 우리는 그를 비난할 자격이 없습니다. 그는 이미 당선되었기 때문이죠. 이처럼 기후위기에 낙관적인 포퓰리즘 정치인이 당선되고, 이때 생존권을 보장받지 못하는 유권자가 있다면 매우 큰 문제가 되어버립니다. '대의(代議)'라는 단어를 품고 있지만, 사실 이 정치제도는 사회집단이 이해관계를 조율하여 정책에 반영하는 데 있어 대표성(Representation), 책임성(Accountability), 나아가 정당성(Legitimacy)까지 보장해주지 못하고 있기 때문입니다.[19]

인간의 자유와 평등이 헌법으로 성문화된 이후 우리의 민주주의는 끊임없이 발전해왔습니다. 그러나 한편으론 민주주의가 권력 향유를 정당하게 보장받기 위한 합법적인 도구가 되어버린 측면도 있습니다.

---

19 가상준·윤종빈, '정당정치와 책임정당정치', 한국과 국제정치, 2009년, 136p

기후위기 시대에 권력구조가 고착화된다면?

    그레타 툰베리는 환경운동가로서의 첫 활동으로 '미래를 위한 금요일 (#FridaysForFuture)'이라는 등교 거부운동을 벌였습니다. 이 운동은 기후 위기에 대한 전 지구 공동체의 행동을 촉구하기 위한 시위였지만, 그가 영향을 받았던 것은 기후변화라는 주제에 국한되어 있지 않았습니다.

    미국은 총기 문제로 많은 고민을 안고 있는 나라입니다. 많은 사람이 총기 범죄로 목숨을 잃었고 사건의 빈도는 물론 끔찍함의 정도도 점점 커져가고 있습니다. 지난 2018년에 벌어졌던 플로리다 마조리 스톤맨 더글라스 고등학교 총기난사 사건으로 17명의 안타까운 생명이 목숨을 잃고 35명이 부상을 당했으며, 생존자들 역시 지금까지 정신적인 피해 를 호소하고 있다고 합니다.

    플로리다 총기난사 사건은 피해 규모로만 따지면 지금까지 미국에서 벌어졌던 총기 테러 사건 중에서 가장 최악입니다. 이 끔찍한 테러 사건을 일으킨 범인은 니콜라스 크루즈(Nikolas Cruz)입니다. 그는 평소 도널드 트럼프의 모자를 쓰고 다녔고, 무슬림이나 이민자를 혐오하고 미국에서 내쫓아야 한다는 주장을 하는 등 우파 성향을 지니고 있던 것으로 밝혀졌습니다.

트럼프의 대통령 당선 이후 미국은 백인 중심의 민족주의가 확산하면서 다른 인종과 문화를 탄압하고자 하는 혐오 범죄의 비율이 늘었습니다. 이렇듯 트럼프를 지지하고 그의 생각에 동조하는 흐름을 '백인 근본주의' 혹은 '미국 권위주의'라고 말할 수 있습니다.[20]

혐오 범죄는 강자가 약자를, 지배 계층이 피지배 계층을 대상으로 폭력을 쓰는 것이고 이 과정에서 내가 가진 권력을 통해 상대방을 탄압해도 괜찮다는 권위주의 특유의 성질이 발현된 것입니다. 권위주의는 인간을 상하관계의 계층으로 설정해놓고 우열을 가리며 강자에게는 무조건적인 복종을 하고, 약자에게는 공격적인 태도를 보이는 성향을 뜻합니다.[21]

환경운동가 그레타 툰베리는 기후위기가 가속화된다면 이러한 권위주의의 움직임도 더욱 빨라질 것이라고 말합니다. 그가 '미래를 위한 금요일'이라는 슬로건을 내걸고 등교 거부운동을 벌였던 것은 미국 전역에서, 나아가 전 세계에서 발생하고 있는 약자를 대상으로 한 혐오 범죄

20 Byoungkwon Sohn, Inhyuk Kim. 'An Explanation of the Rise of American Nationalism in the Era of Trump: with a Focus on National Identity, Populism, and Authoritarianism', Journal of American Studies, 49(3), 2017년, 149-173p

21 Schaar, J. H., '1961: Escape from Authority. The Perspectives of Erich Fromm', 1961년, 349p

와 권위주의에 대한 저항운동이기도 했습니다.

무엇보다 그가 영향을 받았던 '우리 생명을 위한 행진(MFOL; March For Our Lives)'은 미국에서의 총기 범죄를 규탄하고 총기 규제를 촉구하기 위해 시작된 운동이었으니까요. 하지만 기후위기와 권위주의는 굳건한 동맹 관계입니다. 기후위기가 가속화될수록 권위주의 역시 강성해질 것이고 자신들의 권위, 권력을 이용하여 기후위기를 헤쳐나갈 수 있다고 민중들을 설득하고, 선동할 수도 있습니다. 이를 '생태권위주의(Ecoauthoritarianism)'라고 하며, 이를 바탕으로 독재를 실현하고 전체주의를 내세우는 걸 '생태파시즘(Ecofascism)'이라고 부릅니다.

체제가 흔들리면 민중은 현재의 체제를 버리고 대안을 찾으려고 합니다. 제1차 세계대전 이후 독일 국민은 전쟁 배상금과 미국에서 시작된 대공황으로 인한 살인적인 인플레이션으로 빚더미에 앉게 되었습니다. 생계를 유지하는 것조차 힘들어졌을 때, 독일 국민은 민주주의 시스템을 통해 새로운 지도자를 선출합니다. 그가 바로 나치의 아돌프 히틀러(Adolf Hitler)였죠. 자본주의 시스템의 문제로 발생한 모순은 민주주의가 해결해주지 못했습니다.

민주주의가 성숙한 모습으로 발전하기 위해선 국민이 정치에 참여하고 시스템에 대해 이해할 수 있는 시간과 여유가 있어야 합니다. 그러나 당시 독일 국민들은 당장 나의 생명을 지켜줄 수 있는 사람을 찾아야 했습니다. 전체주의와 권위주의를 통해 자신을 포장했던 히틀러는 그런 독일 국민들의 특성을 누구보다 잘 파악하고 있었고, 나치즘이라고 하는 효율적인 전체주의 시스템을 통해 민심을 사고, 권력을 장악하는 데 성공합니다. 그리고 게르만족의 나라를 세우겠다는 명분으로 제2차 세계대전을 일으키죠.

히틀러가 독일을 장악하는 내재적인 체제 확립에 권위주의를 활용했다면 대외적인 확장을 위한 명분은 생태주의에 뿌리를 뒀습니다. 나치즘의 철학은 19세기 자연 신비주의에 뿌리를 두고 있는데 독일의 철학자이자 나치즘의 사상적 뿌리를 만든 장본인 중 한 명인 루트비히 클라게스(Ludwig Klages)는 지구적 환경체계의 교란, 산림의 난발, 토착민과 야생 서식지의 파괴, 도시의 무분별한 확장, 종의 멸종, 환경 파괴 등 생태 환경적인 문제를 인간이 자연적인 삶으로 돌아가야 해결할 수 있다고 주장했습니다.

이러한 사상적인 기반을 이어받은 히틀러는 더 나아가 세상에서 필요 없는 존재(예를 들어 유대인)를 제거하는 '인종 청소'를 단행해 문제를 해결해야 한다고 주장하며 인류 최악의 전쟁을 일으킨 것입니다.

이러한 극단적인 사상과 체제가 반복되지 않으란 법은 없습니다. 현재 인류가 처한 상황도 크게 다르지 않습니다. 포퓰리즘 정치가 성행하는 이유 역시 식량난과 난민 이동, 전염병 등에 의해 시시각각으로 전해져 오는 지구적 비상 체제를 국가와 정부가 권위를 이용하여 통제하려 하고, 폭력을 통해 부와 권력의 불평등을 "눈 가리고 아웅"하려는 것이죠. 그리고 모든 인류가 크나큰 위기에 빠질 수 있는 기후위기 사태는 문제를 근본적으로 해결하려고 하는 것이 아닌, 정치적으로 이용해 오히려 기득권이 권력을 더욱 공고하게 만드는 '생태파시즘' 시대를 열지도 모릅니다.

권위주의와 민주주의에 대한 고민

· · · ·

생태권위주의자들은 기후위기 시대의 가장 비효율적인 정치제도는 민주주의라고 주장합니다. 하루라도 빨리 탄소배출량을 줄이고 친환경 에너지를 개발하기 위한 제도적 지원이나 정치적 결단이 필요한 시기에 민주주의는 너무 복잡한 절차가 필요하다는 것이죠. 그리고 야단만 잔뜩 떨고, 어려운 선택을 하기 꺼리는 정치인과 유권자들의 선의에 매달리다 결국 시간만 버린 채 기후위기 의제에서 손을 떼버리고 맙니다. 이럴 바엔 권위 있는 정치인 지도자 한 명이 나타나서 기후위기에 대한 의제를 막힘없이 쳐내주기를 바라는 것이죠. 그런 점에서 생태권위주의자들에게 중국은 이상적인 국가였습니다.

중국은 일당 독재체제의 국가로 1990년부터 기후변화 문제를 국가 기획에 포함하며 국가 차원에서 기후변화 정책과 재생에너지 관련법을 추진했습니다. 실제로 2017년에는 GDP 단위당 이산화탄소 배출량(Carbon intensity, 탄소 집약도)이 2005년 대비 46%나 줄어드는 결과를 내놓았습니다.[22] 더 나아가 그들은 2030년까지 탄소 집약도를 60~65% 낮추는 한편, 1차 에너지 소비에서 비(非)화석연료의 비중을 최대 25%까지 높이고, 풍력 및 태양광 발전의 총 설치 용량을 1,200GW[23]이상 늘리겠다는 목표를 수립했습니다.

이는 미국의 트럼프 정부가 파리기후변화협정에 탈퇴하는 모습과 대

---

22 Our world in data : Carbon intensity of energy production, 'China' 항목

23 와트(단위: W)는 시간당 생산하는 전기량을 말한다. 그리고 기가와트(단위: GW)는 10억 와트와 동일한 단위를 말한다.

비되어 미국의 민주주의보다 중국의 권위주의 및 일당 독재 정치가 기후위기 시대에 훨씬 잘 대처하는 모습이었습니다.

하지만 권위주의적 환경주의는 장기적인 관점에서 보았을 때 긍정적인 결과를 만들어내기 어렵습니다. 오히려 민주주의 정부보다 무능할 수 있습니다. 왜냐하면 시민사회 구성원의 모니터링이나 조정이 없이 관료와 테크노크라트(Technocrat, 과학적 지식이나 전문적 기술을 지닌 기술관료) 위주로만 정책이 수립되어 수시로 변하는 기후위기에 능동적으로 대처할 수 없기 때문입니다.

그 결과 중앙정부에서 발표하는 정책과 지방정부나 산하기관에서 실제로 추진하는 프로젝트가 전혀 달라지는 기형적인 모습을 연출하게 됩

 여기서 잠깐! 민주주의와 환경의 관계가 긍정적인 다섯 가지 이유[24]

① 민주주의는 개인의 정치적 권리와 자유로운 정보교환이 가능하다.

② 민주주의는 견제와 균형, 언론의 자유, 조직된 이익집단의 활동 등으로 비민주적인 제도보다 환경에 잘 반응한다.

③ 민주주의는 개방적이기 때문에 환경정책의 성공 또는 실패에 대한 정보의 유동성을 증진해 학습효과가 높다.

④ 민주주의는 지구적 환경협력에 더욱더 적극적으로 참여하려 한다.

⑤ 민주국가의 특징인 개방시장 경제는 오염자 부담의 원칙과 같은 환경정책에 책임성을 부여해 최선의 유인책을 제공한다.

---

24 Rodger A. Payne, 'Freedom and the environment', Journal of democracy 6-3, 1995년, 41-55p

니다. 실제로 중국은 여전히 세계 최대 석탄 소비국이라는 오명을 가지고 있으며, 현재 중국 내에서 공사 중인 235GW 용량의 화력발전소가 지어질 경우 중국 내 석탄 화력발전은 25% 증가할 예정이라고 합니다. 중국이 지원 중인 해외 에너지 인프라 건설 사업 역시 활기차게 진행되고 있는데 이 사업들이 계속 진행될 경우 전 세계 탄소배출량에서 중국이 차지하는 비중은 28%까지 증가한다고 합니다. 그러니 누가 감히 중국을 이상적인 생태주의 국가라고 말할 수 있겠습니까?

우리는 유혹에 빠져서는 안 됩니다. 민주주의가 수많은 위기와 역경을 이겨냈듯이 이번 기후변화 시대에서도 우리 모두가 힘을 합칠 수 있는 구심점 역할을 해주며 위기를 극복하는 데 도움을 줄 수 있습니다. 실제로 많은 정치학자는 민주주의가 대기의 질이나 탄소배출량 감축 등에 긍정적인 효과를 주었다며 기후변화와 민주주의를 직접 연관 지어 분석하기도 합니다.

물론 현재 민주주의는 기후위기 시대에 적절한 대처를 하지 못하고 있는 것처럼 보입니다. 앞서 이야기했듯 대부분의 민주주의 국가가 채택하고 있는 대의제 정당 민주주의 시스템은 양 정당 간의 권력 다툼에만 혈안이 되어 있습니다. 대의제 정당정치에서 진보, 보수 혹은 여(與), 야(野) 간의 분쟁은 기본적으로 국가의 부를 어떻게 나눌 것인가를 둘러싼 싸움입니다.

자본주의 산업경제는 계속된 성장 속에서 분명 합리적인 시스템이었습니다. 그러나 세계경제가 어느 정도 성장하고 2008년 글로벌 금융위기를 고비로 사실상 성장 정지 국면으로 들어섰기에 대의제 정당정치도 함께 기능부전 상태가 되어버렸습니다. 그런데도 성장이 멈춘 상황에서 이득을 분배하려는 싸움은 여전합니다. 선거라는 시스템은 경쟁에만 매몰되고 정책이나 성향에 상관없이 "표를 누가 더 많이 얻느냐."라는 싸움이 되어버린 것입니다. 이에 따라 민주주의는 새로운 시스템이 요구되고 있습니다. 저는 여기서 대의민주주의를 대체하거나 보완할 수 있는 시스템으로 숙의민주주의를 여러분께 소개해드리고자 합니다.

기후위기 시대의 민주주의 : 숙의(熟議)민주주의

....

우리나라에서 아직 낯선 숙의민주주의가 큰 관심을 받게 된 것은 지난 2017년 신고리 5·6호기 공사 중단 여부에 관한 결정을 위해 정부에서 공론화위원회를 구성할 때였습니다. 탈원전과 신재생에너지 활용 관련 정책에 대한 사회적 합의를 위해 시민들이 직접 참여할 수 잇는 공론의 장이 마련된 것입니다. 공론화위원회를 구성하기 위해 일반 시민 2만 명을 대상으로 전화 조사하고 그 응답자들을 성별, 연령, 원전건설 재개에 대한 의견에 따라 분류해 무작위로 시민참여단 500명을 구성했습니다.

그 후 시민참여단에게 자료를 주고 통합 학습 및 2박 3일간의 합숙 토론을 거쳐 '집중 숙의' 과정을 거치게 합니다. 숙의 과정이 끝나고 시민참여단이 최종 의견을 정리하니 원전 재개라는 안(案)이 도출되었고 공론화위원회는 조사 보고서에 정책권고안을 담아 국무총리에게 전달, 최종적으로 정부는 그 권고를 수용해 원전 건설을 재개하고 세부적 내용에 따라 향후 정책 방향을 따르도록 공표했습니다.[25]

숙의민주주의는 투표를 통해 일반 시민들의 선호를 간단히 조사하고 중요한 의사결정을 내리는 대의민주주의와는 다르게 자유로운 분위기 속에 열린 토론의 장을 열어 공공 문제를 해결하는 시스템입니다. '숙의 (熟議)'라는 단어는 "깊이 생각해 넉넉히 의논한다."라는 뜻이 있습니다. 이는 단순히 정책을 둘러싸고 찬반 논쟁을 해서 어느 한쪽이 승리를 쟁취하는 것이 아닙니다. 개인 스스로 양질의 정보를 습득하고, 타인과의 충분한 의사소통이나 의견 교환, 토론의 과정을 가진 후 대립이 아닌 합의의 과정을 거쳐 설득력의 우위에 선 의견을 추려내어 결론에 이르는 시스템입니다.

실제로 2017년에 신고리 원전 정책과 관련한 공론화위원회의 결론은 숙의 과정에 참여한 시민들의 합의로 인해 내려진 결론이었습니다. 원전 재개라는 결론에서 원전 반대에 의견을 꺼냈던 시민참여단들의 보이콧 (Boycott, 거부운동)이나 결론을 수용할 수 없다는 의견은 나오지 않았죠.

재밌는 것은 공론화위원회가 조직되기 전에 많은 사람이 우려를 표했는데 대표적인 곳이 바로 원전을 찬성하는 전문가(Elite) 집단이었습니다. 이들은 불특정 다수로 구성된 시민들은 전문성이 없으므로 숙의의 과정을 거친다고 하더라도 잘못된 판단을 할 가능성이 높다고 여겼습니다. 그러나 전문가 집단이 간과하고 있는 점은 두 가지였습니다.

첫째, 자신들은 엘리트이기 때문에 실수나 오류 없이 항상 합리적인 판단을 할 수 있다는 착각이었고, 둘째, 일반 시민들의 비전문성이 걱정된다면 이들을 대상으로 설득하기 위해 숙의의 과정에 본인들도 참여할 수 있다는 점이었습니다.

---

25 임동균, '동아시아의 새로운 민주주의: 숙의 민주주의의 현황과 미래', Asian Regional Review DiverseAsia Vol.1 No.2, 2018년

민주주의에 참여하는 구성원들의 '전문성' 문제는 대의민주주의에서 항상 나오는 이야기입니다. 전문가들은 사회의 규모가 거대해지고 이해관계가 복잡해지면서 오로지 교육을 받은 자만이 정치에 참여할 수 있다고 착각합니다. 각 분야의 전문가(엘리트)들은 자신들의 의견이야말로 해당 이슈를 해결할 수 있다고 생각하고 일반 시민의 의견이나 판단력을 무시하는 것이죠. 이들의 목소리가 커지면서 정치인들 역시 전문가들의 목소리만을 반영하게 되고 대의민주주의는 엘리트들을 위한 민주주의로 변질되어 버립니다.

분야에 따라 오랜 경험과 지식을 가진 전문가의 판단이 중요한 것은 당연한 사실입니다. 그러나 그 모든 정책적 판단을 전문가에게만 의존하는 것은 민주주의 시스템에 어울리지 않습니다. 신분이 존재했던 고대 아테네의 민주주의에서조차 정책 결정에 관한 토론, 민중 법정의 심판원으로서 참가할 권리, 토론의 장에 참여할 권리가 하층민에게도 주어졌습니다. 고대 아테네 민주주의의 한계를 지적하는 사람들은 해당

 여기서 잠깐! 숙의민주주의에서 전문가의 역할은?

숙의민주주의의 공론의 장에 참여하는 시민들은 평범한 비전문가다. 이들을 보조하기 위해 전문가 집단이 참여를 하는데, 전문가들은 참여한 시민들을 위해 그 분야의 전문적인 정보를 공유한다. 예를 들어 공론의 주제가 '안락사'에 대한 찬반 여부라면 안락사 분야의 전문가(예를 들어 의사나 안락사 분야를 연구하는 교수 등)를 초청해 현장 발표를 듣고, 시민과의 질의응답 시간을 거친다. 즉 이들은 숙의에 의한 정당한 합의를 이끌어내기 위해 도움을 주고 자료를 제공하는 입장에서 참여하는 것이다.

민주주의가 가능했던 것은 노예들이 아테네의 모든 생활 기반을 받쳐주었기 때문이라고 주장하기도 합니다.

하지만 노예들 역시 정치활동에 참여만 하지 않았을 뿐, 정치를 제외한 생활면에서 최상위 권력층을 제외한 시민과 큰 차이를 보이지 않았습니다.[26] 물론 고대 아테네 민주주의를 똑같이 모방해 도입하는 것은 무리가 있겠지만, 시민들이 직접 공론의 장에 참여해 의견을 도출하고, 타인과 공유하고, 합의에 이르는 시스템은 민주주의에 충분히 도입할 수 있습니다.

그렇다면 결론입니다. 기후위기 시대에서 숙의민주주의가 필요한 것은 왜일까요? 현재의 대의민주주의는 기후위기에 대한 정의조차 제대로 규정하지 못하는 데다가, 문제 해결에 필요한 결론을 내리지 못하고 있습니다. 누군가는 미래세대나 사회적 약자를 위한 대응책을 마련해야 한다고 주장합니다. 또 다른 누군가는 기존 산업에 종사하고 있는 기업들을 위한 기후위기 대응책을 꺼내야 한다고 주장합니다. 이렇게 서로의 생각이 제각각인데 각자의 의견을 하나로 모아줄 공론의 장은 없습니다.

한쪽에선 지구의 미래에 대해 생각할 것을 촉구하고 행동하려고 애쓰는데 이들의 의견 자체가 정치적, 경제적 논리에 의해서 묵살될 가능성도 큽니다. 그래서 소수의 의견조차도 공론의 장에 설 가능성을 높이기 위해 숙의민주주의가 거론되는 것입니다. 유럽에선 이미 기후위기에 대응하기 위한 숙의민주주의 도입이 활발하게 이뤄지고 있습니다. 가장

---

26 Ellen Meiksins Wood, 'Peasant—Citizen and Slave: The Foundations of Athenian Democracy', 1988년

대표적인 것이 바로 '기후시민의회(Climate Assembly)'입니다. 기후시민의회가 실천되고 있는 두 국가의 사례를 소개해드리겠습니다.

프랑스 기후시민의회

....

프랑스 기후시민의회는 2019년 10월부터 활동을 시작해 9개월이 넘는 기간 동안 149개의 권고안을 처리했습니다. 특히 프랑스 건국이념이 명시된 헌법 제1조에 "국가가 기후위기 대응, 생물 다양성 보전과 환경 보호를 의무적으로 해야 한다."라는 조항을 추가함으로써 프랑스 대혁명으로 생긴 '인권에 대한 소중함'을 넘어 전 지구적 환경과 생물 다양성, 환경 보호에 힘쓸 수 있는 이념적 기반을 만들었습니다.

프랑스 기후시민의회는 헌법 조항 추가뿐만 아니라 '2030년 온실가스 저감 정책'에 대한 실질적인 시행 방안을 제시하는 데도 크나큰 역할을 수행했는데요. 탄소배출량이 많은 수입 상품에 대한 국경세 도입, 대중교통 이용을 장려하기 위해 기차표 부가가치세율 10%에서 5.5%로 인하, 고속도로 통행 속도 130km/h에서 110km/h로 제한, 온실가스 배출량 감소를 위한 자동차 시장 규제 강화 등의 정책을 내놓는 데 성공했습니다. 프랑스 기후시민의회의 의원들은 자신들을 이렇게 표현합니다.

"우리는 전문가는 아니지만 사회의 다양성을 대표하는 시민입니다. 우리에게는 사회에 변화를 가져올 힘이 있습니다."

이들은 전문가가 아닙니다. 성별, 나이, 지역 등을 무작위로 추첨해서

150명의 시민을 선발했고, 국회의원처럼 세금 감면 등의 혜택 없이 오로지 하루 11만 원의 활동비만을 받습니다. 하지만 의회의 구성원 중에서 아마 재물적인 이득이나 명예를 취하기 위해서 의회 활동을 하는 사람은 없을 것입니다. 오로지 기후변화 시대에 지구를 보호하고, 현재를 살아가는 사람들의 생명권을 보장하기 위해, 그리고 청년 세대와 앞으로 태어날 아이들의 미래를 보호하기 위한 사명감을 가지고 활동을 합니다.

물론 한계는 있습니다. 프랑스 기후시민의회는 시민들이 자발적인 힘으로 운영되는 것은 아니기 때문입니다. 이 의회는 프랑스 대통령 에마뉘엘 마크롱(Emmanuel Macron)이 조직했습니다. 그 이유는 2018년에 있었던 '노란 조끼 시위'에 대응하기 위함이었습니다. 그래서 마크롱 대통

 여기서 잠깐! 프랑스 노란 조끼 시위란?

프랑스에서 노란 조끼는 각종 사고에 대비해 차량에 의무적으로 비치하도록 한 형광 조끼를 말하지만, 이를 주로 착용하는 계층이 서민층이다 보니 서민층을 대표하는 상징이 되었다.

프랑스의 에마뉘엘 마크롱 대통령이 친환경 경제로의 전환과 환경오염 방지 대책의 하나로 2018년 1년간 유류세를 인상하는 계획을 발표하는데, 프랑스 시민들은 기업에는 세금을 삭감하면서 서민들에게만 조세 부담을 짊어지게 한다며 반발했다. 이로 인해 그의 퇴진을 요구하는 반정부 시위가 확산되었다. 이때 시위에 참석한 사람들이 노란 조끼를 착용하고 나오면서 '노란 조끼 시위'라는 이름이 붙여졌고 프랑스의 '반(反)포퓰리즘'을 대표하는 운동이 되었다.

령을 반대하는 세력에서는 이 의회를 두고 '정치적 포퓰리즘'이라고 비판을 제기하기도 합니다. 하지만 이런 시도 자체는 경직된 민주주의 사회에서 시민들이 직접 나서서 숙의할 수 있는 공론의 장을 형성했다는 점에서 큰 의의가 있습니다.

아일랜드 시민의회

. . . .

2016년 처음 모습을 드러낸 아일랜드 시민의회는 기후위기에 대한 의제는 물론이고 개헌을 비롯한 국가의 중요한 과제를 다각적으로 다루고 있습니다. 전국에서 무작위로 뽑은 시민 99명과 정부에서 의장으로 임명한 대법관 1명으로 구성된 100명의 시민의회는 주제를 선정해 숙의의 과정(원탁토론, 질의응답 반복)을 거치고, 이후 합의에 따라 권고안이 나오면 이를 채택해 의회에 전달합니다. 의회가 권고안을 수용하기도 하고, 헌법 개정이 필요한 경우에는 국민 투표까지 시행합니다.

아일랜드 시민의회가 중요하게 여기는 키워드는 '대표성'과 '자율성'입니다. 아일랜드 시민의회의 구성원은 결코 한쪽으로 치우치지 않습니다. 시민을 무작위로 추첨하되 연령, 성별, 학력, 사회 계층, 지역 분포 등을 고려합니다. 구성원 한 명 한 명이 각 계층의 대표성을 지니고 있다는 것이 핵심입니다. 그리고 구성원은 언론이나 정치권 등에서 일하는 가족이 없어야 합니다. 이는 이익단체나 로비와도 접점을 피하도록 하기 위함입니다. 그리고 의회 구성원들은 이름과 거주 지역 외에 다른 신상 정보를 밝히지 않도록 합니다.

또한 해당 주제의 논의가 결정되기 전까지 언론 인터뷰나 SNS에 자신의 의견을 표명하는 행위도 일절 금지됩니다. 이를 통해 의회 자체가 외부단체의 간섭으로부터 완전히 독립된 기관임을 알 수 있습니다. 다만 아무리 대표성을 강조한다고 하더라도 의회 구성원이 아일랜드 모든 시민의 의견을 대표하는 것은 현실적으로 불가능합니다.

이런 문제점을 해소하기 위해 시민의회의 과정을 대중들에게 최대한 공개적으로 보여주기 위해 노력하고 있습니다. 개별 토론을 제외한 모든 회의를 인터넷으로 생중계하고, 의회가 아닌 외부 시민들의 의견 제안을 받기도 하면서 모든 시민이 정치 과정에 참여할 수 있는 '풀뿌리 민주주의'를 시민들이 나서서 직접 실천하고 있습니다.

해결의 열쇠는 인류에게

····

물론 숙의민주주의는 아직 갈 길이 멉니다. 대의민주주의는 역사가 긴 만큼 많은 결함을 지니고 있고, 이러한 문제를 고치기 위해서 나온 대안이 숙의민주주의입니다. 그러나 아직 숙의민주주의가 민주주의의 역사에서 전면에 나선 적은 없습니다. 그래서 유럽을 비롯한 선진국들은 기본적으로 대의민주주의를 유지하면서, 현 제도가 보이는 문제점들을 숙의민주주의로 보완하고 있습니다. 지금까지 정치적 엘리트 중심의 민주주의에서 배제되어 있던 대중이 숙의민주적인 방법을 거쳐 공공 의사결정 과정에서 특수한 역할을 하게 된 것입니다.

기후위기 의제도 마찬가지입니다. 기후위기 의제에 접근하는 방식은 여전히 국가와 글로벌 기업을 비롯한 기득권 집단 중심으로 이뤄지고 있습니다. 이렇다 보니 개인이 아무리 기후위기에 관심을 가지고 환경을 보호하기 위해 실천적인 행동을 하더라도, 정부와 기업이 움직이지 않으면 아무런 변화가 생기지 않습니다.

하지만 앞서 프랑스나 아일랜드의 사례를 봐도 알 수 있듯이 기후변화에 실질적인 위기를 느낀 각국의 정부가 공론의 장에 시민들을 모으고, 그들의 의견을 경청하기 시작했습니다. 단순히 의견만 수집하는 게 아니라 시민들이 정치적 행위자가 될 수 있도록 시간을 부여하고 다양한 계층의 의견을 모아 기후위기 의제를 하나씩 해결하고 있습니다. 이러한 흐름은 앞으로 포퓰리즘과 권위를 전면에 내세워 권력을 얻으려는 사람(생태권위주의)의 등장을 막고, 더 나아가 기후변화의 패러다임을 바꾸게 될 것입니다.

기후변화에 대한 모든 책임이 인류에게 있듯이, 이 책임의 부담을 딛고 해결의 열쇠를 쥐고 있는 것 역시 인류입니다. 그리고 그 열쇠의 가장 중요한 재료는 현재 인류사회를 있게 만든 민주주의에 있습니다. 우리 모두가 참여할 수 있는 민주주의의 형태는 현재 뿌리 깊게 박혀 있는 정치적 양극화의 구조를 바꾸고, 지구와 미래세대를 지켜나갈 수 있는 기후변화에 대한 실질적인 의제를 도출할 수 있을 것입니다.

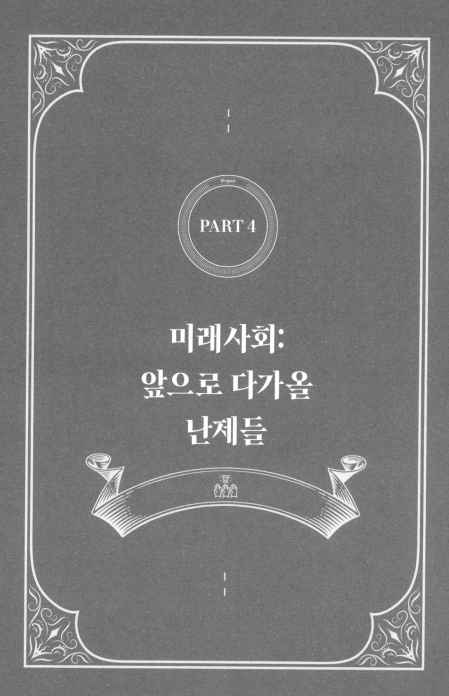

PART 4

미래사회:
앞으로 다가올
난제들

존엄사란
무엇인가?

한 노부부의 이야기

....

여기 한 노부부가 있습니다. 남편인 80세의 피터 더프(Peter Duff) 씨는 기관지암이 폐까지 전이되어 시한부 인생을 사는 중이었습니다. 그의 아내 70세의 페넬로페 더프(Penelope Duff) 씨 역시 15년째 희귀한 위장암과 사투를 이어가고 있었죠. 이들은 서로를 너무나 사랑하는 잉꼬부부였습니다. 그러나 이들에게 남겨진 시간은 그리 많지 않았죠. 그들에게 찾아오는 병의 고통은 상상을 초월할 정도였고 언제라도 이 고통스러운 삶이 끝나기만을 바라고 있었습니다. 하지만 스스로 죽음을 맞이하는 것은 결코 쉬운 일이 아닙니다. 이 고통에서 벗어나기 위해 스스로 목숨을 끊는다고 하더라도 남은 한 사람이 받을 고통과 외로움을 외면할 수 없습니다.

게다가 스스로 목숨을 끊어야 한다는 두려움과 공포도 있겠죠. 하지만 노부부는 자신들에게 있어 최선의 방법을 하나 찾아냈습니다. 바로 존엄사(尊嚴死)입니다. 죽음을 위한 통증도, 두려움도 최소화해 사랑하는 사람과 함께 떠날 수 있는 방법을 찾은 것입니다. 노부부는 존엄사를 금지하는 영국을 떠나 스위스로 갔고 취리히에 있는 존엄사 지원 전문병원 '디그니타스(Dignitas)'에서 서로의 손을 꼭 마주 잡은 채 편안하게 잠을 자듯 죽음을 맞이합니다.

존엄사란 무엇인가?

· · · ·

여러분에게 죽음이란 무엇인가요? 모든 생명은 죽습니다. 이것은 인간도 마찬가지입니다. 인류의 역사가 시작된 이래 죽음을 거스르거나 피해간 존재는 없었습니다. 그러나 우리는 여전히 죽음이 두렵고 낯설기만 합니다. 아직 경험해보지 못했기에 뜬구름과 같은 이야기 같기도 하고, 나에게는 영원히 찾아오지 않을 것 같은 순간이기도 하죠. 하지만 자기 주변인의 죽음을 간접적으로 경험하게 되면 죽음이 결코 먼 곳에 있는 것은 아니라는 걸 느끼실 것입니다.

세상에는 다양한 형태의 죽음이 있습니다. 침대에 누워 소중한 가족들이 바라보는 사이 편안히 잠을 자듯 맞이하는 죽음도 있고, 예상치 못한 장소와 상황으로 갑작스럽게 죽음을 맞이하게 되는 경우도 있습니다. 혹은 너무나 아픈 병을 얻어 고통 속에 죽을 수도 있고 몸과 마음 곳곳에 쌓인 상처로 인해 결국 삶보다는 죽음을 택하는 것이 낫겠다고 생각해 스스로 목숨을 끊는 경우도 있습니다.

정말 이상한 질문일 수 있겠습니다만, 여러분은 이 중에서 어떤 죽음을 맞이하고 싶으신가요? 직업에 귀천이 없듯이 당연히 죽음에도 귀천은 없습니다. 하지만 각자가 맞이하고 싶은 죽음이 있을 것이고 그 죽음이란 아마 고통과 슬픔이 최소화된 죽음일 것입니다. 동시에 그 죽음의 과정에서 '나'라는 존재가 오롯이 존중받았으면 하는 '존엄'이라는 것도 있기를 희망합니다. 이것을 우리는 '존엄사'라고 부릅니다. 즉 존엄사는 인간으로서 지녀야 할 최소한의 품위와 가치를 지키면서 죽음을 맞이하는 것을 말합니다.

과거에는 존엄사라는 단어보다 안락사라는 단어가 더 많이 사용되었습니다. 아마 안락사라는 단어가 더 익숙하신 분들도 있으실 것입니다. 사실 존엄사와 안락사라는 단어를 혼용해 사용하셔도 큰 무리가 없습니다. 왜냐하면 이 두 단어 모두 영어 단어 'Euthanasia'를 일본식으로 번역한 결과물이기 때문입니다. 대신 최근에는 죽음을 맞이하는 주체가 누구인지에 따라 이 두 단어의 사용을 구분하고 있습니다.

우선 안락사의 경우 질병, 부상, 노쇠화로 인해 고통을 당하는 동물에게 그 고통을 없애주기 위해서 사용되고 있습니다. 반대로 존엄사는 인간이 스스로 자아와 품위를 유지한 채 고통 없이 죽음에 이를 수 있도록 죽음을 허용하는 행위를 의미하는 단어가 되었습니다. 그런 의미에서 저도 안락사와 존엄사라는 단어를 혼용해서 사용하지 않고 계속해서 존엄사라는 단어를 사용하는 것으로 하겠습니다.

소극적 존엄사와 이를 둘러싼 이야기

· · · ·

앞서 이야기한 것처럼 죽음의 형태는 다양합니다. 많고 많은 죽음에서 사람이 직접 그 순간을 선택하기만큼 어려운 것도 없을 것입니다. 하지만 존엄사는 한정적이나 죽음을 선택할 수 있는 구체적인 방법을 제시하고 있습니다. 존엄사는 크게 '소극적 존엄사'와 '적극적 존엄사'로 분류할 수 있습니다. 이 두 가지 형태의 존엄사는 환자 본인이 직접 죽음을 선택했는지, 그리고 환자가 죽음에 이르기 위해 해야 하는 의료인의 행동으로 그 차이를 둘 수 있습니다.

우선 '소극적 존엄사'는 연명치료를 중단하는 행위를 말합니다. 의식이 없거나 엄청난 고통으로 인해 정상적인 의사결정을 할 수 없다고 판단되는 경우 환자가 고통에서 벗어나고 존엄성을 유지할 수 있도록 도와주는 행위입니다. 예를 들어 불의의 사고를 당해 뇌사 판정을 받은 환자가 있습니다. 생명을 유지하기 위해 필요한 최소한의 장기들이 작동하고 있지만 환자는 말도 전혀 할 수 없고 몸을 움직이지 못해 평생을 침대에 누워 생활해야 합니다. 당연히 음식도 제대로 씹고 넘길 수 없어 인공호흡기와 함께 비위관을 코에 삽입해 그곳을 통해 영양소를 보충해야 합니다. 이에 환자의 보호자들이 환자의 존엄성을 유지하고 더 이상의 고통을 주지 않기 위해 의사와의 협의를 통해 인공호흡기를 떼기로 결정합니다. 이것을 바로 '소극적 존엄사'라고 말합니다.

소극적 존엄사는 예전부터 항상 논란의 중심에 서 있었습니다. 왜냐하면 이 죽음을 결정하는 것에는 사실 환자 본인의 의지가 개입되지 않기 때문입니다. 물론 환자는 제대로 된 의사결정을 할 수 없을 만큼 엄청난 고통에 휩싸여 있기 때문에 차라리 죽는 것이 사는 것보다 낫다고 생각할지도 모릅니다. 그러나 이는 어디까지나 환자 주변의 사람들이 그렇게 추측했을 뿐이지 환자 본인에게 직접 들은 것이 아니기에 억측이 될 수 있다는 것이죠. 실제로 소극적 존엄사에 대한 생각의 차이를 두고 법적, 사회적, 철학적 논쟁까지 벌어졌던 한 사례를 살펴보겠습니다.

한 가정의 평범한 남편이자 아버지였던 뱅상 랑베르(Vincent Lambert)는 2008년 오토바이를 타고 출근을 하다 교통사고를 당합니다. 이 사고로 인해 그는 심각한 두개골 손상과 함께 사지가 마비되었고 한순간에 식물인간이 되고 말았습니다. 그는 그 상태로 11년이 넘는 세월 동안 병상에 누워 치료를 받으며 살아가다 2019년 7월 11일 연명치료를 중단(영양 및 수분 공급 중단)한 지 9일 만에 사망하게 됩니다.

11년이 넘는 세월 동안 프랑스 사회는 뱅상 랑베르의 연명치료 중단을 두고 많은 고민을 해야 했습니다. 뱅상 랑베르의 연명치료를 중단해 줄 것을 요청한 이는 바로 그의 아내 라쉘 랑베르(Rachel Lambert)였기 때문입니다. 그녀는 뱅상 랑베르의 연명치료가 무의미하다고 생각했고 그의 존엄을 지켜주기 위해 의료인과 랑베르의 형제자매 6명과 합의 과정을 거쳐 연명치료를 중단할 것을 결정했습니다.

하지만 이를 반대하고 나선 것은 뱅상 랑베르의 부모였습니다. 부모인 피에르 랑베르(Pierre Lambert)와 비비안 랑베르(Viviane Lambert)는 독실한 가톨릭 신자였고 종교적인 신념을 내세우며 유엔 장애인권리위원회에 연명치료 중단에 대한 반대 소송을 내게 되었죠. 소극적 존엄사에 대한 문제는 결국 개인의 문제를 넘어 사회와 종교적인 논쟁으로 발전하게 된 것입니다. 특히나 이 문제를 두고 바티칸의 프란치스코(Francis) 교황 역시 "신의 선물인 삶을 처음부터 끝까지 지켜야 한다."라는 입장을 내면서 수많은 가톨릭 신자가 뱅상 라베르의 목숨을 지키기 위해 시위까지 벌이는 상황이 벌어지게 됩니다. 여러분은 이 사건을 어떤 입장에서 바라보고 싶으신가요?

2013년부터 시작되었던 법적 소송은 소극적 안락사를 두고 많은 사람에게 있던 편견과 오해를 불식시키는 데 중요한 역할을 합니다. 항간에서는 연명치료의 중단이 의료진이 환자를 살해하는 행위나 마찬가지라고 생각하는 경우도 많았으니까요. 하지만 의료진은 오히려 뱅상 랑베르를 향한 연명치료는 비이성적인 판단에 의한 치료 집착 상태로 보았습니다. 생명을 인위적으로 연장하는 무의미한 치료 상태이며 이것이 오히려 환자뿐만 아니라 심리적, 경제적인 지원을 해줘야 하는 보호자에게 부담을 주는 행위라고 보았기 때문이죠.

실제로 식물인간인 뱅상 랑베르를 계속해서 간호했던 것은 그의 부모님이 아닌 아내였습니다. 결국 법원에서는 연명치료 유지에 대한 보호인의 경제적인 부담을 덜어주기 위해서라도 연명치료를 중단해야 한다고 판단합니다. 여기에는 뱅상의 조카였던 프랑소와즈 뱅상(Francoise Vincent)의 증언이 상당한 역할을 했습니다.

그는 일전에 삼촌으로부터 자신이 이와 유사한 처지(식물인간)에 놓이게 되면 자신을 보내달라는 이야기를 들었다고 증언했습니다. 프랑스는 오로지 소극적 존엄사만이 허용된 국가입니다. 그래서 뱅상 랑베르의 연명치료를 중단하기 위해서 의료인이 그의 몸에 치명적 약물을 투입하는 행위는 허용될 수 없었죠.

영양 및 수분 공급이 중단된 그는 죽음에 이르기까지 9일이 걸렸습니다. 물론 이 9일이라는 시간은 그가 고통과 두려움에서 벗어나기 위해 기다려야 했던 11년의 세월에 비하면 아무것도 아니었을지 모릅니다. 그의 죽음으로 인해 프랑스 사회는 많은 것이 바뀌었습니다. 연명치료 중단 의사를 밝힌 사람들이 급격히 증가했고, 소극적 존엄사의 사전 신청서인 '예기치 못한 죽음에 대비하는 사전의향서'를 작성하는 사람들도 대폭 증가했습니다.

여기서 잠깐! 한국의 '보라매 병원 사건'과 '김 할머니 사건'

1997년 12월, 뇌를 다쳐 입원한 김 모 씨는 뇌부종(뇌가 붓는 상태)으로 인해 자가 호흡이 어려운 상태가 되었다. 그래서 인공호흡기를 부착한 채로 계속 치료를 받아야 했다. 그런데 다음날 김 씨의 아내 이 모 씨가 찾아와 경제적 어려움을 호소하며 병원 측에 퇴원을 요구하게 된다. 의료진은 인공호흡기를 제거하게 되면 남편이 생명을 유지할 수 없을 거라고 말렸으나, 보호자의 강력한 요구로 인공호흡기를 제거하게 되었고 김 모 씨는 결국 사망하게 된다.

이에 아내 이 모 씨와 의료진은 살인 혐의로 법정에 서게 되었고, 이후 의료진은 징역 1년 6개월, 집행유예 2년을 선고받았으며 아내는 징역 3년, 집행유예 4년을 선고받았다. 사실상 법원은 이들의 판단을 '살인 행위'라고 규정했다. 이 사건으로 인해 한국 의료계는 연명치료 중단에 대해 상당히 소극적으로 대처하게 되었다.

그러나 반대로 2008년 '세브란스 김 할머니 사건'으로 인해 한국에서 연명치료에 대한 인식이 크게 변화하게 된다. 2008년 2월 18일, 김 할머니는 폐종양 조직검사를 받던 중 과다출혈로 인해 심정지가 발생했고, 의식 없는 식물인간 상태가 되어 인공호흡기를 부착한 채로 연명치료를 받는다. 하지만 가족들은 할머니가 이전부터 연명치료에 대해 부정적이었기 때문에 의료진에게 치료를 중단해 줄 것을 요청한다. 의료진과 가족은 할머니의 뜻과 존엄성을 위해 연명치료 중단을 위한 법적인 소송을 준비한다. 이른바 '인공호흡기 제거 청구 소송'이다.

2009년 5월 12일, 대법원은 "환자가 인간으로서의 존엄과 가치 및 행복추구권에 기초해 자기결정권을 행사하는 것으로 인정되기에 연명치료의 중단을 허용할 수 있다."라는 판결을 내린다. 이러한 법적인 판결로 인해 김 할머니에 대한 연명치료를 중단하고 인공호흡기를 제거할 수 있었고, 이를 계기로 회생 가능성이 없는 환자가 자기의 결정이나 가족의 동의로 연명치료를 받지 않을 수 있도록 하는 법인 '연명의료결정법'이 제정되어 2018년 2월 4일부로 시행에 들어가게 되었다. 따라서 우리나라도 실질적인 '소극적 존엄사' 합법 국가가 되었다.

조력자살 지원단체, 디그니타스

이제 존엄사의 부류 중 하나인 '적극적 존엄사'에 대해 알아보겠습니다. 그런데 그 전에 우리가 또 알아둬야 하는 개념이 있습니다. 바로 '조력자살'입니다. 자살이란 단어가 붙어 있듯 조력자살은 자기 스스로 목숨을 거두는 행위를 말합니다. 다만 자살할 때 다른 사람(의료인)이 도와줘야 합니다. 적극적 존엄사와 조력자살이 다른 이유는 쉽게 이야기해서 환자가 목숨을 끊을 수 있도록 투여하는 치명적 약물을 누가 직접 몸에 주입하느냐에 따라 달라지는 것입니다.

전자의 경우에는 의료진이 하는 것이고, 후자의 경우에는 환자 본인이 하는 것이죠. 조력자살은 환자 본인이 스스로 약물을 투여하기 때문에 의식이 뚜렷한 것에 비해 적극적 존엄사에서 환자의 의식의 여부는 그럴 수도 있고, 아닐 수도 있습니다. 소극적 존엄사, 적극적 존엄사, 그리고 조력자살에 대한 개념이 헷갈릴 수 있으니 아래의 표를 통해서 다시 정리해보겠습니다.

소극적 존엄사, 적극적 존엄사, 조력자살의 차이

구분	결정의 주체	주요 내용
소극적 존엄사	환자 본인 환자의 보호자	환자의 소생 가능성과는 무관하게 환자에게 필요한 의학적 조치를 하지 않거나 인위적인 생명 연장 장치를 제거하는 것
적극적 존엄사	환자 본인 환자의 보호자	의료인이 환자에게 독극물 투여 등의 방법으로 생명을 빼앗는 것
조력자살	본인	환자가 직접 자신의 몸에 독극물을 투여하는 것

　스위스는 조력자살이 합법인 몇 안 되는 국가입니다(조력자살 합법 국가로는 스위스, 네덜란드, 벨기에, 캐나다, 미국 등이 있습니다. 물론 미국의 경우에는 일부 주에만 해당합니다). 게다가 스위스는 특이하게도 적극적 존엄사는 불법이지만 조력자살은 합법인 국가이기도 한데요. 그래서 이런 의문을 가지시는 분들도 계실 것입니다. 적극적 존엄사는 의료인이 직접 약물을 주입하는 형식의 의료행위로 볼 수 있지만, 조력자살은 말 그대로 환자 본인이 직접 약물을 주입하기 때문에 의료행위가 아닌 '자살'에 더 가깝다고 말이죠.

　실제로 조력자살은 단어가 주는 느낌 때문에 자살에 더 초점이 맞춰져 있는 것 같습니다. 스위스는 세계에서 가장 많은 환자가 조력자살을 시도하는 국가로 알려져 있습니다. 왜냐하면 스위스는 다른 조력자살

조력자살 합법화 국가의 조력자살 허용 기준

구분	나이 제한	필요조건
스위스	규정 없음	없음
콜롬비아	6세 이상	병의 말기
네덜란드	12세(16세 이하는 부모 동의 필요)	참을 수 없는 고통을 동반하는 불치병
벨기에	제한은 없으나 미성년자의 경우 부모 동의 필요	참을 수 없는 고통을 동반하며 치료가 불가능한 불치병
캐나다(퀘백주)	18세 이상	고통을 동반하는 불치병
영국	-	적극적 존엄사, 조력자살 모두 불법

합법화 국가보다도 그 기준이 굉장히 낮기 때문입니다.

　게다가 조력자살을 제도적으로 탄탄하게 뒷받침하고 있기 때문에 이와 관련된 단체의 존재도 우리에게 상대적으로 잘 알려져 있는데요. 대표적인 곳이 디그니타스입니다. 디그니타스는 전 세계 89개국 9천 명의 회원을 두었을 만큼 큰 규모의 조력자살 비영리 단체로 매년 200여 건의 조력자살을 지원하고 있습니다. 스위스와 디그니타스가 가장 중요하게 여기는 것은 바로 환자의 '자율성'이라고 합니다. 조력자살이 소극적, 적극적 존엄사와 결정적으로 다른 것도 바로 여기에 있습니다. 모든 과정을 자신이 스스로 판단하고 선택해야 한다는 것이죠. 적극적 존엄사가 불법인 스위스에선 절대로 의료인이 환자에게 약물을 주입해선 안 됩니다. 반드시 환자가 직접 주입해야만 하는 것이죠.

디그니타스는 조력자살을 지원하기 위해 만들어진 단체지만 이들이 하는 역할은 조력자살 지원에만 한정되어 있지 않습니다. 오히려 조력 자살을 하기 위해 찾아온 회원들을 위해 자살 시도 예방 교육, 완화 의료(임종이 임박한 환자는 물론 장기적 치료가 필요하거나 투병 과정에서 큰 고통을 겪는 모든 환자와 가족에게 행해지는 신체, 정신적 의료행위), 돌봄 계획 등의 자살을 방지할 수 있는 의료행위도 하고 있습니다. 다만 이러한 노력조차 환자의 고통과 절망을 구원할 수 없다고 여겨질 때 환자의 선택에 따라 그가 존엄하게 죽을 수 있도록 자살을 지원해주는 것입니다.

디그니타스가 이를 '조력자살(Assisted suicide)'이라고 하지 않고 '동행자살(Accompanied suicide)'이라고 하는 것도 이와 비슷한 맥락입니다. 자살을 하는 것은 너무도 무섭고 위험한 일이고 이를 목격한 다른 사람조차 평생의 트라우마로 남을 수 있는 고통의 순간입니다. 그러나 디그니타스가 지원하는 조력자살은 환자의 의견이 존중되며 죽음에 이르는 과정까지 존엄이 지켜지는 선에서 안전하게 이뤄집니다.

우리나라의 경우 디그니타스를 통해 안락사를 계획하거나 고민 중인 한국인이 2019년 기준 마흔일곱 분이 계시며 이미 두 분이 조력자살로 세상을 떠나셨습니다. 이 두 분은 다른 누구보다도 "자신의 죽음을 존중해주는 사람들 사이에서 떠나시지 않았을까?"라고 조심스레 추측해봅니다.

존엄한 죽음이란 무엇인가?

. . . .

존엄사, 조력자살에 대한 찬반 논의는 여전히 뜨겁습니다. 죽음이 선택의 영역이 될 수 있다고 생각하는 사람은 존엄사에 대해서도 찬성을 하게 될 것이고, 반대로 "개인이 선택할 수 있는 영역이 아니다."라고 생각한다면 존엄사에 대해서도 반대를 할 것입니다. 하지만 저는 이 글을 통해 존엄사의 옳고 그름의 여부를 따지고자 하는 것이 아닙니다. 더 중요한 것은 왜 많은 사람이 존엄사, 특히 조력자살을 선택할 수밖에 없는 상황에 이르게 되었냐는 것이죠.

스위스가 조력자살 허용 국가 중에서도 가장 널리 알려진 이유는 바로 조력자살을 하기 위한 필요조건 때문일 것입니다. 네덜란드, 벨기에, 캐나다 같은 국가들 역시 조력자살을 합법으로 규정하고 있지만, 필요조건을 보면 적극적 존엄사와 큰 차이를 두고 있지 않습니다. 개선의 여지가 없을 정도로 엄청난 고통을 동반하고 있는 불치병의 경우에만 조력자살을 허용하고 있습니다.

하지만 스위스는 다릅니다. 필요조건이 없다시피 합니다. 스위스에 거점을 둔 디그니타스는 조력자살을 진행하기 전 회원과의 여러 절차를 진행하고 있습니다. 그러나 자격이 정해져 있지는 않습니다. 회원이 불치병을 가지고 있든, 우울증을 심하게 앓고 있든, 혹은 경제적인 어려움에서 벗어나고 싶다는 생각으로 자살을 마음먹게 되었든 조건에 상관없이 단지 "이기적인 동기로 다른 사람의 자살을 도와서는 안 된다."라는 규정만 지켜진다면 누구나 조력자살을 할 수 있습니다.

저는 여기서 죽음에 대한 사회의 책임을 묻고 싶습니다. 죽음은 물론 선택 영역이 될 수 있습니다. 막말로 우리는 자신의 의사와는 상관없이 이 세상에 태어났습니다. 그렇다면 적어도 죽음에 있어서는 자유가 있어야 하겠지요. 하지만 죽음의 과정은 상당한 고통과 스트레스를 동반합니다. 일반적인 상황이라면 단지 죽고 싶다는 이유만으로 죽음을 택하려고 하진 않을 것입니다.

결국 죽음을 생각하고 자살을 시도하는 행위(병의 유무나 물리적인 고통과는 상관없이)는 그것을 시도하는 사람이 어떠한 위험에 처해 있기 때문에 이뤄진 결과입니다. 그렇다면 자살하려는 개인을 책망하거나 행위의 시시비비를 가리기보단 자살을 할 수밖에 없는 상황을 만든 사회에게 그 책임을 물어야 하는 것이 옳습니다.

죽음에 대해 급진적이고 심지어 조력자살에 대해서 미덕을 보이는 스위스는 이 비판에서 결코 자유로울 수 없는 입장에 있습니다. 영국 〈이코노미스트〉에서 2015년에 발표한 '죽음의 질 순위'에서 스위스는 80개국 중 15위를 기록했습니다(영국 1위, 호주 2위, 대만 6위, 일본 14위, 대한민국 18위). 이러한 죽음의 질 순위는 호스피스와 같은 '완화 의료제도'가 얼마나 잘 구축되어 있는지에 따라 결정된 것이라고 합니다.

15위를 기록한 스위스는 의료 기술에 있어서는 다른 나라와 견주어 봐도 밀리지 않는 우수한 시스템을 가지고 있습니다. 그러나 완화 치료, 호스피스 케어 분야로 넘어가면 이야기는 달라집니다. 국가 차원의 완화 치료 시스템을 만들기 시작한 것은 겨우 2010년에 불과하죠. 분명한 것은 스위스의 불치병 환자 및 병의 말기에 있는 사람 혹은 정신적인 부분에서 치명적인 병을 가지고 있는 사람들 역시 완화 치료가 아닌 조력 자살을 선택하는 비율이 점점 늘어나고 있다는 것입니다.

우리나라의 상황은 스위스보다 더 나쁩니다. 죽음의 질 지수는 스위스(15위)보다 낮은 18위이고 자살률은 2019년 OECD 국가 기준 1위를 기록하고 있습니다(10만 명 당 26.9명, 하루 평균 38명이 목숨을 스스로 끊습니다). 우리나라의 완화 치료 체계의 결함은 스위스와 비슷합니다. 기대수명이 늘어나고 의료 기술은 선진화되었지만, 사람들은 호스피스 병동을 혐오하기까지 합니다(호스피스 병동은 대표적인 님비[NIMBY; Not In My Back Yard] 시설입니다).

우리나라의 노인자살률(한국의 노인자살률 역시 OECD 1위를 기록하고 있습니다)은 지속적으로 증가하고 있다고 합니다. 그런데 이건 많은 분이 심각한 병을 가지고 있음에도 불구하고 호스피스 병동을 가는 게 아니라 자살을 선택하고 있다는 말이기도 합니다. 치명적인 병의 결함뿐만이 아니라 경제적으로 어려운 상황이나 정신적인 부분에서 상처를 가지고 있는 분들 역시 마찬가지겠지요. 이런 점에서 저는 우리 사회가 이들이 편하게 죽을 수 있는 시스템을 마련해주는 게 아니라, 이들이 죽음에 대한 고민을 할 필요가 없는 사회를 만들기 위해 노력해야 한다고 생각합니다.

동물에게도
권리가 있을까?

KBS 2TV에서 길고양이들의 삶을 조명한 〈그 동네, 그 고양이들〉이라는 다큐멘터리를 시청한 적이 있습니다. 이 방송의 배경이 되었던 곳은 고양시 일산동구 장항동으로 2019년 10월부터 재개발 사업이 진행되고 있는 곳입니다. 장항동은 원래 도심 못지않게 많은 사람이 살던 곳입니다. 그래서 사람들과 함께 고양이들도 이곳에서 삶의 터전을 꾸려나갔습니다. 하지만 재개발 구역으로 선정되면서 사람들은 하나둘 떠나가기 시작했고 그곳에는 고양이들만이 남게 되었죠.

그렇게 고양이들의 자유로운 터전이 되었던 것도 잠시, 건물의 붕괴와 트럭의 통행, 들개의 출몰과 같은 사건들은 고양이들의 생존에 큰 위협이 되었습니다. 고양이는 영역 동물이기 때문에 자신의 터전을 빠져나가는 것이 쉽지 않았고, 쓰레기를 주워 먹어 건강이 악화되거나, 건물

잔해에 깔려 죽기 부지기수였습니다. 그렇게 생명이 다한 고양이는 터덜터덜 걸어오는 구청 직원에 의해 폐기물 쓰레기봉투에 담겨 그 생을 완전히 마감하게 됩니다.

방송에 대한 부분을 전부 다 설명한 것은 아니지만, 이 짧은 장면으로도 참 많은 것을 느끼게 됩니다. 고양이는 분명 많은 사람에게 사랑받는 동물입니다. 캣맘(Cat Mom)들이 나서서 길고양이들에게 먹이를 주기도 하고, "간택을 받았다."라는 표현이 있을 정도로 일부 길고양이들은 사랑을 듬뿍 받는 반려 고양이가 되기도 하죠.

하지만 고양이는 각종 민원의 대상이 되기도 합니다. 발정기가 되면 암컷 고양이들이 내는 울음소리로 인해 각종 구청에서는 이와 관련된 일로 민원이 들어오기도 하고, 심지어 고양이들을 향해 폭력을 휘두르는 사람들도 있을 정도죠. 그런데 고양이가 폐기물 봉투에 담겨 사라지는 모습은 저에게는 충격이었습니다.

동물은 분명 생명체이지만 이처럼 '재물' 취급을 받고 있습니다. 즉 일종의 소유물이자 물건이라는 뜻이죠. 이는 비단 고양이뿐만 아니라 인류와 가장 오랜 시간을 보내온 개, 그리고 가축으로 키워지는 돼지, 소, 닭도 마찬가지입니다. '1천만 반려인'이라는 말이 과장이 아닐 만큼 많은 사람이 집에서 개나 고양이 같은 반려동물을 키우고 있고, 반려동물이 아닐지라도 동물에 대한 인식이 점차 나아지고 있는 것은 사실입니다.

우리들은 TV나 인터넷을 통해 간접적으로나마 인간의 욕심에 의해 희생당하는 야생동물들의 모습을 보며 때로는 슬픔을, 때로는 분노를, 때로는 안타까움을 느낍니다. 해마다 수백 마리의 고래들이 포경선에 의해 떼죽음을 당하고 한창 보호와 사랑을 받아야 하는 새끼 코끼리들은 눈앞에서 어미 코끼리의 죽음을 목도해야 합니다. 이러한 모습을 보며 우리는 동물이 "비록 같은 인간은 아닐지라도 그에 준하는 권리를 만들어 보호를 해야겠다."라는 생각을 하게 됩니다. 그들을 더 이상 재물이 아닌 생명체로 보자는 것, 이것이 바로 '동물권'입니다.

동물권이라는 개념이 처음으로 태동하기 시작한 것은 1975년이었습니다. 이때 생명윤리학자인 피터 싱어(Peter Singer)에 의해 주창되었죠. 그는 자신의 저서 『동물 해방』을 통해 동물이 인간처럼 행복과 고통을 느낄 수 있을 정도의 지각·감각을 갖추고 있기 때문에 공리주의에 따라 모든 동물을 고통으로부터 해방해야 한다고 주장했습니다.

우리는 누군가에게 고통을 가할 수 있습니다. 폭력을 휘두르고 학대를 저지르기도 하죠. 심지어 살인을 저지를 수도 있습니다. 그 과정에서 피해자는 엄청난 고통과 공포에 빠지게 됩니다. 이처럼 남의 생명을 앗아갈 수 있는 행위는 당연히 범죄입니다. 따라서 동물권은 인간뿐만 아니라 동물도 고통을 느끼기 때문에 이들을 학대하고 죽여서는 안 된다는 것입니다. 1978년에는 '세계 동물권 선언'이 발표됨으로써 인간이 동물을 이해하고 존중해야 하며 모든 동물은 인간의 관심과 보호를 받을 권리를 가진다는 내용을 담게 됩니다.

그러나 아직 갈 길은 멉니다. 사람들은 동물 역시 인간과 마찬가지로 고통을 느낄 수 있다는 것을 어렴풋이 알고 있지만, 그들에게 죽음의 공포로부터 자유로워질 수 있는 권리가 있다는 건 이해하지 못합니다. 물론 동물에게도 권리가 있다고 해서 그들에게 투표권을 주고, 의무 교육을 시행해야 하냐고 반문하는 사람들도 있습니다. 다만 동물권은 성격이 온순하다는 이유만으로 생체 실험의 대상이 되는 비글, 한 발자국도

여기서 잠깐! 피터 싱어의 『동물 해방』이란?

『동물 해방』은 오스트레일리아 출신의 철학자 피터 싱어의 대표적인 저서로 1975년에 발표되었다. 동물 해방 운동가 사이에서는 이 책이 그 사상의 기반이 되는 철학적 선언으로 널리 읽힌다. 그는 고통을 느낄 수 있는 모든 존재가 동등하게 고려되어야 하며, 이들을 종(種)에 근거해서 하찮은 미물로 취급하는 것은 인간을 피부색에 따라 차별하는 것보다 더 낫지 못하다고 주장한다. 그는 지성이 아니라 고통을 느낄 수 있는 능력 때문에 동물이 존중받아야 한다고 말한다.

움직일 수 없는 좁은 케이지 안에 갇혀 억지로 알을 낳아야 하는 암탉, 노후화된 장비로 인해 뚜렷한 의식을 가진 채 끔찍한 고통을 맛보며 도살되어야 하는 소, 돼지 등이 고통에서 해방되어 생명의 주체로서 스스로의 삶을 누릴 수 있도록 해주자는 것입니다.

하지만 놀랍게도 동물들의 이러한 삶이 보편화된 것은 얼마 되지 않았습니다. 과거 산업혁명 이전만 하더라도 인간과 동물은 공생하는 관계였습니다. 비록 인간이 식량을 얻는 과정에서 동물을 죽여야 했지만 그 이상을 위해 동물을 잔인하게 살육하는 행위는 하지 않았습니다. 물론 전통이라는 명목으로 동물을 잔인하게 이용하는 투우나 투견, 사냥 등의 행위는 과거에도 있었습니다. 하지만 현재 전 세계적으로 식량을 얻기 위해 이뤄지는 공장식 축산을 생각해보면 그 규모는 미미하기만 합니다. 산업혁명 이후 자본주의가 시작되면서 대량 생산은 보편화되었습니다. 말 그대로 많이 찍어내야 많이 벌 수 있는 시대가 되었죠.

이는 식량도 마찬가지였습니다. 과거에는 최소한의 생명 유지와 생계를 이어나가기 위한 수단으로 동물을 가축화시키고, 그들로부터 고기를 취했습니다. 하지만 자본주의로 인해 인간의 생활은 풍족해졌고, 이 풍족함은 폭발적인 인구 증가로 이어졌습니다. 이렇듯 공급도, 수요도 늘어난 상황에서 식량 생산 역시 다른 제품들과 마찬가지로 많이 찍어낼 수만 있다면 좋은 돈벌이 수단이 됩니다. 이 때문에 식량 생산과 관련된 업종에서 종사하는 이들은 최소한의 비용으로 많은 식량을 관리할 수 있는 '공장식 축산 시스템'을 고안하게 됩니다.

'공장식 축산 시스템'은 동물의 밀집도를 높이고 주변 환경의 조건에 구애받지 않으면서 생산량을 증대시키는 방법입니다. 동물의 생활 패턴이나 건강을 전혀 고려하지 않은 채 이들이 양질의 식량을 생산할 수 있는 방법에만 초점을 맞춘 축산 시스템이라고 할 수 있습니다. 앞서 이야기했던 조그만 케이지 속에 갇혀 알을 낳아야 하는 암탉뿐만 아니라 임신 틀에 갇혀서 주기적으로 새끼를 출산해야 하는 돼지, 호르몬 주사를 맞아서 매일 우유를 짜내야 하기에 염증이 가득한 젖을 달고 살아야 하는 젖소가 대표적인 공장식 축산의 피해자입니다.

공장식 축산 시스템은 동물 개별 종의 생태적 특성을 고려해서 관리하는 방목형 축산과 반대되는 개념이기도 합니다. 인류는 이전까지 방목형 축산을 통해 충분한 식량을 생산하고 보급할 수 있었습니다. 하지만 재화의 풍족함은 좀 더 많은 양의 음식을 취하고 싶다는 탐욕으로 이어졌고 공장식 축산 시스템을 탄생시켰습니다.

그럼에도 불구하고 공장식 축산 시스템을 반대하는 이들에게 찬성론자들은 '속 편한 소리'라고 일축해버리기도 합니다. 하루하루 먹고살기 힘든데 동물의 복지까지 챙겨줘야 하느냐고 말이죠. 하지만 이러한 공장식 축산 시스템이 오히려 인간 사회를 옥죄여 오고 있다면 어떨까요? 공장식 축산 시스템 찬성론자에게 들려주고픈 두 가지 이야기가 있습니다.

첫째, 환경오염에 대한 이야기입니다. 우리가 공장식 축산 시스템에서 벗어나야 하는 이유 중 하나는 이 시스템이 환경오염에 크게 일조하고 있기 때문입니다. 당장은 이해가 되지 않을 수도 있습니다. 동물을 대량으로 가둬놓고 키우는 방식이 어째서 환경을 오염시키고, 심지어 기후변화에 영향을 주냐고 말이죠. 환경오염과 기후변화에 대응하는 유엔 산하 국제협의체인 IPCC(Intergovernmental Panel on Climate Change, 기후 변동에 관한 정부 간 협의체를 말한다)에 따르면 지구 온도 상승을 1.5도 이내로 제한하려면 육식 위주의 식습관을 바꿔야 한다고 합니다.

현 인류의 육식 수요를 공급이 따라가기 위해선 가축을 대량으로 키워야 하는데, 가축들에게서 지구온난화를 촉발하는 메탄가스(가축의 트림이나 배설물에서 배출)나 이산화질소(가축의 배설물이나 곡물 재배에 이용되는 비료에서 배출)가 나오기 때문입니다. 미국의 작가이자 사회운동가인 조너선 사프란 포어(Jonathan Safran Foer)는 "1960년 공장식 축산이 시작되고 1999년까지 메탄 농도는 지난 2000년 중 어느 시기의 40년과 비교해도 6배 더 빨리 증가했다."라고 밝힙니다.[1]

실제로 메탄가스와 이산화질소는 이산화탄소보다 각각 23배, 300배 더 강력한 온실 효과 영향을 미친다고 합니다. 공장식 축산은 대규모 산림을 파괴하고 엄청난 양의 수자원을 낭비합니다. 브라질의 아마존 산림

---

1 조너선 사프란 포어 지음/송은주 옮김, 『우리가 날씨다』, 민음사, 2020년

이 파괴되는 원인 중 70%가 소를 기르는 목장을 만들기 위함이고, 소의 주요 사료인 대두(Soy)를 재배하기 위해선 대량의 수자원을 필요로 합니다.

극단적인 예시로 토마토 1kg을 생산하기 위해선 단 214ℓ의 물만 필요하지만, 같은 양의 소고기를 생산하기 위해선 약 1만 5,500ℓ의 물이 필요하다고 합니다. 세계에서 세 번째로 물을 많이 사용하는 한국의 1인당 일일 물 사용량이 287ℓ(2016년 기준)인 것을 생각해보았을 때 공장식 축산이 미치는 영향은 어마어마한 수치로 드러나는 셈입니다.[2]

둘째, 공장식 축산은 축산업자의 생계를 위협합니다. 많은 사람이 공장식 축산을 찬성하는 주요 원리로 현재의 시스템이 붕괴한다면 축산업자들의 '먹고살 길'이 없어진다고 이야기합니다. 하지만 오히려 현재의 공장식 축산 시스템은 소나 돼지에게 먹일 사료 곡물을 수입에 의존하게 되면서 축산과 논·밭농사의 선순환적인 관계를 파괴했습니다.

과거에는 논·밭농가에서 생산된 곡물을 축산 농가에서 소비하는 구조였습니다. 그러나 육류 소비량이 기하급수적으로 늘어나면서 대부분의 농가가 '수요가 많은' 축산업으로 변화했습니다. 그러면서 대량의 가축에게 먹일 사료 곡물은 수입에 의존하게 되었습니다(우리나라는 세계에서 일곱 번째로 곡물 수입량이 많은 국가입니다).

한국은 곡물자급률이 낮은 국가이고, 만약 식량 위기로 인해 전 세계적으로 곡물 공급량이 줄어든다면 국내 축산업자들은 대량의 가축들에

---

2   김혜린, '[먹고 입고 사랑하라] 인간에 의한, 인간을 위한 공장식 축산', 환경운동연합, 2019년

게 먹일 사료 값을 감당해내기 힘들 것입니다. 식량 안보[3]의 측면에서 본다면 우리나라의 축산 업계는 말 그대로 살얼음판을 걷고 있는 셈인 것입니다.

국외 사료 곡물의 안전성에 대해서도 문제가 많습니다. 한국에서 주로 수입하는 사료 곡물은 바로 유전자 조작(GM; Genetically Modified)으로 생산된 곡물이며 GM 옥수수나 GM 콩은 제초제에 내성을 가진 종자로 키워집니다. 제초제에 내성을 가진 종자라는 것은 바꿔 말하면 곡물을 키우는 데 많은 양의 제초제가 들어갔음을 의미하는 것입니다.

한국의 곡물자급률 및 밭 식량작물 생산량 변화[4]

식량 작물	밀	콩	옥수수
곡물 자급률	0.7%	6.6%	26.7%
밭 식량작물 생산량: 59만 5천 톤(2010년) → 54만 9천 톤(2019년)			
밭 식량작물 생산면적: 20만 3천ha(2010년) → 19만 4천ha(2019년)			

우리는 이제 공장식 축산이 도의적, 생태적, 그리고 사회경제적 측면에서 모두 문제가 많다는 것을 인정해야 합니다. 자, 그럼 다시 동물권에 대한 이야기로 돌아가 보겠습니다. 공장식 축산에 저항하면서 동물권을 실천할 수 있는 가장 좋은 방법은 무엇일까요? 물론 여러 가지 대안이

---

3 국가가 인구 증가, 천재지변 등의 각종 재난, 전쟁과 같은 특수한 상황에서도 항상 국민들이 일정 수준의 식량을 소비할 수 있도록 적정 식량을 유지하는 것
4 이병성, '우리나라 세계7위 곡물수입국… 밀 자급률 0.5%, 콩 6.6% 불과', 한국농어민신문, 2021년 10월 19일

있겠습니다만 현대 동물권 운동에서 가장 중요시되고 있는 것은 바로 채식주의 운동, 즉 비거니즘(Veganism)입니다.

비거니즘은 단순히 육류·어류·달걀·유제품 등 동물성 식품을 먹지 않고 채식만을 하겠다는 채식주의를 넘어 삶의 전반에서 동물에 대한 착취를 거부하는 철학을 내포하는 개념입니다. 동물권은 인간이 고기를 먹는 행위에 대해 부정하는 개념은 아닙니다. 다만 고기를 얻는 생산 시스템이 가지고 있는 잔혹함에 대해 분노하고 이 시스템을 개선해나가기 위한 하나의 운동인 셈입니다. 여기에 더 나아가 비거니즘은 인간이 다른 생명을 가진 개체를 죽이면서 얻게 되는 모든 소비 활동을 부정하는 것입니다.

동물에 대한 연민과 공감성이 한 번으로 그친다면 자기만족에 지나지 않습니다. 하지만 도덕과 정의를 위해 행동하려면 반드시 연민과 공감성이 있어야 하죠. 그리고 비거니즘은 이 두 가지를 발현시키는 가장 좋은 실천적 행동 중 하나입니다. 비거니즘을 단순히 '육류를 먹지 않고 채식만을 하는 행위'로만 정의내릴 수 없는 것도 바로 이런 이유에 있습니다. 비거니즘 운동은 비단 동물권에서뿐만 아니라 도덕과 정의를 실현시키기 위한 다른 운동에까지 지대한 영향을 미칠 수 있기 때문입니다.

비거니즘이 추구하는 사회적 변화에 대한 이야기를 하기 위해선 글 초반에 다뤘던 동물을 재물로 바라보는 시선에 대한 이야기를 더 해야 합니다. 우리나라는 국제동물보호단체(World Animal Protection)가 발표한 동물 보호 지수[5]에서 D등급을 받았습니다. 가장 높은 A등급을 받은 국

---

5 입법과 정책에 있어서 동물 복지를 보호하고 개선하려는 국가의 노력을 측정하는 지표

여기서 잠깐! 비건의 종류

① 달걀은 먹지만 유제품은 먹지 않는 '오보 채식주의(Ovo Vegetarianism)'

② 유제품은 먹지만 달걀은 먹지 않는 '락토 채식주의(Lacto Vegetarianism)'

③ 달걀과 유제품 모두를 먹는 '오보-락토 채식주의(Ovo-lacto Vegetarianism)'

④ 그 밖에 생선까지도 먹는 '페스코 채식주의(Pesco vegetarianism)'

⑤ 동물에게서 나온 모든 제품을 먹지 않는 '완전 채식주의(Veganism)'

⑥ 채식을 하지만 아주 가끔 육식을 겸하는 준(準)채식 '플렉시테리언(Flexitarian)'

가는 아예 없고 B등급을 받은 국가 역시 스위스, 스웨덴, 오스트리아, 덴마크, 네덜란드, 영국 이렇게 6개국에 불과합니다. 물론 이 수치는 매해 변동을 보이고 있습니다. 그리고 현재 B등급에 머물러 있는 국가들은 과거 A등급을 받았을 만큼 충분한 동물법과 복지가 마련되어 있는 국가입니다.

특히 영국의 경우 동물학대에 대한 처벌 수위가 굉장히 높습니다. 영국에서 동물학대를 할 경우 최고 형량이 5년에 달하며 약 3천만 원에 달하는 벌금을 낼 수도 있습니다. 그에 반해 한국은 여전히 동물을 재물, 사유재산 정도로 취급하고 있습니다. 실제로 국내에서 벌어지는 많은 동물학대죄는 형법 제360조 점유이탈물횡령죄[6]로 적용받고 있습니다. 형량이 낮기 때문에 가해자들은 크게 죄책감을 느끼지 않으며 언제든

6　유실물, 표류물 또는 타인의 점유를 이탈한 재물을 횡령한 자는 1년 이하의 징역이나 300만 원 이하의 벌금 또는 과료에 처한다(제1항).

다시 범죄를 저지를 수 있는 가능성을 보여주기도 합니다. 법무부에 따르면 2016년에서 2020년 10월까지 동물학대 등으로 검찰 처분을 받은 3,398명 중 구속, 기소된 피의자는 2명뿐이며 절반 이상인 1,741명은 불기소 처리된 바 있다고 합니다.

이로 인해 동물학대의 방식은 점차 증가하고 잔인해지고 있습니다. 지난 2021년 1월, 길고양이를 고문, 학대하고 잔인한 방식으로 살해해 사진이나 영상을 공유하는 일명 '고양이 N번방'은 많은 사람을 충격에 빠뜨렸고 국민적인 공분을 사게 했습니다. 하지만 이들이 강력한 형벌을 받을 가능성이 있는지에 대해 물어본다면 의문이 생깁니다. 과거 선례만 보더라도 동물들을 잔인하게 죽인 사건들은 셀 수 없을 정도로 많지만 징역형이 내려지기는커녕 단순 벌금이나 사회봉사 부여, 집행유예로 끝난 경우가 대다수이기 때문입니다.

그런데 더욱 문제가 되는 것은 바로 그 이후입니다. 범죄심리학자들은 끔찍한 범죄를 저지르는 범죄자들의 전조 신호로 '동물학대'를 꼽습니다. 왜냐하면 강아지나 고양이처럼 인간과 비교해서 취약한 존재를 향해 휘두르는 폭력은 이후 여성, 아동, 장애인, 노인 등 사회적 약자를 향한 폭력으로 이어질 수 있기 때문입니다. 동물을 하나의 생명체가 아닌 재물로 보고 학대해 심지어 생명을 앗아가는 행위를 했음에도 불구하고, 죄를 저지른 가해자를 강력하게 처벌하지 않는 것은 법이 범죄를 방조하고 있는 것이나 마찬가지입니다.

비거니즘을 포함한 동물권 운동이 도덕과 정의를 실천하기 위한 행동이 될 수 있고, 또 다른 권익증진 운동들과 결합할 수 있는 것도 이런 이유 때문입니다. 비거니즘 운동이 동물에 대한 연민으로 그치지 않고 억압받는 이들을 향한 사회적 공감으로 확대될 수 있기 때문이죠. 이는 피터 싱어가 이야기했던 '종(種)차별주의'에 저항하기 위해 탄생한 '종차별 반대주의'와도 맥락을 같이합니다.

여성이라는 이유만으로, 장애인이라는 이유만으로, 성소수자라는 이유만으로 억압과 차별을 받아선 안 되는 것처럼 동물 역시 동물이라는 이유만으로 잔인한 폭력을 당하고, 생체 실험의 대상이 되고, 햇볕 하나 제대로 보지 못하는 케이지 속에서 평생을 살아가야 하는 시스템에서 해방될 수 있도록 힘써야 합니다. 이것이 바로 동물권을 실천해야 하는 가장 중요한 동기입니다. 그렇다면 우리가 일상에서 실천해볼 수 있는 동물권 행동으로는 무엇이 있을까요?

첫째, 동물보호법과 같은 동물과 관련된 정치적 의제에 관심을 가지고 이에 대해 목소리를 내는 정치인들을 지지해주는 것입니다. 동물은 투표권 같은 권리는 없을지언정 정치적인 주체입니다. 그들이 스스로 목소리를 낼 수 없으니 그들의 생명과 권리를 보장할 수 있는 정치적인 의제를 인간이 대신 내주고 목소리를 높여줄 수 있습니다. 국내의 동물보호법은 아직 갈 길이 멉니다. 동물을 재물로 바라보는 시선부터 동물학대죄에 대한 처벌까지 미약하기만 합니다. 이러한 약점을 곧바로 보완할 수 있는 것이 바로 동물의 권리를 위한 법률을 제정하는 것이겠죠.

둘째, 동물권 보호 단체에 가입하고 이들을 후원하는 것입니다. 동물권 보호 단체는 동물들의 권익증진을 위해 최전선에서 싸우고 있습니다. 따라서 개인이 동물권 보호 단체에 가입해 정부와 입법기관을 대상으로 법률과 정책을 제안하고, 더 많은 사람에게 동물에 대한 도덕적 책무를 인지시켜 사회를 변화시켜야 합니다. 이를 위해 다양한 캠페인과 교육을 진행하고 있습니다.

셋째, 비거니즘을 실천하는 것입니다. 곧바로 모든 육류 소비를 중단하고 채식만을 소비하는 것도 좋습니다. 그러나 그것이 힘들다면 조금씩 식습관을 바꿔나가는 것도 좋은 방법입니다. 그리고 내가 지금 먹고 있는 달걀이 어디서 왔는지(방목형 축산에서 나왔는지, 공장식 축산에서 나왔는지)를 확인하고 소비하는 것도 좋은 방법일 것입니다. 또한 식생활뿐만 아니라 동물의 털, 깃털, 가죽을 사용한 의류 및 생활용품, 동물성 원료를 사용하거나 동물 실험을 시행한 화장품, 목욕용품, 세제류 등을 소비하지 않는 것도 중요한 실천적 행동이 될 수 있습니다.

그래서 이번엔
메타버스라고?

새로운 미디어에 적응하는 법

. . . .

어린 시절, 저에게 혁신적인 미디어는 바로 컴퓨터와 인터넷이었습니다. 반대로 퇴근하신 아버지가 주로 보시는 건 거실의 TV였습니다. 물론 TV가 어린 제게 재미가 없던 것은 아니었습니다. 그러나 TV가 아버지께서 그렇게 몰두할 정도로 매력적인 것이었는지는 조금 의문이 들었습니다. 그런데 어느새 저도 어른이 되어 아버지와 같은 신세가 되었습니다. 봉사활동을 하며 만난 초등학생 친구가 쉬는 시간에 자연스럽게 함께 틱톡(TikTok)을 찍자고 권하는 모습이나 아이들이 누구보다 제페토(Zepeto)와 로블록스(Roblox)에 빠져 노는 모습은 분명 제가 경험하고 이해했던 미디어 환경은 아닙니다.

그 아이들도 우리가 그랬듯이 자신들이 좋아하는 놀이에 어른이 눈치 없이 침범하지 않는 것을 다행으로 여기면서, 우리의 놀이를 조금 낡은 것으로 여길지도 모르죠. 이 이야기가 여기까지였다면 저는 그저 요새 아이들의 문화를 이해하지 못하고 뒤처지기 시작한 한 명의 어른 정도로 남을 수 있었을 것입니다. 아이들의 놀이가 메타버스라는 개념으로 불리기 시작하더니 이제는 너도나도 이것으로 서비스를 만들겠다고 선언하지 않았다면 말이죠.

지금까지 PART 4에서 다뤘던 여러 미래사회에 대한 이야기 중 저희를 가장 혼란스럽게 했던 것은 바로 이 '메타버스'라는 개념입니다. 물론 이번 장에서 이야기하고자 하는 것은 메타버스에 국한된 이야기는 아닙니다. 항상 새롭게 등장할 때마다 우리를 혼란스럽게 하는 새로운 미디어들, 그리고 앞으로 나타날 미래의 미디어들까지 포괄할 수 있는 이야기입니다. 매체가 우리의 삶과 인식을 어떻게 바꾸는지, 우리는 어떻게 매체에 대처해야 하는지에 대한 이야기지요. 먼저 현재 우리를 혼란스럽게 하고 있는 가장 뜨거운 매체인 메타버스에 대해 이야기하고자 합니다.

메타버스라는 키워드가 등장한 이유는 명백했습니다. 지독한 팬데믹 (Pandemic, 감염병의 세계적 유행)은 오프라인에서 사람과 사람이 얼굴을 마주볼 기회를 줄였습니다. 그러나 사람들에겐 관계를 이어나가고자 하는 욕구가 있어 비대면 커뮤니케이션 방법을 찾게 되었습니다. 팬데믹 기간 동안 기존에 존재하던 화상회의 서비스인 '줌(Zoom)'이나 '스카이프 (Skype)'를 이용한 온라인 모임이 생겨났고 혼자서 하는 취미인 홈텐딩 (홈+바텐딩), 홈카페, 홈짐이 늘어났습니다. 그리고 '왓챠(Watcha)'나 '넷플릭스(Netflix)' 같은 OTT(Over The Top) 서비스에서도 영화관처럼 온라인에서 함께 시청할 수 있도록 파티 서비스가 도입되었습니다. 이렇듯 팬데믹으로 몸은 떨어지더라도 마음이 함께 할 수 있는 방법들이 도입되었습니다.

게임적인 문법에 익숙한 청년들은 온라인 게임의 가상 세계에서 모임을 가지면서 로블록스나 제페토 같은 서비스에 주목하게 되었죠. 저 역시도 비교적 게임적인 문법에 익숙한 사람이어서 사람이 많은 카페나 바(Bar) 대신 온라인 게임을 통해 가상 세계에서 지인들과 만남을 이어왔습니다. 그런데 2020년부터 조금 이해하기 어려운 이야기를 듣게 되었습니다. 2006년에 출시된 샌드박스 RPG게임인 로블록스에서 125만 명의 유저들이 2020년 한 해 동안 총 3,619억 원을 벌어들였다는 소식이었습니다. 그리고 이와 함께 메타버스라는 개념이 새롭게 떠오르기 시작했습니다.

저는 처음에 메타버스가 VR(Virtual reality)이나 AR(Augmented Reality)의 상위 개념이거나 게임과 비슷한 개념인 줄 알았습니다. 그러나 곧 기업들이(심지어 공공기관에서도) 서비스를 만들기 위해 투자하겠다고 나서니 메타버스를 그저 '게임과 비슷한 것'이라고 이해할 수는 없었습니다. 하지만 메타버스라는 개념에 대한 설명을 들으면 들을수록 점점 안개 속에 빠져들었습니다. 저는 두 가지가 궁금했습니다.

첫째, 메타버스가 기존의 MMO[7]와 무엇이 다른지

---

7   Massively Multiplayer Online, 온라인을 통해 많은 사람이 동시에 접속해서 플레이하는 게임

둘째, 메타버스라는 것이 과연 기업이나 정부에서 이야기하는 것처럼 기존의 게임과 미디어와 차별화될 정도로 혁신적인지

메타버스의 학문적인 개념에는 부합하지 않지만 제게 메타버스 같은 향수를 불러오는 세계관을 하나 회상해보라고 한다면 2004년에 서비스를 시작한 MMORPG 게임 '마비노기'를 들 수 있을 것 같습니다. 마비노기는 중세 북유럽 신화를 모티브로 한 가상 세계 '에린'을 배경으로 한 RPG 게임입니다. 그래서 스토리나 전투적인 놀이뿐만 아니라 플레이어들이 캠프파이어에 둘러앉아 소통하고 악보를 공유하며 연주하기도 합니다. 또한 게임 내부에서 사람들의 수요와 공급에 따라 재화의 가격이 정해지는 등 나름의 경제 논리에 의해 디지털 통화가 유통되었습니다.

지금 와서 생각해보면 이런 시스템이 일종의 메타버스였다는 생각이 듭니다. 실제 많은 기업과 공공기관이 내놓는 메타버스 전시관과 박물관, 메타버스 채용 설명회와 콘퍼런스를 보면 기존 게임의 모습과 큰 차이는 없습니다. 이건 메타버스의 초기 형태가 바로 게임이기 때문입니

고유 공간	그래픽 인터페이스	즉시성
상호 작용	영속성 (가상공간이 개별 사용자로부터 독립되어 공간과 사물이 지속적으로 존재함)	커뮤니티 (사용자들의 다양한 욕구를 충족하기 위한 커뮤니티로 연결됨)

◆ 메타버스의 특성

다. 게임 개발자들이 역할 놀이와 승급(흔히 말하는 레벨), 허구적인 세계 관과 경쟁과 같은 특성을 합쳐 가상 세계, 즉 게임을 만들면서 초기 메타 버스를 구축한 것입니다.

메타버스의 초기 연구자인 베티 북(Besty Book)은 메타버스의 특성을 다음과 같이 정의합니다.[8] 그런데 이 특성은 게임이 가진 특성이기도 합 니다. 이 때문에 국가 예산이 투입되어 만들어지는 자칭 메타버스들은 초기의 게임들과 큰 차이를 느끼기 힘듭니다. 첫째 질문이었던 "메타버

 여기서 잠깐! 메타버스를 구성하는 기술들

① 인터넷: 현실의 정보 검색을 온라인으로 대체한다.

② 클라우드 컴퓨팅(Cloud Computing): 현실의 각종 작업을 온라인 공간에 옮겨 어디서든 단말기로 작업이 가능하다.

③ 온라인 게임: 현실의 친구와 온라인으로 만난다.

④ 온라인 쇼핑: 현실의 상점을 온라인에서도 이용 가능하게 한다.

⑤ 핀테크(Fin Tech): 현실의 금융 기관을 온라인으로 대체한다.

⑥ 사이버네틱스(Cybernetics), 사이버스페이스(Cyberspace): 현실의 인간이 기계(컴퓨터)와 상호 작용한다.

⑦ 인공지능: 현실의 인간 지능을 온라인에 있는 NPC의 인공지능이 대체하게끔 한다.

⑧ NFT: 저작권을 온라인으로 옮긴다. 디지털 파일에도 대체불가능한 원본성을 부여한다.

⑨ 암호화폐: 현실의 화폐를 온라인으로 옮긴다.

---

8 Besty Book, 'Moving Beyond the Game : Social virtual Worlds', 2004년. New York Law School에서 2004년 10월 28~30일 동안 개최된 'The Culture of Play' 콘퍼런스에서

스가 기존의 MMO와 다른 점이 무엇인가?"라는 의문은 게임이 초기의 메타버스이기 때문이라는 결론으로 답이 내려졌습니다. 그러나 그렇다면 왜 많은 사람이 메타버스를 혁신적인 것으로 여길까요? 이미 게임을 통해 경험했는데 말입니다. 왜 메타버스는 앞으로 투자할 가치가 있는 트렌드일까요? 이를 알기 위해선 메타버스를 구성하는 개별 기술이 무엇인지 알아볼 필요가 있습니다.

천천히 뜯어보면 메타버스는 확실히 신기술이라고 부를 만한 부분이 없습니다. 물론 제4차 산업혁명의 원동력으로 지목된 인공지능과 빅데이터, 사물 인터넷 등이 포함되어 있긴 하지만 메타버스 자체가 어느 날 갑자기 하늘에서 뚝 떨어진 미래 먹거리라고 보기는 어렵습니다. 〈포브스(Forbes)〉가 제4차 산업혁명의 분야를 호명할 때 메타버스는 등장조차 하지 않았습니다. 메타버스는 오히려 기술적인 혁신보다는 개념적인 진보에 가깝죠. VR, AR, 사이버스페이스 등 메타버스를 구성하던 것을 각각 사과, 배, 포도라고 기존에 불렀다면 이들을 한데로 묶을 '과일'이라는 개념, 즉 메타버스라는 상위 개념이 등장하면서 그것을 혁신적으로 여기고 있을 뿐입니다.

따라서 엄격히 따지고 보면 메타버스에 적용된 기술들은 고유한 신기술이 아닙니다. 사실 기존에 다 있던 것들을 한 번에 포섭할 수 있는 새로운 패러다임을 생각해냈고, 이 새로운 패러다임에 도전하기 위해 애플리케이션과 서비스의 재구성을 시도하는 단계에 가깝습니다.

비교적 새로운 것은 딥 러닝(Deep Learning)이 적용된 인공지능과 NFT 정도인데 아직 메타버스에 보편적으로 적용된 기술은 아닙니다. 메타버스를 마치 신기술로 만들어질 유토피아처럼 말하는 것은 투기 열풍으로 과장된 물신주의에 불과합니다. 심지어 모든 메타버스가 성공적인 것도 아닙니다. 팬데믹 시기에 메타버스가 주목받은 것은 결국 메타버스라는 개념 자체가 혁신적이라서가 아니라 가상공간이 사람과 관계를 이어나가고자 하는 팬데믹 시대의 욕구를 잘 중개해냈기 때문이죠.

이미 있는 기술이라고 혁신적이지 않을까?

. . . .

아마 메타버스에 대해 가장 날선 비판을 가했던 사람은 메타버스를 먼저 접한 게이머(Gamer)들일 것입니다. 그들은 게임이라 불리는 3차원 컴퓨터 그래픽 환경과 아바타 사이의 상호 작용을 누구보다 많이 경험하고 몰입해봤으며, 자신들이 좋아하는 세계(Verse)가 탄생하고 사라져 가는 과정을 누구보다 많이 경험해봤습니다.

생동감 넘치던 자신의 세계가 어느새 익숙해지고, 조금은 시들해져버린 공간으로 변하는 과정까지도 말이죠. 2003년에 등장한 메타버스의 시초 격인 세컨드 라이프(Second Life)부터 마인크래프트를 겪은 게이머들은 아무래도 본인들에게 익숙한 시스템이 혁신적이라고 불리는 것에 대해 복잡 미묘한 감정이 생겼을 것입니다.

그런데 메타버스란 개념이 정말로 레딧(Reddit)의 게이머들이 말하는 것처럼 "말도 안 되는(Bullshit)" 것일까요? 우리 주변에서 메타버스라는 용어는 지겹게 들려옵니다. 수많은 분야가 융합된 상위 플랫폼을 설명할 때 메타버스는 참 편리한 개념입니다. 따라서 여기저기 갖다 붙여지는 것입니다. 그렇다고 혁신적이지 않을까요? 때로는 이미 있는 것들을 잘 버무려 만든 것이 익숙한 단계를 뛰어넘어 혁신적으로 느껴질 때가 있습니다. 마치 카레 장인의 레시피처럼요. 저희가 오늘날 접하고 있는 수많은 혁신적인 서비스는 수많은 실패를 거쳐 도출된 것이고, 그 실패들을 자극했던 원동력이 존재했습니다.

초창기 수많은 온라인 서비스 기업이 무너지고 통합된 다음에 아마존(Amazon)과 구글(Google), 이베이(Ebay)라는 승리자가 등장했을 때 그 원동력을 제공한 것은 다름 아닌 가상공간에 대해 다룬 두 소설이었습니다. 1984년에 발매된 윌리엄 깁슨(William Gibson)의 SF소설 『뉴로맨서』는 온라인 공간에 대한 큰 영감을 제공한 당사자였습니다. 여기선 '사이버스페이스'라는 개념을 널리 퍼트렸는데 사이버스페이스는 오늘날의 인터넷이나 온라인 공간처럼 컴퓨터 네트워크를 통해 정보를 교환하고 비즈니스를 진행하는 공간입니다.

『뉴로맨서』는 핵전쟁과 전염병으로 인해 현실 세계가 망가졌지만, 대신 정보통신 기술과 생체 공학이 기형적일 정도로 발전한 가까운 미래 사회를 그립니다. 이 책은 이후 영화 〈공각기동대〉나 〈매트릭스〉에 큰 영향을 주었습니다. 『뉴로맨서』에서 사이버스페이스는 굉장히 추상적으로 설명되어 있습니다. 예를 들어 "데이터 들판" "새하얀 빛으로 이루어진 입방체" "컴퓨터에서 추출된 사물은 데이터베이스에 따라 완벽하게 재현되어 개인이 자유롭게 사고하고 항해하는 가짜가 아닌 현실의 공간이 된다." 등으로 묘사됩니다.

이에 대해 작가인 윌리엄 깁슨은 나중에 사이버스페이스에 대해 "힙(Hip)해보이고 독자들이 자신들의 상상력으로 사이버스페이스라는 개념을 상상할 수 있게 일부러 허술하게 개념을 잡았다."라고 인정했습니다. 그런데 오히려 그 허술함이 독자와 개발자들의 온라인 공간에 대한 비전과 상상력을 자극했습니다.

1992년에 발매된 닐 스티븐슨(Neal Stephenson)의 소설 『스노우 크래쉬』는 다소 추상적이던 사이버스페이스에 대한 묘사를 보충하면서 오늘날 흔히 쓰이는 사이버공간상 유저의 물리적 실체를 의미하는 아바타(Avatar)와 메타버스(Metaverse)라는 개념을 창조해냈습니다. 이 책의 파급력이 어찌나 대단했는지 책이 발표된 직후 미국에선 책 속에서 묘사된 메타버스를 실제로 구현해보려는 시도가 이어졌습니다. 당시 PC의 보급과 함께 각종 대학과 기업에 연구센터가 세워졌고 기업의 투자도 이어졌습니다(이를 '닷컴 열풍'이라고 부릅니다).

만약 사람들의 상상력을 자극했던 이런 작품들이 존재하지 않았다면 '닷컴 열풍'은 찾아오지도 않았을 것이며 오늘날의 구글과 아마존, 페이스북도 존재하지 못했을 것입니다. 물론 고작 두 소설이 오늘날 온라인 플랫폼 생태계를 만들었다는 것은 논리적인 비약이 있어 보입니다. 그러나 두 소설은 아직 개념조차 잡히지 않은 기술을 다루며 개인이 원하는 바를 발굴하고 이를 널리 공감시켰습니다.

우리는 흔히 인간의 욕망이 스스로 발현된 것이라고 생각합니다. 그러나 대개 자발적이지 못합니다. 인간은 타인과 관계를 가지지 못하는 텅 빈 공간에서 스스로 무엇을 원하는지, 뭘 해야 하는지 알지 못합니다. 왜냐하면 인간은 자신의 욕망을 중개하는 매체를 모방하기 때문입니다.

이런 점에서 『뉴로맨서』와 『스노우 크래쉬』는 인간이 사이버스페이스, 온라인 공간, 메타버스에서 어떤 욕망을 품어야 하는지, 그리고 어떤 기술을 발전시켜야 하는지 알려주는 욕망의 중개자 역할을 수행한 것입니다. 다만 『뉴로맨서』와 『스노우 크래쉬』에서 묘사된 메타버스 세상은 굉장히 추상적이었기에 초기 미국의 메타버스 사업은 안정적인 수익 모델을 찾지 못했습니다.

그러던 와중에 오히려 인터넷이 급속도로 보급되고 있던 한국에서 1995년에 온라인 채팅과 그래픽이 결합된 매체가 상용화에 성공하면서 메타버스 사업의 비즈니스 모델이 만들어지기 시작합니다.

바로 넥슨(Nexon)이 제작한 MMORPG 게임 '바람의 나라'[9]입니다. '바

	성취 활동(ACTING)	
사용자 **(Player)**	**킬러** 실력을 갈고닦아 경쟁에서 승리하는 과정을 즐기는 부류	**성취가** 예상 가능한 성취를 즐기는 부류
	사교가 메타버스 내 역할극(Roleplaying)과 타인과의 상호 작용을 즐기는 부류	**탐험가** 예상치 못한 상호 작용을 밝히는 과정에서 얻는 자부심과 인정욕구
	상호 작용(Interaction)	**환경** **(World)**

◐ 리처드 바틀의 플레이어 구분

---

9 장르 내에서 최초의 게임을 따진다면 '네버윈터 나이츠(1991년)'나 '이서비우스의 그림자 시리즈(1992년)' 같은 미국의 머그 게임(MUG game)이 앞섭니다.

10 Ricard Bartle, 'Hearts, Clubs, Diamond, Spades: Players who suit Mud's', 1996년, Game Design Reader(Cambridge MIT Press, 2006년), 761p

람의 나라'는 메타버스의 여명기를 밝히며 인간의 욕구가 어떤 문법을 통해 메타버스 내에서 작용하는지 밝혀냈습니다. 온라인 게임의 초창기 연구자 리처드 바틀(Richard Bartle)은 여러 온라인 게임 속 인간 군상과 그 욕망을 분석한 결과 메타버스 내에서 작용하는 욕구와 그로 인한 플레이어의 구분을 다음과 같이 크게 4가지로 분류했습니다.[10]

제가 앞서 언급했던 게임 '마비노기'와 같은 몇몇 특수한 케이스를 제외하고는 초창기 메타버스의 주류 플레이어는 '킬러 유형'이었습니다. 이러한 킬러 유형의 플레이어들이 가득한 대표적인 게임이 바로 '리니

 여기서 잠깐! 리니지2의 '바츠 해방 전쟁'

리니지2에서 4년에 걸쳐 일어난 월드 내 유저 간 대규모 전쟁 및 혁명. 리니지2는 게임에서 전쟁을 통해 성(城)을 차지하면 유저에게 세금을 매기는 등 큰 이점을 취할 수 있었다. 그리고 게임 내 재화가 높은 가격으로 거래되는 리니지2의 P2E(Play to Earn) 특성상 플레이어 간 경쟁을 위해 한정 자원인 사냥터를 통제하는 것도 관습처럼 정착되었다. 리니지 시리즈에서 성과 사냥터 통제는 더 많은 게임 내 재화를 독점하는 통로였으며, 이렇게 독점한 게임 내 재화는 더 높은 레벨과 좋은 장비를 갖추고 기득권을 유지하는 데 사용되었다.

'바츠 해방 전쟁'은 바츠 서버에서 압도적인 지위를 장악한 '드래곤 나이츠 혈맹(Dragon Knights)'의 지나친 사냥터 통제와 높은 세금에 반발해서 바츠 서버 모든 유저가 결합해서 실제 역사 속 프랑스 혁명처럼 장기 독재 체제에 대항해 승리한 것이다. 이후 혁명을 주도한 세력의 분열과 이권 다툼, 부패에 환멸을 느낀 민중이 흩어지고 다시 구세력이 집권하는 과정까지 이뤄졌다. 다만 대의(大義)에 목숨을 건 혁명이라기보다는 어디까지나 게임 월드 속의 롤플레잉, 놀이 문화, P2E였기에 서로 얽힌 금전적 이해관계 때문에 발생한 사건으로 이해하는 것이 타당할 것이다.

지'입니다. 리니지2 내에서 지금도 회자되는 '바츠 해방 전쟁'은 무려 2004년 5월에 시작해서 2008년 3월까지 약 4년간 지속된 킬러 플레이어 간의 정치적 암투입니다. 이는 초창기 메타버스를 지배했던 킬러 플레이어들의 활약을 잘 보여주는 사례입니다.

게임은 전통적으로 킬러 플레이어들의 무대였습니다. 리니지 시리즈의 경우 P2E가 킬러 플레이어 유형과 결합하면서 조금 더 극적인 형태로 표출되었지만, 대다수의 게임 역시 실력을 갈고닦아 다른 유저들과 경쟁하는 것을 게임을 계속하게 하는 원동력으로 삼고 있었죠. 게임을 구성하는 하드웨어적 기술력과 소프트웨어적 발전은 다양한 사람의 욕구를 담을 수 있는 게임의 포맷을 개발해나가기 시작했습니다. 그 결과 오늘날의 대표적인 메타버스 플랫폼인 '로블록스'와 '제페토'가 생겨났습니다.

그리고 이들은 킬러 플레이어만큼이나 성취가나 탐험가, 사교가 유형의 플레이어들과 그 욕구를 충족시킬 수 있는 가상공간을 만들어냈습니다. 이곳에서 사람들은 팬데믹으로 인해 만날 수 없는 친구들과 교류하고, 바깥세상을 탐험할 수 없는 대신 직접 가상세계를 탐험하고 게임으로 설계하며 그 욕구를 충족시켰습니다. 이렇게 로블록스 세계는 지속 가능했습니다.

반대로 이러한 욕구가 반영되지 못한 메타버스 공간은 공허하기만 했습니다. 아직 게임적인 문법조차 제대로 적립되지 못했던 초창기 가상공간들이 그런 경우가 많았습니다. 대표적인 예로 광운대학교의 건축학과 신유진 교수는 '다다월드'라는 실험적 메타버스 공간을 1999년에 시도한 적이 있습니다.[11]

신유진 교수는 정보 시대의 건축사는 물질 교환의 공간을 설계하는 것이 아니라 가상현실에서 정보 교환의 공간을 만들어야 한다는 소신 아래 다다월드를 구성했습니다. 다다월드는 총 4개의 월드로 구성되었는데 영풍문고와 동아일보, 박물관과 갤러리 등을 유치한 '미디어(Media) 월드', 영화관과 카페 및 음악 감상실 등 문화콘텐츠를 유치한 '펀(Fun) 월드', 200여 개의 쇼핑몰과 여행사들을 유치한 '숍(Shop) 월드', 삼성증권과 외환은행, 서울지방경찰청 등을 유치한 '오피스(Office) 월드'였습니다.

당시의 기술력으론 굉장히 획기적이고 참신한 시도였지만 결국 생명력을 잃을 수밖에 없었습니다. 왜냐하면 메타버스 참여자에게 메타버스를 이용할 동기를 전혀 마련하지 못했기 때문입니다. 영풍문고는 새로운 책이나 베스트셀러 등이 제대로 갱신되지 않았고, 동아일보 역시 새로운 뉴스가 꾸준히 업데이트되지 못했습니다. 다른 월드 역시 지속적인 관리 부족 상태가 이어졌고, 다다월드는 결국 웹브라우저로 연결되는 관문 역할 그 이상을 수행하지 못했습니다.

오늘날 메타버스가 대부분 게임의 문법을 따르는 이유는 콘텐츠 생산을 유도할 동기와 사용자 욕구의 매개에 게임적인 문법이 효과적이기 때문입니다. 그런 측면에서 다다월드는 단순히 기관 홍보와 온라인 매장 확대만을 목적으로 만들어졌기에 참여 업체가 지속적으로 콘텐츠를 만들도록 할 동기가 부족했습니다.

다시 처음의 질문으로 돌아와서 누군가 "이미 있는 것이라고 혁신적이지 않을까?"라는 질문을 한다면, 저는 "그렇지 않다."라는 대답을 하

---

11   신유진, '건축사의 꿈 사이버공간의 건축', 대한건축사협회, 363권 7호, 1999년, 68p

여기서 잠깐! 혁명적인 메타버스 공공서비스란 어떤 형태일까?

메타버스로 은행이나 공공서비스를 만든다는 것은 무엇일까? 단순히 가상공간에 은행 업무나 민원 서비스가 가능한 공간을 만드는 것일까? 사실 2차원의 웹이냐, 3차원의 그래픽이냐를 떠나면 할 수 있는 일은 거의 비슷하다. 이 때문에 메타버스로 공공서비스를 구축한다는 건 오히려 로블록스나 제페토의 크리에이터 문법에 가까운 걸 제공하는 것에 가깝다. 즉 개발자는 유저가 모일 플랫폼만 마련하고 소비자가 월드와 아바타를 직접 만드는 것이다.

이렇듯 공공데이터의 주도권을 소비자가 쥐고 개발 툴을 통해 정보 구축과 유통, 활용을 직접 할 수 있어야 혁명적인 메타버스 공간이 될 수 있다. 물론 현재 메타버스 속에서도 제작자가 하루아침에 규칙을 바꿀 수 있는 변덕성이 존재하고 외설적인 표현과 명예훼손의 문제, 정보가 부족한 계층(예를 들어 미성년자나 노년층)에 대한 사기와 착취, 가상 캐릭터의 괴롭힘 등 문제가 잔존해 있다.

고 싶습니다. 물론 메타버스가 이미 있는 기술로 구성되어 있고, 그 문법은 이전에 나왔던 게임들을 따르며, 심지어 그 구성하고 있는 개념조차 1992년에 발매된 SF소설에 큰 빛을 지고 있기는 합니다. 그러나 메타버스가 전개되는 과정은 가상공간이 어떻게 인간의 욕구를 중개할 수 있는지 점점 밝혀나가고, 욕구를 중개해나가고 있는 과정이기 때문에 혁신적이라고 할 수 있습니다.

　정리하면 메타버스는 개념적으로는 '포도, 사과, 배, 감' 등을 묶어 '과일'이라는 차상위 개념을 도출하고 사람들의 영감을 자극하는 원동력을 제공한다는 점에서 혁명적입니다. 그러나 현재 도출되고 있는 메타버스는 혁명적이라 할 수는 없는데, 실제로 지금 게임을 비롯해 여러 기업이 선보이고 있는 메타버스는 '메타 플레이스(Meta Place)'에 가깝기 때문입니다. 각 세계관과 월드들이 짜임새 있게 연결되고 계속해서 이어지는 형태가 아니라 서로 분산된 독립 플랫폼에 가깝기 때문이죠.

실제로 메타버스의 한 형태로 주목받고 있는 로블록스마저 그 안에 수천만 개의 게임이 있지만 그중 90%는 방문자가 없는 사각지대에 가깝습니다. 닷컴 열풍이 불 때 처음 각자의 웹들이 난립하다가 이런 웹들을 중개할 차상위 플랫폼인 '네이버, 구글, 이베이' 등이 등장한 뒤에야 진정한 웹의 시대가 열린 것처럼, 메타버스 역시 각 가상세계를 연결하고 통합할 차상위 중개 플랫폼이 등장할 때 혁명적인 서비스로 발전할 것입니다. 누구나 자신만의 월드를 가질 수 있고, 어느 유형으로 플레이에 임하던 자신만의 경험을 쌓아나갈 수 있는 진정한 메타버스에 걸맞은 서비스가 시작되는 것이죠.

메타버스가
불러올 변화

인정하고 싶지 않지만 저는 조그마한 스마트폰에 인생을 반쯤 저당 잡혀 살고 있습니다(저만 그렇지는 않겠죠?). 이렇듯 이미 대세가 되어버린 미디어는 그 존재만으로도 우리의 의식과 사회에 많은 영향을 끼칩니다. 어떤 미디어는 그 사회의 방향성을 결정해버릴 정도로 지배적이기도 하죠. 이 때문에 항상 "도구를 잘 써야 한다."라는 논지의 이야기가 등장하게 됩니다. 예를 들어 미국의 경영인 데이비드 사르노프(David Sarnoff)가 노트르담대학교 명예박사 학위를 받고 난 뒤 했던 연설을 들 수 있습니다. 저는 이 연설을 오늘날에 맞는 형태로 바꿔 이야기해보겠습니다.

"우리는 너무 쉽게 기술적 도구들을 휘두르는 사람들의 죄를 묻지 않는다. 그리고 도구들을 속죄양으로 삼는 경향이 있다. 스마트폰은 그 자체로 선하지도 악하지도 않다. 그 가치는 사람들이 스마트폰을 어떻게 사용하느냐에 달려 있다."

사르노프의 이러한 주장은 도구를 사용하는 자의 의지와 컨트롤을 강조한 대표적인 주장으로 어느 정도 이치에 맞는 듯합니다. 누군가는 중독에 빠지지만 누군가는 적재적소에 활용해서 풍요로운 일상을 영위하니까요. 그러나 이러한 의견은 너무나 안일한 생각이었습니다.

사르노프의 의견에 반박한 마셜 매클루언(Marshall McLuhan)은 도구나 인간의 선악을 떠나 미디어를 사용하는 과정에서 발생하는 무의식적인 영향이 있다고 주장했습니다. 우리는 스마트폰이 주는 유용함을 얻은 대신에 "항상 연결되어 있다."라는 착각과 함께 "자신을 노출시키고 어필해야 한다."라는 강박, 그리고 더욱 가속화된 의식과 너무나도 빠르게 변화하는 사회를 얻어버렸습니다. 이러한 영향은 기술 자체가 좋고 나쁘고를 떠나 매체를 사용하는 것만으로 우리에게 주어지는 영향입니다.

메타버스라는 새로운 미디어 역시 주류로 자리 잡는 과정에서 우리가 모를 의식의 변화와 사회의 변화를 불러일으키겠죠. 물론 TV나 라디오의 영향력도 그다음 매체인 인터넷이나 스마트폰이 등장하고 나서야 객관적인 평가를 내릴 수 있었습니다. 따라서 메타버스에 대해 지금 당장 객관적인 평가를 내리긴 어렵습니다. 그러나 과거 사례를 통해 예측해 볼 수는 있겠죠. 아래에선 메타버스가 혁명적인지, 투자 가치가 있는지, 메타버스가 우리 사회에 불러올 변화는 어떤 것인지에 대해 이야기해 보겠습니다.

주류 매체는 어떻게 의식을 변화시켜왔나?

. . . .

모든 시대는 나름대로의 주류 매체를 갖고 있습니다. 부모님 세대는 TV가 있었고 우리에겐 PC나 SNS가 있죠. 그리고 자라나는 어린아이들에겐 틱톡이나 로블록스가 있습니다. 이런 매체가 처음 등장했을 때는 그 충격으로 인해 아무래도 제대로 된 평가를 내리기 어렵습니다. 처음 영화가 등장했을 때 사람들은 영화 속에서 달려오는 기차가 자신에게 돌진해오는 줄 알고 황급히 자리를 피했고, 라디오가 등장한 지 얼마 안 되었을 땐 방송국에서 가상의 뉴스 형식으로 우주에서 외계인이 침공하는 내용의 연극을 방송하자 그 방송을 들은 사람들이 혼비백산이 되어 도망치기도 했습니다.

그러다가 사람들이 매체에 익숙해지면, 매체는 본래의 모습과 특징을 드러냅니다. 활자는 캘리그래피(Calligraphy)처럼 정교함과 아름다운 글씨체를 추구하게 되었고, 활자 인쇄물은 더 정확하고 효율적인 대량 생산을 추구하게 되었습니다. 이후 등장한 영상은 미장센(Mise-en-Scène)[12]과 몽타주(Montage)[13]의 미학을 추구하게 되었고, 가상세계는 분신과 아바타를 통해 시뮬레이션 공간을 체현하는 것을 추구하게 되었습니다.

이렇게 매체의 역사를 쭉 늘어놓으면 발견할 수 있는 공통된 규칙이

---

12 영화에서 카메라에 찍히는 모든 장면을 사전에 계획하고 밑그림을 그리는 것. 즉 화면 속에 담기는 이미지를 연출하는 과정

13 영화와 사진의 구성 방법. 따로따로 촬영된 장면을 적절하게 떼어 붙이거나 편집해서 새로운 장면이나 내용으로 만드는 일. 몽타주 기법이 등장하면서 영화는 구성 과정에서 시간의 제약을 벗어났고 예술적 장르로 발전할 수 있었다.

있습니다. 바로 다음세대의 매체는 이전 세대의 매체를 그 내용으로 삼는다는 것입니다. 가장 원초적인 매체인 사람의 구두 언어는 문자(필사)의 내용이 되었고, 문자는 그다음 매체인 인쇄의 내용이 되었습니다. 인쇄매체 다음으로 등장한 영상은 인쇄된 대본을 내용으로 삼았고, 가상세계는 현재 영상을 내용으로 담고 있습니다.

즉 우리가 사용하는 매체는 매체가 서로 결합해 발전한 결과물입니다. 이 때문에 특정 매체가 지배적인 매체가 되었을 때 그 이전의 매체가 미래에 끼친 효과와 영향을 살펴보면 우리는 앞으로 가상세계가 인간의 의식과 사회에 끼치게 될 영향을 예측해볼 수 있는 것이죠. 따라서 메타버스가 불러일으킬 변화를 제대로 이야기하기 위해서는 오히려 과거의 매체들이 어떻게 사회를 바꿔왔는지를 살펴보는 게 효과적일 수 있습니다.

가장 원초적인 매체는 우리의 입을 빌리는 구두 언어, 즉 구술계였습니다. 구술계가 매체로서 가진 인간 사회와 의식에 대한 영향은 기억력을 강화시키는 것입니다. 그래서 구술계가 지배적인 시대에선 기억력을 강화시킬 수 있는 운율과 리듬, 반복과 규칙 등 법칙이 발전되었습니다. '일리아드(Iliad)' 같은 1만 5,693행의 장대한 서사시를 대본 없이도 읊었던 음유시인의 기억력처럼 구술 시대의 인간은 오늘 사회와 비교해 많은 정보를 기억할 수 있었습니다.

그러다가 기원전 33세기 남부 메소포타미아의 우루크(Uruk)에서 살아 있는 말(言)을 특정 공간에 정지시킬 수 있는 기술과 매체가 처음으로 등장했습니다. 바로 '문자'라는 기록 매체입니다. 문자의 등장으로 인해 구술 전통은 위축되었고, 구두 언어로는 전달하기 어려웠던 길고 분석적인 문장을 창작하는 것이 가능해졌습니다.

여기서 잠깐! 매클루언에 대해

"미디어는 메시지다." "지구촌"이라는 표현으로 유명한 '허버트 마셜 매클루언(Herbert Mashal Mcluhan)'은 캐나다 출신의 커뮤니케이션 이론가 및 문화비평가다. 1964년 그가 쓴 『미디어의 이해』는 추천서에 이름을 올릴 때가 많지만 정작 읽은 사람이 별로 없을 정도로 난해한 책으로 유명하다. 하지만 이 책의 출간으로 '매스미디어'에 대한 논의가 본격화되었다는 점에서 큰 의의를 지니고 있다. 또한 『미디어의 이해』는 매체를 중심으로 인간의 역사와 문명사, 철학과 사회학을 통찰하는 내용과 주장을 바탕으로 하고 있다. 기술과 뉴미디어가 발전하면서 그의 주장들이 속속 현실화되었다는 평가를 받으며, 『미디어의 이해』는 현재 출간 당시보다 더 많은 주목을 받고 있다.

그의 핵심적은 주장은 "미디어는 메시지다."라는 한 문장에 담겨져 있다. 즉 미디어 속에 담긴 콘텐츠가 아니라 미디어가 일으킨 정치, 사회, 경제적 변화에 주목해야 한다는 주장이다. 그리고 그는 "미디어는 인간 능력의 확장이다."라는 주장도 했다. 모든 미디어는 감각기관의 확장이기 때문에 미디어를 활용하는 과정에서 우리의 인지 방식에 영향을 준다는 것이다. 때문에 미디어 환경이 변하면 우리의 감각 활용 환경, 즉 메시지가 달라지고 그것을 해석하는 우리의 인지 방식도 달라진다. 이런 점에서 그는 '미디어'가 곧 '메시지'라고 해석했다.

아래에 서술된 매체의 역사는 매클루언의 책 『미디어의 이해』를 기반으로 작성되었다. 매클루언의 아이디어는 매체의 발전 과정과 인간 감각의 변화만으로 인간 문명의 발전을 설명하기에는 논리 비약적인 측면이 있으나, 매체 환경의 변화와 영향을 이해하기에 가장 적절한 방법론 중 하나다.

많은 어휘와 수사학적인 상용구가 함께 발전하기 시작한 것은 물론이고, 문자가 지닌 저장성으로 인해 인간은 부족적인 사회를 뛰어넘고 시공간적 제약을 극복해 중앙집권적인 관료 체계를 꾸릴 수 있었습니다. 미디어에 대해 뛰어난 통찰을 보여준 매클루언은 자신의 책 『미디어의 이해』에서 문자가 지닌 힘에 대해 다음과 같이 묘사합니다.

> "알파벳이란 권력과 권위, 그리고 멀리 떨어진 군사 조직을 통제할 수
> 있는 힘을 의미했다. 알파벳은 파피루스와 결합해 전혀 흔들리지 않
> 던 사원의 관료주의와 승려들의 지식 및 권력 독점에 종지부를 찍었
> 다. 알파벳이 나오기 전에는 수많은 기호를 사용했기 때문에 글을 쓰
> 는 일에 숙달되기가 어려웠다. 그러나 알파벳은 불과 몇 시간이면 다
> 익힐 수 있었다."[14]

문자 언어가 발전하기 전에 지식은 음성 구전(口傳)을 통해 전달될 수
밖에 없었습니다. 이러한 독점은 곧 권력이 되었고, 이 권력도 구두로 전
달되는 범위 내로 한계가 지어졌습니다. 그러나 문자라는 새로운 매체
가 출현하면서 구두로 전달되는 지식을 독점했던 지배층 시대에 종지부
를 찍었습니다. 뿐만 아니라 문자는 그 저장성으로 인해 먼 거리에 있는
곳도 통제할 수 있게 되었고 커뮤니케이션의 범위도 확대되었습니다.
이런 점에서 중앙 권력의 힘이 닿는 범위도 크게 넓어졌습니다.

매클루언의 책에선 로마의 쇠퇴와 문자의 관계를 연관시킨 흥미로운
해석도 존재합니다. 이집트가 로마의 지배 영역에서 벗어나자 문자를
기록할 파피루스가 부족해졌고, 이는 곧 관료제와 군사 조직의 쇠퇴로
이어졌다는 것입니다. 이로 인해 로마는 큰 제국을 관리하고 유지할 원
동력을 잃어버렸다는 해석입니다.[15]

---

14 마셜 매클루언 지음/김상호 옮김, 『미디어의 이해』, 커뮤니케이션북스, 2011년, 169p

문자를 바탕으로 등장한 인쇄의 특징은 정확하고 반복 가능한 형식으로 정보를 찍어낼 수 있다는 것입니다. 이 정확한 반복 가능성이라는 이미지는 인쇄매체의 출현 이후 서구 사회를 지배한 핵심적인 원리가 되었습니다. 인쇄는 문자를 부분으로 나누고 쪼개는 과정을 통해 기존에 있던 필사(筆寫)라는 수작업을 기계화시켰습니다. 텍스트의 대량 생산과 함께 지식의 생산 주체 역시 단순한 형태에서 저자와 출판사, 독자, 학자, 교사 등으로 분화되고 전문화된 생산, 소비 체계가 나타났습니다. 이러한 파편화는 관념적으로는 신과 자연, 인간과 자연, 나아가서는 인간과 인간을 분리하는 관념적인 테크닉으로 발전했습니다.

인쇄매체의 또 다른 특징은 시각에 크게 의존한다는 것입니다. 얼굴과 상대방의 반응을 살펴가며 시각, 청각, 촉각 등 다양한 감각을 활용해 커뮤니케이션을 하는 구술 문화에 비해 인쇄 미디어에 필요한 감각은 오로지 시각뿐입니다. 시각에 의존한다는 것은 누군가와 소통을 하거나 얼굴을 마주할 필요 없이 사고와 행동을 분리시킬 수 있다는 것입니다. 이러한 매체 자체의 감각비율 변화는 미디어를 사용하는 태도뿐만 아니라 사회, 정치, 경제의 변화를 불러일으켰습니다.

시각이란 단일 감각만을 활용하는 인쇄 미디어는 필연적으로 기존에 얼굴을 마주보고 커뮤니케이션해야 하는 구두 문화와 비교해 개인의 사적 영역을 확보함으로써 개인의 사적 영역과 정체성에 대한 관념, 즉 '프라이버시'라는 개념을 낳았습니다. 그리고 기존에 소리를 내서 글을 읽는 것과 반대되는 독서 형태인 묵독(默讀)과 개인주의를 낳았습니다. 이

---

15   마셜 매클루언 지음/김상호 옮김, 『미디어의 이해』 커뮤니케이션북스, 2011년, 194p

와 더불어 인쇄는 글쓰기 과정에서 일관된 논조와 태도를 유지할 수 있는 방법을 개발하면서 사고의 표준화와 획일화를 가능하게 했고, 이는 객관적인 지식의 검증과 축적 및 전달을 가능하게 해서 과학혁명으로 이어졌습니다.

이러한 인쇄의 획일화, 파편화의 특성은 전자 미디어 시대가 되고 전자매체가 나타나면서 반전되었는데 점차 개인주의가 심화되던 인간을 서로 연결시키고 사회로 끌어내는 데 성공했습니다. 전자매체는 인쇄 문화와 정반대의 특징을 띕니다. 인쇄매체는 글을 쓴 상대방이 눈앞에 있어야 할 필요가 없고, 인쇄된 글이 널리 퍼져나갈 수 있습니다. 인쇄매체는 정확성을 요구하며 맞춤법과 표준화된 기준을 따르는 것이 중요합니다. 따라서 인쇄 문화는 객관적이지만 동시에 획일적입니다. 매클루언은 이러한 인쇄 문화의 특징을 '탈부족화(Detribalization)'라고 요약했습니다.

반면 전자매체는 비슷한 취향을 지닌 사람들을 응집시킵니다. 라디오와 텔레비전을 보는 사람들은 좋아하는 프로그램에 따라 자연스럽게 무리를 짓고 이야기합니다. 이런 경향은 인터넷과 스마트폰이 도입되면서 온라인 커뮤니티의 형태로 '재부족화(Retribalization)'되었습니다. 이 때문에 매클루언은 전자매체에 '지구촌(Global Village)'이라는 명칭을 처음 제시했으며 저마다 각자의 특징을 가진 사람이 뭉쳐 다양함을 펼치는 모습을 전자매체의 주요한 특징 중 하나로 규정했습니다.

매클루언은 인터넷과 스마트폰 시대를 겪어보진 않았습니다. 그러나 그가 당시에 최신 매체였던 TV에 대해 내린 평가를 보면 오늘날 디지털 문화와 메타버스에 대해 어떤 평가를 내릴지 짐작해볼 수 있을 듯합니다. TV는 한때 '바보상자'라고 큰 비난을 받았습니다. TV를 시청하는 사람들이 시선이 홀린 듯이 화면만 들여다보며 수동적인 자세로 시청을 했기 때문입니다. 이 때문에 많은 사람이 TV를 계속 보면 스스로 생각할 능력을 잃게 될 것이라고 우려를 표했습니다.

그러나 매클루언은 오히려 TV를 "쿨(Cool)하다."라고 말합니다. TV가 오히려 시각이라는 감각의 활용을 이전 시대만큼 정상으로 돌려놓았다는 것이죠. 이는 앞서 이야기한 인쇄매체의 특유한 시각 편향을 고려한 주장입니다. 인쇄매체에는 저자와 독자는 존재하지만 이 이야기를 공유하고 소통할 대상은 존재하지 않습니다. 매클루언은 이를 매우 탐탁지 않게 여겼습니다. 왜냐하면 책으로만 세상과 연애를 배운 사람은 제대로 된 통찰을 얻을 수 없기 때문입니다. 그리고 여러 감각과 감정을 경험하는 게 인간의 올바른 모습이라고 생각했습니다.

매클루언이 보기에 논리와 합리적 생각이 최고라고 여겨지는 인쇄 시대는 인류 문명사 중 '특이점'에 가까웠습니다. 그래서 논리만큼이나 감성을 중요시하는 TV를 비롯한 전자매체가 더욱 인간의 본래 모습에 걸맞다고 생각한 것입니다. 따라서 만약 그가 오늘날 온라인이나 SNS, 라이브 스트리밍을 본다면 "구어 문화가 완벽하게 전자매체에 녹아들었다."라며 손뼉을 치며 반길지도 모릅니다.

메타버스가 불러올 감각의 변화

....

다시 돌아와서 메타버스 및 새로운 미디어들이 일으킬 변화에 대해 정리해봅시다. 앞서 이야기했듯이 미디어를 사용하면서 얻은 감각 편향은 작게는 인간의 의식을 바꾸고 더 나아가선 사회의 모습도 변화시킵니다. 사회 속 권력구조 역시 이러한 변화에 포함되어 있습니다. 구술계가 주된 매체였던 시절에는 지식의 저장성과 보존성이 불리했기에 지식과 서사를 독점한 계층이 권력을 독점했습니다.

이 때문에 고대와 중세에는 왕과 귀족의 이야기, 즉 영웅적인 개인의 서사를 만들어내고 이를 구전시키는 데 많은 노력을 기울였습니다. 왕과 귀족 같은 영웅적 개인만이 완전한 인간으로 인간성을 인정받았던 것입니다. 반면 그 외 농민과 상인, 수공업자는 인간성이 모자란 인간, 즉 인격성이 결핍된 사람들로 여겨졌습니다.

하지만 근대에 와서는 대량 복제가 가능한 인쇄매체를 바탕으로 지식과 서사는 대량 복제 및 생산이 가능한 것으로 변했습니다. 이로 인해 구술 문화가 독점하던 서사와 이야기, 정보의 독점 구조는 와해되었습니다. 동시에 인쇄매체로 얻은 시각 편향은 사회를 파편화, 전문화시키며 개인주의적인 성향을 낳았습니다. 개인주의의 확산과 동시에 권력구조의 변화는 납세의 의무를 진 시민 계급, 즉 자산과 토지를 소유한 이들에게 인격성을 부여했습니다.

이러한 흐름은 19세기 이후에도 계속해서 이어졌고 백인 여성과 유색인종에게까지 인격성이 확대되었습니다. 1970년 퀴어운동 이후에는 성소수자까지 완전한 인간으로 점차 인정받았습니다. 하지만 이러한 매체 발전의 역사에도 불구하고 여전히 소외된 계층은 있었습니다. 바로 미성년자들입니다. 이들은 자본의 생성 과정에서도, 지식과 담론의 생성 과정에서도 소외되었습니다. 그러나 이제 매체의 발전이 메타버스에 이르렀고, 이들은 새로운 매체를 가장 적극적으로 탐구하며 자신들이 직접 담론에 참여할 공간을 만들어가고 있습니다.

　로블록스의 자체 발표에 따르면 2020년 기준 125만 명의 미성년자 아이들이 무려 3,619억 원이라는 금액을 벌었다고 합니다. 이 중 상위 1,250명은 1,100만 원 이상을 번 것으로 밝혀져 세간의 주목을 받았습니다. 이런 현상은 메타버스가 지닌 두 가지의 매체적 특징으로 인해 가능한 것이었습니다.

　첫째, 메타버스가 지닌 미디어 환경적 특징입니다. 매클루언은 미디어를 신체의 기능 일부를 연장한 것(Extension of Man)이라고 보았는데, 예를 들어 바퀴는 발의 기능을 대신하고 확장한 것이고, 문자는 말을, 카메라는 눈, 인터넷은 신경계의 기능을 확장시킨 것으로 보았습니다. 난해한 표현이긴 하지만 현대로 치면 우리가 기억하고 사고하는 데 쓰는 신경계를 인터넷이라는 매체에 확장함으로써 기존보다 확장된 신경계를 얻었다는 이야기입니다.

　대신 확장된 신체 기능은 과부하를 가져오는데, 이 과부화의 스트레스와 균형을 조율하기 위해 다른 신체의 기능을 상실하게 됩니다. 우리는 신경계를 인터넷에 확장해서 편리함과 높은 수준의 커뮤니케이션 수단을 얻었지만, 그 과부화로 빠르게 변화하는 사회를 감당하게 되었습니다.

　메타버스는 여기서 더 나아가 가상의 공간에 자신의 신체를 아바타라는 형태로 확장시켰습니다. 이는 사람들이 가상세계에 몰입할 수 있는 중요한 특징 중 하나입니다. 익명성을 바탕으로 의식과 신체마저 확장시킨 메타버스에선 나의 감각기관이 완전히 다른 현실에 둘러싸여 있다는 가상의 감각, 즉 '몰입감'을 얻게 됩니다. 때문에 사람들은 메타버스상에서 자신의 새로운 페르소나(Persona)와 역할극에 충분히 몰입할 수 있었고, 시공간을 초월해 자연스럽게 연결될 수 있는 제3의 세계를 얻었습니다.

물론 익명성 때문에 벌어진 사기와 명예훼손, 공격적인 언행 등 부작용도 있습니다. 그러나 아바타로 인해 미성년자들이 나이, 외모 등 여러 제약을 집어던지고 가상세계에 참여할 수 있는 기반이 만들어졌다는 데 더 큰 의의가 있습니다. 그러나 한 가지 의아한 점이 있습니다. 이전의 웹 기반 서비스나 기존의 킬러 플레이어가 지배적인 게임에서는 미성년자가 흔히 '잼민이'[16]라는 별칭으로 불릴 때가 많았다는 것입니다. 이처럼 미성년자 계층은 기존에 성인들이 점령했던 게임세계에서 주목받지 못하던 계층이었습니다.

그런데 이들이 로블록스에서 놀라울 정도로 지식과 자본의 선순환을 만들어낸 건 메타버스 플랫폼 덕분입니다. 앞서 말했듯이 지금의 메타버스는 게임의 메타포를 지니고 있는 일종의 메타 플레이스로 엄밀히 말해 메타버스라고 말하기는 어렵습니다. 그러나 기존의 게임을 생각해보면 큰 차이가 있다는 걸 알게 됩니다.

게임과 메타버스 플랫폼은 비슷한 점이 많습니다. 유저가 플레이를 지속하는 동력을 게임적인 문법으로 제공하고 있고(P2E와 같은 기형적인 경우를 제외하면요), 영상 매체를 내용으로 삼고 있으며, 활용되는 기술 또한 유사합니다. 그러나 게임과 메타버스 플랫폼의 결정적인 차이는 월

---

16 온라인상에서 초등학생, 넓게는 중학교 저학년을 비하할 때 쓰는 말. '초딩'과 비슷한 말이다. 남자 이름 '재민'과 재밌는 대상에 붙이는 속어 '잼'을 합쳤다.

드의 주도권이 누구에게 있냐는 것입니다. 게임은 월드 주도권이 개발자와 이를 제공하는 플랫폼에게 있습니다. 유저는 건물주인 개발자와 플랫폼이 제공하는 월드의 임차인으로 월드를 제공받는 대신 소소한 이용료를 내거나, 게임 내에서 제공하는 여러 파생 상품을 이용하게끔 만드는 구조를 접해야 합니다.

하지만 메타버스 플랫폼에선 개발자와 플랫폼은 중개인에 불과합니다. 월드를 꾸려나가는 것은 유저 개개인입니다. 그래서 메타버스 플랫폼을 점유한 미성년자 계층은 놀라울 정도로 빠르게 자신들만의 월드를 꾸려나갔습니다. 메타버스의 월드와 콘텐츠는 유저가 크라우드소싱(Crowdsourcing) 과정을 통해 서비스를 직접 생산해 제공하게 됩니다.

예를 들어 로블록스의 5천만 개의 게임 월드는 대부분 미성년 유저에 의해 만들어진 것입니다. 로블록스는 사용자가 게임 월드를 만들면, 그 월드에 접속한 사용자들의 수와 체류 시간에 따라 게임 내 가상 통화인 로벅스(Robux)를 제공합니다. 만약 100명의 방문자가 평균 5분씩 방문했다면 10로벅스를 제공하고, 10만 로벅스가 쌓이면 현금 350달러로 환전해주는 식입니다. 운영 회사는 이 로벅스를 2020년 기준 매년 약 4천억 원씩 현실의 달러로 환전해줬습니다. 이러한 금전적 이득은 아이들에게 큰 창작의 원동력으로 작용했을 것입니다.

그러나 중요한 건 이게 아닙니다. 중요한 건 미성년자 계층이 창작의 노하우를 유튜브에 적극적으로 공유하고 배우면서 지식의 선순환을 만든 것입니다. 이렇듯 약 4천만 명이 북적거리는 로블록스 세계는 이전 매체 시대에서 이룩하지 못한 문명의 기본 가치인 자유와 권리를 공동체 모든 구성원에게 조금 더 공평하게 분배할 수 있었습니다.

메타버스라는 매체의 변화는 현재 진행 중입니다. 뜨거울 것만 같았던 VR기술이 기술적인 제약과 부족한 콘텐츠로 인기를 잃었습니다. 물론 메타(구 페이스북)에서는 아직도 활발히 개발 중에 있습니다. 매클루언이 말했듯 차세대 매체가 확고히 등장하기 전까진 많은 거품을 덜어내는 시간이 필요할 것입니다.

물론 이런 과정이 힘들고 어려울 수는 있습니다. 그럼에도 불구하고 앞으로 매체가 불러올 변화를 고민해보는 건 꼭 필요한 일입니다. 우리는 대다수의 사람과 욕망을 주고받고 있고, 이 변화를 피하려고 하지 않을 테니까요. 각자의 욕망이 투영된 목적지를 여러 사람이 동시에 외쳐대느라 잠시 동안은 어지럽겠지만, 항해사들이 과거 별자리를 보고 망망대해에서 방향을 잡을 수 있었듯이 우리 또한 대략적인 방향을 과거의 미디어를 통해 추측할 수 있을 것입니다.

인구 감소와
지방 소멸

서울에 취직한 지방 청년 A씨의 이야기

. . . .

지방 출신 A씨는 부산에서 20년을 살았습니다. 대학은 대구로 진학을 해 거기서 총 4년을 지냈고 군대, 휴학 등을 거쳐 27살이 되었을 때 졸업을 하게 되었습니다. 이제 대학을 졸업한 A씨는 취업을 준비하게 됩니다. A씨는 당연히 부산이나 대구에서 직장 생활을 하게 될 것이라 생각했지만 정작 그가 취직을 통해 정착을 하게 된 곳은 서울이었습니다. 부산이나 대구의 일자리를 찾아보지 않았던 것은 아닙니다. 그러나 자신의 전공을 살릴 수 있는 일자리는 지방에서 찾아보기 힘들었고 그렇다고 공무원이 되고 싶은 것도 아니었습니다.

하지만 서울은 달랐습니다. 서울에는 자신의 전공을 활용할 수 있는 일자리 수가 많아 보였습니다. 그리고 서울에 대한 막연한 환상도 한몫했습니다.

그런데 A씨가 가지고 있던 환상은 1년도 채 되지 않아 완전히 깨져버리고 맙니다. 분명 서울은 지방보다 훨씬 다양하고 많은 인적, 물적, 문화적 인프라가 갖춰져 있는 도시입니다. 그러나 그것만으로 A씨는 서울에서의 삶이 즐겁지 않았습니다. 175만 원의 월급[17]을 받지만 다니는 직장은 법정 근로시간을 넘어 야근을 하는 일이 잦았습니다.

그리고 시간외 근무수당을 챙겨주지도 않았습니다. 월세로 구한 7평 남짓한 방에서 생활하는 A씨는 월급의 70%를 식비, 주거비, 교통비로 사용합니다.[18] 이렇게 생활비로 지출하고 나면 남는 돈은 약 50만 원 정도였습니다. 그나마 A씨가 한 달에 자신을 위해 사용할 수 있는 비용으로 50만 원이 남는 것입니다.

하지만 이 돈마저도 허투루 사용할 순 없었습니다. 미래를 위해 일부를 저축하려면 여가 비용은 사치일 뿐입니다. 그렇게 A씨는 서울에 올라온 걸 후회하고 맙니다. 그렇다면 A씨가 서울로 상경하지 않고 지방에 남았더라면 삶이 좀 더 윤택해졌을까요?

명확한 답은 내릴 수 없습니다. 이는 만약 A씨가 지방에 남았더라도 어떤 직종을 희망했고, 한 달에 어느 정도의 소득을 벌었는지, 그리고 주거비나 교통비, 식비 등의 생활비에서 어느 정도의 지출이 나갔는지에 따라 달라질 수 있습니다. 하지만 확률적으로 이야기했을 때 서울에 살

---

17 조현아, '청년 월평균 소득 175만 원…45% '부모에게 손 벌린다'', 뉴시스, 2021년 11월 27일
18 정석우, '청년 가구 생활비 70%는 식비, 주거비, 교통비', 조선일보, 2020년 7월 7일

았을 때와 비교해서 크게 달라지지 않았을 뿐만 아니라 오히려 소득 면에서 더욱 큰 어려움을 겪었을 가능성이 큽니다.

단적인 예로 지방은 서울에 비해 1인당 평균 소득이 크게 못 미칩니다. A씨가 자신의 고향이었던 부산에 남았다면 생활비는 아낄 수 있었을지언정 오히려 낮은 소득으로 인해 생활에 불만족을 느꼈을 가능성도 간과할 수 없습니다.[19] 이마저도 부산이 아닌 다른 지방에 취직했다면 생활비는 비슷하게 많이 나갔을 것입니다. 게다가 '일자리'라는 키워드에도 주목할 필요가 있습니다. A씨는 어쩔 수 없이 서울로 상경을 해야 했습니다. 지방은 서울에 비해 인적, 물적, 문화적 인프라가 부족할 뿐만 아니라 일자리도 부족하기 때문입니다.

직종마다 그 비율이 다를 테니 일자리의 수를 단순 비교할 수는 없지만, 2030세대 청년들의 서울 유입의 이유를 보면 서울과 지방의 일자리 인프라가 확연히 차이가 있음을 알 수 있습니다. 2020년 기준 통계청 자료에 따르면 수도권의 순유입 인구는 약 8만 3천 명이었고, 순유입 인구 중 6만 4천 명이 직업을 위해 지방을 떠나 서울(혹은 수도권)에 정착했습니다. A씨는 6만 4천 명 중 한 명이었던 것입니다.

청년 A씨의 사례는 비단 한 개인의 이야기가 아닙니다. 지방을 떠나 수도권에 정착하게 된 수많은 청년의 이야기이기도 하죠. 정부는 "대한민국이 출산율 최저치를 찍었다." "젊은이들은 결혼을 하거나 아이를 낳지 않는다."라며 저출산과 인구 감소 현상에 대한 책임을 2030 세대에게

---

19 1인당 개인소득은 2020년 기준, 서울특별시가 1위(2,406만 원), 울산광역시가 2위(2,356만 원)를 차지했다. 반대로 부산광역시는 전국 평균(2,120만 원)에 못 미치는 2,038만 원이었다(출처: 통계청).

묻기 바쁩니다. 이들이 왜 결혼을 하지 않고 아이를 낳지 않는지에 대한 이유는 묻지 않은 채 말입니다. 그러면서 인구 감소 현상은 기적처럼 멈추길 바라고 있죠.

만약 아무런 대책도 없이 서로에게 책임만 묻는 일이 반복된다면, 아마 미래 대한민국의 풍경은 지금과 많이 다를 것입니다. 아기 울음소리를 듣는 것은 힘들어질 것이고 많은 사람이 정년을 훨씬 넘은 나이에도 노동을 멈출 수 없을 것입니다. 지방이란 개념은 없어지고 사람이 없는 유령 도시만 남게 되겠죠. 그리고 지방의 인구를 블랙홀처럼 빨아들인 서울은 세계 최악의 인구 밀도를 가진 도시이면서 가장 늙은 도시라는 타이틀을 가지게 될지도 모릅니다.

지방을 살리기 위해선 어떻게 해야 할까?

· · · ·

지난 2021년 10월 18일, 행정안전부에선 자연적 인구 감소(사망)와 사회적 인구 유출(다른 지역으로의 전출)로 소멸 위기에 놓인 전국 89곳의 시군구 지자체를 인구 감소 지역으로 선정했습니다. 인구 감소 지역으로 선정된 대부분의 도시는 군 단위 농촌 지역(69곳)이었으나, 지방의 중심 도시 역할을 수행하는 광역시도 인구 감소의 흐름을 피해갈 수 없었습니다. 제2의 도시인 부산에서 3곳, 경북의 중심 도시인 대구에서는 2곳이 인구 감소 지역으로 선정되었습니다.

인구 감소 지역으로 선정된 곳은 앞으로 '지방소멸 대응기금'이라는 지원 아래 2023년도부터 매년 1조 원씩 10년간 지원될 예정입니다. 그런데 과연 이것이 인구 감소와 지방 소멸, 그리고 수도권 집중 현상을 얼

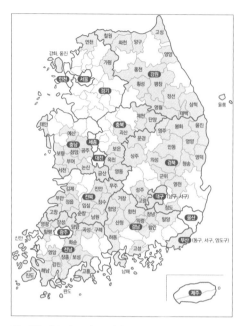

◉ 대한민국 인구 감소 지역 89곳(출처: 행정안전부, 2021년)

마나 막아낼 수 있을지는 미지수입니다.

사실 인구가 줄어들고 지방이 소멸할 것이라는 위기의식이 갑자기 나타난 것은 아닙니다. 한국은 이웃 나라 일본처럼 저출산·고령화 현상이 심각하고, 수도권으로의 인구 집중 현상이 가속화됨에 따라 과거 정부 때부터 인구 감소 현상을 막기 위한 정책적인 대처를 해왔습니다.

그러나 그 정책의 방향성은 현실을 전혀 반영하지 못했던 것입니다. 예를 들어 역대 정부는 지난 15년 동안 저출산 문제를 해결하기 위해 380조 원이라는 천문학적인 예산을 지원했습니다. 그러나 그 성과는 아주 미약합니다. 2021년 대한민국의 출산율은 1명대를 밑돌아 0.81명입

구분	내용	비고
제1차 저출산·고령사회 기본계획 (2006~2010년)	출산 양육에 유리한 환경 조성, 고령사회 대응 기반 구축	·임신, 출산, 육아 지원을 통한 저출산 대응 ·출산 장려금 등 지자체 인구의 자연 증가에 초점
제2차 기본계획 (2011~2015년)	점진적 출산율 회복, 고령사회 대응체계 확립	
제3차 기본계획 (2016~2020년)	OECD 평균 수준 출산율 회복, 고령사회 성공적 대응	
제4차 기본계획 (2021~2025년)	개인의 삶의 질 향상, 성 평등하고 공정한 사회, 인구 변화 대응 사회 혁신	·인구 감소 지역 규정을 통해 사상 첫 지방 소멸에 대한 대응시책 정립 ·인구의 자연 증가뿐 아니라 사회적 인구 증감에도 초점을 맞추기 시작

● 저출산·고령사회 대응 시책(2006-2025년)

니다. 이는 OECD 38개 회원국 가운데 최저치 수준이며 평균(1.61명)의 절반에 불과합니다. 도대체 380조 원이라는 돈은 다 어디로 갔을까요? 역대 정부마다 발표했던 저출산·고령화 정책을 다 분석할 수는 없지만 2016년 박근혜 정부에서 발표한 '대한민국 출산 지도'를 바라보면 중앙정부의 저출산 정책에 대한 기조를 엿볼 수 있습니다. 대한민국 출산 지도는 박근혜 정부 시절 행정자치부에서 243개 지자체의 출생아 수, 합계출산율, 가임기 여성의 인구수, 평균 출산 연령 등에 대한 수치를 시각화하고 지역별로 순위를 매겨 발표한 지도를 말합니다.

물론 합계출산율은 인구 증감을 파악하는 데 있어 보편적으로 사용되는 수치입니다. 그러나 이를 오롯이 저출산이라는 키워드에 맞춰 편집해서 공개했기 때문에, 저출산의 책임을 가임기 여성(20~44세)에게 돌리려 했다는 점에서 큰 비판을 받았습니다. 국가에게 여성이란 임신할 수 있는 자궁을 가진 출산 정책의 객체로 인식됩니다. 그래서 저출산 정책이 아이를 잘 낳고, 잘 키우기 위한 현금성 지원의 성격에서 벗어나지 못했던 게 아니었나 싶습니다.

그러나 인구 감소에 대한 책임은 여성 개인의 문제가 아닙니다. 이는 마치 지방 소멸에 대한 책임을 지방에서 벗어나 수도권으로 상경하는 청년 세대에게 묻는 것과 같습니다. 만약 이런 생각에서 벗어나지 못하고 이전의 실수를 반복한다면 지방은 소멸의 길을 걸을 수밖에 없을 것입니다.

저는 문재인 정부의 인구 감소 지역 지정과 '지방소멸 대응기금'을 통한 지원은 인구 감소와 지방 소멸을 막기 위한 마지노선이라고 표현하고 싶습니다. 왜냐하면 인구 감소 지역에 대한 지정과 지원 정책을 추진함에 있어 과거 정부에서 실수했던 여러 문제(개인에게 인구 감소에 대한 책임을 떠넘긴다거나 무조건적인 현금성 지원에 매달리거나)를 바로잡고자 노력한 부분이 있기 때문입니다. 게다가 대상지인 인구 감소 지역 89곳은 이제 정말로 '소멸'이라는 위기 상황 한복판에 놓여 있는 곳입니다. 그렇기 때문에 이번 정책마저 아무런 성과를 내지 못한다면 더 이상 지방과 지방민은 기다려주지 않을 것입니다.

실제로 주간지 〈한겨레21〉에서 실시한 설문조사[20]에 따르면 인구 감소 지역 주민의 44%는 3년 안에 다른 지역으로 이주할 예정이라고 합니다. 이주를 희망하는 사유로는 취업·창업 등 직업 관련(32.7%), 교통·편의시설 등 생활환경(23.0%), 주택(17.5%) 등이었으며 연령대로 보았을 땐 19~29살(76.8%), 40대(75.4%), 50~64살(72.6%), 30대(63.0%)가 뒤를 이었습니다. 〈한겨레21〉에서 실시한 설문조사를 통해 우리가 주목해야 할 점은 지역 이주에 대한 의향이 비단 2030 젊은 층에게서만 높게 나타나는 것이 아니라 전 연령대를 아우르는 보편적인 현상으로 발생하고 있다는 것입니다.

이유는 다양합니다. 인구 감소 지역은 공무원이나 공공기업이 아니면 일자리를 구할 수 없고 주변에 의료, 교육 시설이 턱없이 부족합니다. 여가 생활은 말할 것도 없습니다. 전시회나 콘서트를 가는 건 고사하고 밤에 불이 켜진 편의점을 찾는 것조차 힘듭니다. 연령대가 높을수록, 해당 지역에서 거주한 기간이 높을수록 지역을 떠나지 않을 거라는 생각은 지역별 의료 불평등과 관련된 수치를 보면 편견에 불과하다는 것을 알 수 있습니다.

'치료 가능한 사망률'이란 지표가 있습니다. 이는 환자가 목숨을 잃을 수 있는 응급 상황에 놓여 있다고 하더라도 양질의 의료 서비스를 받을 수 있다면 사망을 피할 수 있는 걸 뜻합니다. '국민보건 의료실태 조사(2015년)'에 따르면 서울 강남구의 경우 10만 명 당 29.6명, 경북 영양군은 107.8명으로 집계되었습니다.

---

20 인구 감소 지역 주민생활 실태·인식 설문조사
　　- 조사대상: 2021년 행정안전부 고시 인구 감소 지역 89곳(시·군·구) 거주 만 19~64세 600명
　　- 조사기간: 2021년 11월 18일~12월 2일
　　- 조사기관: 글로벌리서치
　　- 조사방법: 온라인 조사(95% 신뢰수준, 표본오차±3.0%)
　　- 시행주체: 한겨레21

주변에 골든타임을 놓치지 않고 응급 치료를 받을 수 있는 의료 시설만 있었더라면 100여 명의 안타까운 생명이 목숨을 잃는 일은 없었을 것입니다. 지방을 살리고 인구 소멸을 막기 위한 해법이 멀리 있는 게 아닙니다. 수도권에 사는 사람들이 당연하게 누리는 시설이 지방에도 있으면 됩니다. 다양한 일자리가 있고, 주말에 여가 생활을 즐길 수 있는 문화시설도 있고, 응급 상황이 발생하더라도 언제든 치료받을 수 있는 의료 시설이 있으면 되는 것입니다.

인구 감소 현상은 서울도 위험하다: '극점사회' 서울의 미래
····

서울공화국[21]이란 말은 이제 유행을 넘어 고유 명사처럼 받아들여지고 있습니다. 뜻은 대한민국이 서울을 중심으로 돌아간다는 것입니다. 실제로 우리나라의 지역별 인구 통계를 보면 왜 대한민국이 서울(혹은 수도권)을 중심으로 돌아갈 수밖에 없는지 알 수 있습니다.

2021년 기준 대한민국 전체 인구수는 5,182만 9,023명인데 이 중에서 수도권(서울, 경기, 인천)에 사는 인구는 2,603만 8,307명으로 약 50.24%에 이릅니다. 반대로 수도권이 아닌 이른바 지방에 사는 인구는 2,579만 716명으로 49.76%에 불과합니다. 다음의 지역별 인구통계표를 봐도 알수 있듯이 단 3개의 광역·기초 자치단체가 나머지 14개의 자치단체보다 인구 비율이 높은 기형적인 구조를 이루고 있습니다. 사람이 많은 곳은

---

21 한국의 정치·경제·사회·문화 따위의 모든 부분이 서울에 과도하게 집중된 현상을 비꼬아 이르는 말(출처: 국립국어원 개방형 국어사전 '우리말샘')

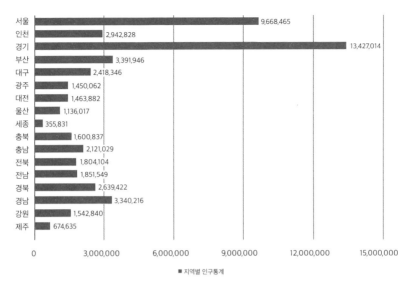

서울	9,668,465
인천	2,942,828
경기	13,427,014
부산	3,391,946
대구	2,418,346
광주	1,450,062
대전	1,463,882
울산	1,136,017
세종	355,831
충북	1,600,837
충남	2,121,029
전북	1,804,104
전남	1,851,549
경북	2,639,422
경남	3,340,216
강원	1,542,840
제주	674,635

■ 지역별 인구통계

⊙ 2021년 지역별 인구통계(출처: 국가통계포털)

자연스레 관심과 혜택이 집중될 수밖에 없습니다. 이러한 인구 구조는 다양한 분야에서 수도권 지역에 혜택을 만들어내고 있습니다.

수도권과 지방의 편의시설을 통한 혜택의 차이를 단적으로 보여주는 단어가 있습니다. 바로 '스세권(스타벅스 입점 지역)'과 '쿠세권(쿠팡 무료배송 가능 지역)'입니다. 수도권 사람들에겐 너무도 익숙한 스타벅스나 쿠팡의 당일(새벽)배송이 지방 사람들에겐 한 번도 누려보지 못한 혜택이자 특권처럼 여겨진다는 것입니다. 이것은 현재의 수도권 집중 현상이 불러온 지역 간 생활 서비스 격차의 현주소인 셈입니다. 서울에는 지방과 다르게 일자리가 충분하고, 공공기관부터 교통시설, 문화시설, 요양시설, 그리고 단순 편의시설까지 모든 것이 자리 잡고 있습니다. 그러니 불편함을 감수하면서까지 지방에 남아 있을 이유가 없습니다.

그렇다 보니 수도권에 사는 사람과 지방에 사는 사람이 인구 감소와 저출산 현상을 받아들이는 인식의 차이는 현격할 수밖에 없습니다. 군 지자체에 사는 사람들은 당장에 자신이 사는 곳이 인구 감소 지역으로 지정이 되고 직업이나 복지, 교육 등의 이유로 다른 지역으로 빠져나가는 사람들을 수없이 봐왔습니다. 아이와 청년은 보기 어렵고 노인이 더 많습니다.

그런데 수도권에 사는 사람은 당장 몰려드는 인파로 인해 폭발할 것만 같은 지하철 풍경을 늘 보고 있습니다. 따라서 이런 사람에겐 인구 감소 현상이 먼 미래의 이야기처럼 느껴질 수 있습니다. 그러나 중요한 건 인구 감소 현상이 지방뿐만 아니라 수도권의 미래까지 천천히 갉아먹고 있다는 사실입니다.

인구 감소는 선진국을 중심으로 전 세계에서 공통적으로 발생하고 있는 현상입니다. 그중에서 일본은 우리나라와 여러 면에서 비슷한 점이 참 많습니다. 일본의 경우 3대 도시권 중 특히 도쿄권 도시가 다른 지방의 인구를 블랙홀처럼 빨아들이고 있습니다. 이를 인구의 블랙홀 현상이라고 합니다. 이런 현상이 지속되면 대도시권이라는 한정된 지역에 사람들이 밀집해 고밀도의 환경에서 생활하는 사회인 '극점사회'가 만들어집니다.

과거 일본의 인구 관련 전문가들은 극점사회에 대한 전망을 낙관적으로 봤습니다. 물론 인구 밀도가 높아지기 때문에 출퇴근의 혼잡이나 자동차로 인한 공해 등의 폐해는 발생할 거라고 예상했습니다. 그러나 단일 생산물의 수확량 증가나 범위의 경제를 통해 여러 재화 및 서비스를 동시에 생산함으로써 비용 절감의 효과를 얻고 나아가 집적 경제로서의

지역 특화나 도시화에 따른 경제 효과를 얻을 수 있다고 생각했습니다.[22]

하지만 결과적으로 오히려 도시의 경쟁력이 약화되었고, 일본 각 지방 도시들이 소멸되었습니다. 극점사회의 형태를 취하고 있는 대도시는 집적 효과를 추구하는 경제 구조가 만들어질 가능성이 높습니다. 이는 반대로 말하면 거대한 경제 변동에 약한 단일 구조라는 뜻입니다.

또한 대지진, 전쟁 등의 재해 리스크 대응에서도 큰 문제점을 드러냅니다. 일부 지역에서의 대규모 재해가 일본 전체를 마비시킬 수도 있습니다. 이런 문제점은 분단국가이자 중국·일본·러시아 등 강대국을 곁에 둔 한국에서도 발견되고 있습니다. 한국의 대도시 서울은 전쟁이라는 대규모 재해 리스크에서 결코 자유로울 수 없습니다.

그리고 극점사회는 수도권과 지방의 공멸을 초래합니다. 지방의 인구를 흡수한 수도권은 인구가 폭발적으로 증가했지만, 그곳에서 살아가는 사람들이 이상적인 생활을 한다는 보장은 없습니다. 실제로 대한민국에서 합계출산율이 가장 낮은 지역은 서울(0.64명)입니다. 극점사회 서울은 지방의 인구를 빨아들여 지방의 소멸을 초래하고 있지만, 사람이 너무 많이 몰려와 각종 공해와 치안, 주택, 양극화 현상 등이 심화된 채 조금씩 자신의 살을 갉아먹으며 소멸로 나아가고 있습니다.

---

22 마스다 히로야 지음/김정환 옮김, 『지방소멸 : 인구 감소로 연쇄 붕괴하는 도시와 지방의 생존전략』, 와이즈베리, 2015년, 41p

	2017년	2018년	2019년	2020년	2021년
수도권	16	60	83	88	56
중부권	42	28	11	12	24
호남권	-18	-28	-25	-24	-16
영남권	-54	-69	-71	-78	-67

● 국내인구 이동통계(출처: 통계청)

모든 구성원이 행복해야 인구 감소 사회를 극복할 수 있다

∙∙∙∙

과거 1980년대 이전만 하더라도 여성이 일과 양육을 함께 한다는 건 현실적으로 불가능에 가까웠습니다. 하나를 선택하면 나머지 하나를 반드시 포기해야만 하는 구조였습니다. 그래서 여성들은 일을 선택할지, 아이를 선택할지 양자택일을 해야 했습니다. 이를 반영하듯 여성의 취업률이 높은 나라일수록 출산율이 낮았습니다. 남성 중심적이고, 가부장적인 분위기 탓에 여성이 사회에 진출하는 것 자체를 곱게 보는 사람이 없던 시대였습니다.

그러나 시간이 지날수록 여권이 신장하고 여성의 사회진출을 제도적으로 보장하는 시스템이 생기면서 인식도 변화하기 시작합니다. 과거에는 양육을 부담해야 하는 것이 오롯이 여성만의 역할이었다면, 이제는 남성도 같이 분담해야 한다는 인식이 비로소 형성되기 시작한 것입니다. 실제로 이런 역할 분담이 가장 성공한 나라가 북유럽입니다. 이곳은 여성의 취업률이 높지만 동시에 출산율도 높습니다. 반대로 성별의 역

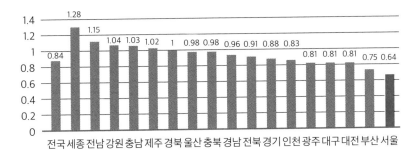

○ 대한민국 지역별 합계출산율(출처: 통계청, 2021년)

구분	총인구									
	2017년	2047년	2067년	2117년	2017년 대비 2047년		2017년 대비 2067년		2017년 대비 2117년	
					증감	증감률	증감	증감률	증감	증감률
전국	5,136	4,771	3,689	1,510	-366	-7.1	-1,447	-28.2	-3,627	-70.6
서울	977	813	629	262	-164	-16.8	-348	-35.6	-715	-73.2
부산	342	263	191	73	-79	-23.2	-152	-44.4	-269	-78.6
대구	246	196	142	54	-50	-20.2	-104	-42.3	-191	-77.9
인천	292	288	228	95	-4	-1.4	-65	-22.2	-198	-67.6
광주	150	123	91	35	-27	-17.8	-59	-39.4	-114	-76.3
대전	153	129	99	41	-24	-15.7	-53	-34.9	-112	-73.1
울산	116	94	68	26	-22	-18.8	-48	-41.5	-90	-77.4
세종	27	58	54	24	31	118.4	27	102.5	-3	-10.3
경기	1,279	1,358	1,065	441	80	6.2	-214	-16.7	-837	-65.5
강원	152	144	114	48	-8	-5.2	-38	-24.8	-105	-68.8
충북	161	160	127	53	-1	-0.6	-34	-20.9	-108	-66.8
충남	215	226	183	78	11	4.9	-32	-15.0	-138	-64.0
전북	183	154	118	48	-29	-15.7	-65	-35.4	-135	-73.7
전남	180	158	122	49	-22	-12.1	-57	-31.9	-130	-72.5
경북	268	234	176	70	-34	-12.6	-91	-34.1	-198	-73.8
경남	334	296	219	85	-38	-11.4	-115	-34.3	-249	-74.5
제주	63	77	63	27	13	20.7	0	-0.7	-37	-58.2

○ 시도별 총인구 및 구성비(2017~2117년)[23]

---

23 현 수준 출산율, 중위 수준의 사회적 이동이 지속된다는 가정하의 통계치(출처: 감사원, 2021년)

할 분담이 명확한 나라들, 그러니까 남성이 밖에서 일하고 여성은 가정을 지켜야 한다는 가치관을 가지고 있는 나라들은 대체로 출산율이 낮습니다. 이런 나라로는 한국과 일본이 대표적입니다.

만약 우리가 이런 가치관에 얽매이고 과거 남녀의 역할 분담을 답습하려고 한다면 출산율은 계속 낮아지고 말 것입니다. 물론 이런 인식 개선만 필요한 건 아닙니다. 정부와 자치단체의 보조도 필요합니다. 정부와 자치단체는 경제적으로 이들에게 비용도 지원해야 하고, 정책적으로 여성이 자유롭게 사회에 진출할 수 있도록 일정 부분에서 보육을 책임져줄 수 있어야 합니다.

그러나 출산에 대한 인식과 제도적 개선도 극점사회 앞에선 아무 효용이 없습니다. 누구나 자신이 원하는 학교와 직장을 다니고 싶고, 주말마다 전시나 공연을 보며 풍족한 문화생활을 즐기고 싶어 합니다. 편의시설 인프라는 말할 것도 없고 말이죠. 하지만 지방은 수도권에 비해 그런 것이 턱없이 부족하다 보니 대다수의 사람이 서울이라는 한 공간에 몰려들게 됩니다. 수도권 집중의 심화와 저출산이 초래하는 인구 감소로 지방은 소멸해가는 극점사회가 완성되는 것입니다.

이를 두고 '두 번째 분단'이라는 표현이 가능할 것 같습니다. 이는 수도권과 비(非)수도권의 점점 벌어지는 격차를 표현한 단어입니다. 농어촌은 소멸 위기에 처해 있고, 지방 제조업 도시들은 러스트벨트(Rust belt, 미국 제조업의 중심지)화되어 갑니다. 그러나 반대로 수도권은 균형 발전의 허울 아래 계속해서 몸집을 불려나갑니다. 서두에 나오는 지방 청년 A씨의 이야기는 몸집이 불어난 극점사회에 적응하고자 아등바등 살아가는 우리들의 자화상이기도 하죠. 이런 현상이 심화된다면 그 공동체의 구성원은 모두 불행해질 수밖에 없습니다.

저는 인구 감소 사회를 모두가 불행한 사회라고 표현하고 싶습니다. 인구가 줄어드는 현상은 역사적으로 많았고 그 원인은 제각각이었습니다. 그러나 대한민국이 현재 처한 인구 감소 사회는 구성원들을 모두 불행하게 만들고 있기 때문에 문제입니다. 저출산과 고령화 현상, 주거 문제, 각종 공해, 그리고 무엇보다 특정 지역에 산다는 이유만으로 혐오를 받을 수 있다는 인식의 확산은 인구 감소와 그로 인해 극점사회가 분출하고 있는 부정적인 신호가 아닐까 싶습니다. 그래서 우리는 인구 감소 사회에 대해 더욱 관심을 가지고 그에 대한 원인을 분석하고, 대책을 찾아내려고 노력해야 합니다. 이것이 우리 공동체가 위기 상황에서 벗어나기 위해 해야 할 최소한의 노력입니다.

또한 단순히 인구 밀도, 출산율 늘리기에 초점을 두는 양적 성장이 아니라 삶의 질과 경제력 향상을 위한 질적 성장이 이뤄져야 합니다. 그리고 노동시장에서의 고용 불안, 저임금의 질 낮은 일자리 문제, 높은 주택 비용, 출산과 육아에 대한 부담을 포함해 전반적인 복지와 사회 보장 시스템을 개선하고 지역의 일자리, 주거, 교육 문제를 포함한 국가의 균형 발전 노력이 함께 이뤄져야 하겠습니다.

지식의 빈틈을 채워줬던
우리들의 몰라도 아는 척은 '~ing'

"저는 시사와 교양을 즐기며 양말을 꼼지락거리는 양말입니다."

처음 방송에서 이 멘트를 말했을 땐 정말 어색했습니다. 이 멘트는 팟캐스트 '몰라도 아는 척'을 진행한 지 1년이 조금 넘었을 때 겨우 정하게 되었는데, 제가 익숙해지지 않아 NG를 여러 번 내곤 했습니다. 더 얄미운 건 도비 녀석이 "저는 이 방송의 노예, 도비입니다."라는 멘트를 버벅거리지 않고 잘 이야기하더라고요. 솔직히 질투(?)도 났습니다.

하지만 이 멘트를 한 달에 3번씩, 그리고 1년 넘게 말하니 익숙해지더라고요. 그리고 이게 제 인생의 모토가 되어가고 있다는 느낌도 들었습니다. '몰라도 아는 척'을 진행하려면 끊임없이 보고, 듣고, 배워야 했기 때문이었죠. 저와 방송을 같이 진행하고 있는 도비에게 이런 말을 한 적이 있습니다.

"'몰라도 아는 척'은 오래 가지 못할 거야. 우리가 시사와 교양을 방송

한다니… 취업 준비하기도 바쁜데, 언젠가 방송하기 귀찮아져서 제대로 준비도 못 하다가 소재 고갈로 방종하게 될 걸?"

이렇게 말했던 '몰라도 아는 척'은 팟캐스트 3주년을 맞이했고 시사와 교양, 상식, 그리고 저희가 알려드리고 싶었던 여러 이야기가 함축된 책 『나의 빈틈을 채워주는 교양 콘서트』도 나왔습니다.

'몰라도 아는 척'이라는 방송 타이틀은 사실 저희가 스스로 던지고 싶었던 메시지였습니다. 방송을 하기 전에는 '최소한' 몰라도 아는 척하려고 노력하지 않았습니다. 그리고 세상 곳곳에서 일어나는 다양한 일에도 관심을 두지 않았죠. 왜 세계 곳곳에서 여전히 전쟁이 일어나고, 여성을 비롯한 사회적 약자는 차별을 받고 있고, 평범한 시민들이 독재와 권력에 맞서 시위에 나서게 되었는지에 대해 무지했습니다.

이제야 밝히지만 2019년 7월 26일에 업로드된 '몰라도 아는 척' 1화 "[시사] 홍콩의 송환법 민주주의 시위. 그 이유는?"을 진행했던 양말은 이 방송을 녹음하기 위해 대본을 작성하기 직전까지 홍콩에서 민주주의 시위가 왜 일어났는지 그 이유도 모르고 있었습니다. 2019년 7월 6일 이전의 양말은 그저 주성치와 양조위가 나오는 영화를 통해서만 홍콩을 접했을 뿐이었습니다. 하지만 방송을 준비하면서 우산혁명의 주역이었던 홍콩 민주주의 운동가 조슈아 웡에 대해서 알게 되었고, 홍콩의 민중들은 자신들의 민주주의 사회를 지키기 위해 중국의 침범에 용감히 맞서고 있다는 것을 알게 되었습니다.

저희는 많이 부끄러웠습니다. 물론 방송의 기획 의도 자체가 몰라도 아는 척하면서 우리가 알게 된 정보를 방송을 통해 다른 사람과 공유하자는 것이었지만, 생각보다 저희가 너무 모른다는 사실이 여실히 드러 났기 때문이었습니다. 그래서 오프닝 멘트를 정한 후에도 '시사와 교양 을 즐기는' 양말은 실제 없는 사람이었기에 익숙해지지 않았나 봅니다. 다행히 지금은 오프닝 멘트를 실수 없이 잘 말합니다. 가끔 더듬거릴 때 도 있지만, 더 좋은 방송을 만들기 위해 시사와 교양을 챙겨보고 있습니 다. 아마 오프닝 멘트 때처럼 즐기듯 보게 된다면 그땐 더 이상 더듬거리 지 않을 거라고 믿습니다. 그러기 위해선 더 노력해야겠죠.

양말은 민주주의와 동물권, 인구 소멸, 존엄사와 관련된 이야기를, 도 비는 페미니즘, 미디어, 그리고 기후위기에 대한 이야기를 중점적으로 다뤘습니다. 저희가 이 소재들을 선택한 이유는 저희의 지식을 자랑하 기 위해서는 아닙니다. 하물며 저희는 전문성도 가지고 있지 않은 걸요. 하지만 이 내용들이 사회에 꼭 필요한 시사와 교양이라고 생각하고, 사 회를 보다 올바른 방향으로 바꿔나가려면 다른 사람과 우리의 생각을 공유해야 한다고 생각했습니다.

책과 방송을 준비하기 위해 저희는 다양한 정보를 스스로 찾아보고, 공부하고, 생각하게 되었습니다. 이건 저희에게 큰 행운이었습니다. 처 음에는 소재 고갈로 방종을 걱정했었는데, 어느새 다양한 생각과 의견 을 청취할 수 있는 방송이 된 건 이 덕분입니다. 더불어 이렇게 책도 나 와 독자분들에게 다양한 이야기를 전달해드릴 수 있게 되었습니다.

방송이 더 오래 진행되어도 양말과 도비가 추구하는 모토는 바뀌지 않을 것입니다. 변화하는 사회에 언제나 관심을 가지고 공부하며 사회 가 올바른 방향으로 나아갔으면 하는 바람을 담아 목소리를 내고 싶습 니다. 아무쪼록 저희의 책을 이렇게 에필로그까지 읽어주셔서 너무나 감사드립니다. 저희의 책이 독자분들에게 의미 있는 내용이었길 진심으로 바라며 앞으로 더 좋은 이야기를 전해드릴 수 있도록 더욱 열심히 '몰라도 아는 척'하겠습니다. 감사합니다.

양말 이용주

나의 빈틈을 채워주는 교양 콘서트

초판 1쇄 발행 2022년 7월 5일

지은이 | 김도균, 이용주
펴낸곳 | 믹스커피
펴낸이 | 오운영
경영총괄 | 박종명
편집 | 양희준 최윤정 김형욱 이광민
디자인 | 윤지예 이영재
마케팅 | 문준영 이지은 박미애
등록번호 | 제2018-000146호(2018년 1월 23일)
주소 | 04091 서울시 마포구 토정로 222 한국출판콘텐츠센터 319호 (신수동)
전화 | (02)719-7735   팩스 | (02)719-7736
이메일 | onobooks2018@naver.com   블로그 | blog.naver.com/onobooks2018
값 16,000원
ISBN 979-11-7043-316-3 03300